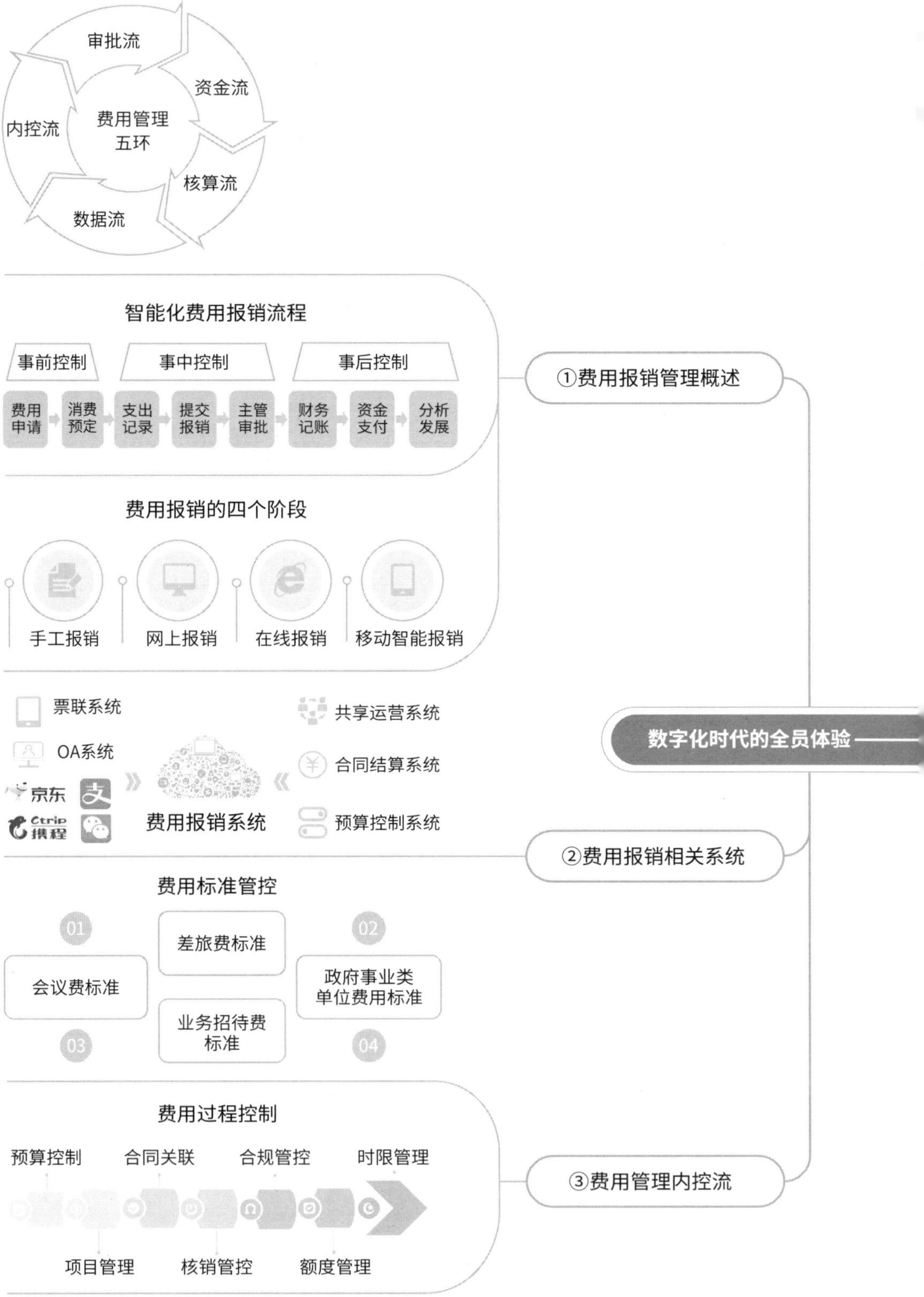
审批流
资金流
核算流
数据流
内控流
费用管理五环
智能化费用报销流程
事前控制
事中控制
事后控制
费用申请
消费预定
支出记录
提交报销
主管审批
财务记账
资金支付
分析发展
费用报销的四个阶段
手工报销
网上报销
在线报销
移动智能报销
票联系统
OA系统
京东
Ctrip 携程
费用报销系统
共享运营系统
合同结算系统
预算控制系统
费用标准管控
01
差旅费标准
02
会议费标准
政府事业类单位费用标准
业务招待费标准
03
04
费用过程控制
预算控制
合同关联
合规管控
时限管理
项目管理
核销管控
额度管理
①费用报销管理概述
数字化时代的全员体验
②费用报销相关系统
③费用管理内控流

- 费用报销系统
  - ④费用管理审批流
    - 事前申请:加强费用管控,降低费用报销的"滞后性"
    - 业务审批:对业务真实性进行审批
    - 财务审核
      - 合同合规性
      - 流程规范性
      - 凭证规范性
      - 报销规范性
      - 票据合规性
      - 付款合规性
      - 金额合理性
  - ⑤费用管理资金流
    - 现金支付
    - 银企直联
    - 网银转账
    - 票据支付
  - ⑥费用管理核算流
    - 费用类型
    - 费用报销单
    - 费用附件
    - 费用入账
  - ⑦费用管理数据流
    - 费用支出数字化
    - 报销流程数字化
    - 合规遵从数字化

财务云丛书

中兴新云 财务云
中国企业 全球梦想 Financial Cloud

# 数字化时代的全员体验

## ——费用报销系统

孙彦丛 郭奕 扶冰清 ◎ 著

中国财经出版传媒集团
中国财政经济出版社

**图书在版编目（CIP）数据**

数字化时代的全员体验：费用报销系统／孙彦丛，郭奕，扶冰清著. --北京：中国财政经济出版社，2021.6

（财务云丛书）

ISBN 978-7-5223-0514-1

Ⅰ.①数… Ⅱ.①孙… ②郭… ③扶… Ⅲ.①会计-管理信息系统-研究 Ⅳ.①F232

中国版本图书馆 CIP 数据核字（2021）第 077198 号

责任编辑：马　真　　　　责任校对：胡永立

封面设计：智点创意　　　　责任印制：党　辉

**数字化时代的全员体验——费用报销系统**

**SHUZIHUA SHIDAI DE QUANYUAN TIYAN——FEIYONG BAOXIAO XITONG**

中国财政经济出版社 出版

**URL**：http：//www. cfeph. cn

E-mail：cfeph@ cfeph. cn



社址：北京市海淀区阜成路甲 28 号　邮政编码：100142

营销中心电话：010-88191522

天猫网店：中国财政经济出版社旗舰店

网址：https：//zgczjjcbs. tmall. com

北京密兴印刷有限公司印刷　各地新华书店经销

成品尺寸：170mm×240mm　16 开　17.75 印张　288 000 字

2021 年 6 月第 1 版　2021 年 6 月北京第 1 次印刷

定价：78.00 元

ISBN 978-7-5223-0514-1

（图书出现印装问题，本社负责调换，电话：010-88190548）

本社质量投诉电话：010-88190744

**打击盗版举报热线：010-88191661　QQ：2242791300**

## 《数字化时代的全员体验——费用报销系统》课题组

**主要成员：**

孙彦丛　郭　奕　扶冰清

**其他参与成员：**

禹　萌　王沫萱　肖　宋　宋影杰

叶贤良　陈佳美　徐珂欣

# 序

技术进步一直驱动着企业的发展。20世纪40年代，世界上第一台计算机的诞生拉开了第三次产业革命的序幕。90年代，互联网拉近了企业内部各部门，以及和外部利益相关者之间的距离。如今，以“大智移云物区”为代表的新兴技术蓬勃发展，构建了一个紧密联结的数字化世界，深刻地影响着企业的业务创新、运营管理和经营策略。

在过去几十年间，财务同样经历了几次重大的变革。第一次革命是会计电算化的普及，会计电算化用小型数据库和简单计算机软件取代了部分人工核算工作，实现了财务传统计算能力和存储能力的巨大飞跃。第二次革命是ERP系统的广泛应用，促进了业务财务一体化，使业务管理与财务管理开始在一个平台上产生信息交互。第三次革命是财务共享服务中心的出现，促进财务实现组织转型、职能转型，并通过信息系统重构，使财务可以支撑和实现多地域、多行业发展的管理诉求。按照通信的术语来说，财务共享服务带来了企业管理的“交换机”和“路由器”，它将前端的业务系统分流程与财务系统连接起来，而“大智移云物区”等技术的出现，推动了财务第四次革命——财务的数字化转型。

财务本质上是一个信息循环，是收集、存储、加工财务数据的信息系统，并与企业主价值链建立广泛连接，从而支持业务循环和管理循环。财务信息化的本质是利用信息系统支撑财务职能及财务循环，承载财务九大流程（销售到收款、采购到支付、费用到报销、存货到成本、员工薪酬、总账到报表、固定资产、资金管理、税务管理），并通过与前端业务系统的联通对接，使数据可以在已有系统中“自如流动”。企业能采集的数据越来越多，处理能力越来越强大，财务发挥企业战略和经营“仪表盘”和“导航仪”的作用就越来越明显。因此，财务信息化是财务数字化转型的必然基础。

我和我的团队亲身经历和参与了中国会计事业的改革与发展。我们依靠自身力量在中国企业中最早完成财务转型，建立了中国企业第一个共享服务中心，第一个提出“财务云”的概念，率先将通信技术的理念融入财务系统，并根据技术发展不断升级迭代。一路走来，我们清晰地意识到，财务信息化是推动我国新一轮会计变革的起点，所以我们希望借助自身的经验帮助更多中国企业，帮助他们拥有世界级能力。在过去的十几年间，我们已为国内200余家大型企业提供适应市场环境和符合业务需求的财务共享服务、财务信息化和财务数字化方案。同时，我们也希望为中国财会行业进步与人才培养贡献力量，于是我们出版了《财务云丛书》，发表了近百篇重点文章和洞察报告，与国内各大高等院校、学术与教育机构建立了深入合作关系。

当然，培养新时代的会计人才，需要合适的方法和专业的“教材”。为此，我们规划了首批的五本专著，分别是《数字化时代的全员体验——费用报销系统》《数字化时代的财务中台——共享运营系统》《数字化时代的采集存储——电子影像 & 电子档案系统》《数字化时代的控制矩阵——预算管理 & 合同管理系统》和《数字化时代的业财一体——业务报账系统》。其内容依托中兴新云 FOL 财务云信息系统，采用“理论 + 实务”“流程 + 信息系统”的编写形式，用通俗易懂的语言，将财务工作流程和内容直观地呈现在读者面前，帮助读者了解业财一体化，快速搭建起财务与信息化的连接，建立起财务信息化的思维体系和知识底座，理解信息化建设对于数字化转型的关键价值，并促进财会行业人才发展迈上新台阶。

数字化浪潮已在眼前，这是对全社会生产生活方式的又一次革命，也是财务行业和财务人员面临的又一次变革。当变革来临，我们需要的是拥抱未知的勇气和敢为天下先的决心，用知识武装头脑，用经历丰富人生，用洞见破除困难，用信念面对挑战。财务人员不应该仅局限于处理“票账表钱税”，而应该是善于学习、勤于思考、能够破译企业价值密码的先行者，这才是财务最令人心向往之的未来。

**中兴新云总裁　陈虎**

**2021 年 3 月**

# 前　言

技术的进步引领时代的变革，科学技术的每一次突破都是撬动人类社会进步的杠杆。新兴技术在生产和生活领域的广泛应用，对竞争环境、商业模式及企业管理方式产生了深刻的影响，推动了企业转型的进程。财务管理作为企业转型的重要支撑手段，是组织转型和业务转型下实现资源优化配置的有效工具。财务部门作为企业所有交易和信息的记录者，是企业天然的数据中心。因此，财务的数字化是企业数字化的起点。

技术和信息系统是财务数字化转型的两大重要支撑。“大智移云物”、区块链等技术对财务变革的影响尤为显著，企业依靠这些新兴技术汇总数据，分析提炼，将结果以可视化的方式展现出来，使经营者透过现象看到本质。信息系统是技术的载体，新技术的应用需要通过信息系统得以实现，信息系统也需要依托新兴技术达成自身的更新换代。在数字化转型过程中，企业需要不断调整财务信息系统框架与具体系统功能，通过自主研发将新技术嵌入相应的系统中，使技术搭载系统实现更先进的功能。

系列丛书以财务云信息系统平台（简称“财务云平台”）为依托，将企业财务业务的核心内容划分为多个“域”，本次推出的五本丛书内容涵盖了费用报销域、共享运营域、影像档案域、财务控制域以及业务报账域。《数字化时代的全员体验——费用报销系统》以费用为基础，展示费用管理的审批流、核算流、内控流、资金流、数据流及其系统实现等内容；《数字化时代的财务中台——共享运营系统》涵盖运营系统及运营管理，指导企业应如何通过信息化技术高效运营和管理财务共享服务中心；《数字化时代的采集存储——电子影像 & 电子档案系统》主要展示了影像系统及档案系统的功能点及其应用场景，剖析影像档案系统如何筑起坚实的信息壁垒，使企业的财务及业务数据形成一个完整的、安全的闭环，实现会计档案电子化管理；《数字化时代的控制矩阵——预算管理 & 合同管理系统》体现了企业如何通过信息化技术实现多个维度、多流程节点的内部控制，促进财务与业务处理的合规高效；《数字化时代的业财一体——业务报账系统》从销售、采购、资产、薪酬、资金、税务、总账多个业务为切入点，深入剖析了企业如何借助信息系统实现业财一体化。

本书是费用报销域相关业务及信息化的知识读本，全书内容共分为 19 章。第 1 章、第 2 章引入了费用与费用域的基本概念，介绍了费用管理流程以及费用域信息系统，帮助读者了解企业费用报销所涉及的业务范围和技术应用。第 3 章至第 12 章以费用报销信息化的业务知识为基础，阐述了费用类型、事前申请、费用报销单的分类与填写、费用附件、费用标准、费用审批、费用的过程管控、财务审核的控制点、费用入账以及费用支付十大要素，帮助读者深入理解数字化费用报销的建设逻辑与实现方式。第 13 章概述了费用报销系统对接的外部系统及接口功能，例如统一门户、OA 系统、HR 系统、银企直联系统等。第 14 章则展示了费用报销系统的基本配置方法，包括配置框架、共享基础和公司基础信息等模块。第 15 章和第 16 章介绍了费用报销的两大外延系统——电商采购系统、差旅管理系统的业务流程和功能应用。第 17 章以案例的方式介绍了员工在移动端和 PC 端的报销方式，展现员工数字化、智能化费用报销实现方案。第 18 章阐述了财务部门如何通过费用云图进行费用支出、合规遵从和报销流程的数字化分析，成为企业的大数据中心。第 19 章从不同角度解读了费用报销流程优化带来的收益。

本书主要面向财务管理、财务共享服务、财务信息化与财务数字化等相关领域的从业人员，以“费用管理五环”为核心，深入解析了财务业务流程的十大要素，多维度剖析企业费用报销流程，充分解读企业如何通过信息化技术挖掘费用报销过程中蕴含的信息价值，解开企业经营的数字密码，实现数字化费用报销的全员体验，为读者了解企业费用报销应用场景提供了独特的视角，是一本集方法论与实践指导为一体的书籍。

# 目　录

# 第 1 章　费用与费用域

## 本章学习目标

本章首先介绍了费用的基本概念和会计分类，其次阐述了费用域和费用管理五环的主要内容。

通过本章的学习，应掌握：

◇　费用的基本概念和分类

◇　不同业务域包含的业务内容

◇　费用管理的五个维度

## 本章知识结构图（见图 1－1）

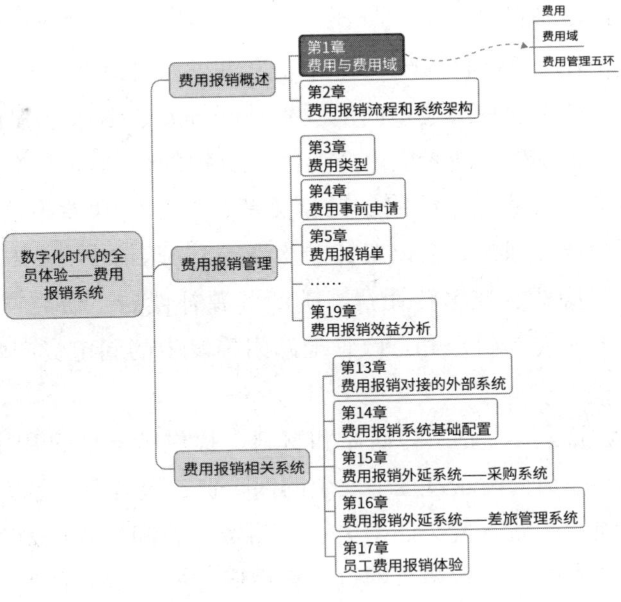


图 1－1　第 1 章框架导图

## 1.1 费用

费用是指企业在日常活动中发生的、会导致所有者权益减少的、与向所有者分配利润无关的经济利益的总流出[①]。费用有狭义和广义之分。广义的费用泛指企业各种日常活动发生的所有耗费，狭义的费用仅指与本期营业收入相配比的那部分耗费。了解费用的含义需要区分：

（1）生产成本。生产成本是指企业直接为生产商品和提供劳务等发生的直接材料、直接人工、商品进价和其他直接费用，直接计入产品成本。生产成本属于成本类科目。

（2）制造费用。制造费用是指企业为生产商品和提供劳务而发生的各项间接费用，应当按一定标准分配计入生产经营成本，比如厂房电费、库房管理人员工资、支持多种产品生产的设备维修费用等，这些都无法直接计入产品成本，需要按照受益原则将其分配计入相关产品的生产成本。制造费用也属于成本类科目。

（3）期间费用。期间费用是指本期发生的、不能直接或间接归入某种产品成本的、直接计入损益的各项费用，包括管理费用、销售费用和财务费用。期间费用属于损益类科目。

➢ 管理费用是指企业行政管理部门为组织和管理生产经营活动而发生的各项费用，包括企业在筹建期间内发生的开办费、董事会和行政管理部门在企业经营管理中发生的或者应由企业统一负担的公司经费（包括行政管理部门职工薪酬、物料消耗、低值易耗品摊销、办公费和差旅费等）、董事会费（包括董事会成员津贴、会议费和差旅费等）、聘请中介机构费、咨询费、诉讼费、业务招待费、技术转让费、矿产资源补偿费、研究费用、排污费，以及企业生产车间（部门）和行政管理部门等发生的固定资产修理费用等后续支出。

➢ 销售费用是指企业销售商品和材料、提供劳务的过程中发生的各种费用，包括企业在销售商品过程中发生的保险费、包装费、展览费和广告费、商品维修费、预计产品质量保证损失、运输费、装卸费等以及为销售本企业商品而专设的销售机构（含销售网点、售后服务网点等）的职工薪酬、业务

---

① 中华人民共和国财政部．企业会计准则［M］．北京：经济科学出版社，2006。

费、折旧费等经营费用。

➤ 财务费用是指企业为筹集生产经营所需资金等而发生的筹资费用，包括利息支出（减利息收入）、汇兑损失及相关手续费、企业发生的现金折扣等。

## 1.2　费用域

财务是企业经济事项的记录和反映，与企业业务紧密相关。企业的交易活动离不开财务活动的支持。精细化的财务管控能够提高企业管理效率，降低运营成本。企业的财务活动可以看作是一个循环，该循环包括三个子循环：会计循环、管理会计循环和资金循环。会计循环包含财务的八大流程：采购到付款流程、员工费用报销流程、薪酬报账流程、资金票据流程、资产报账流程、销售到收款流程、税务管理流程、总账到报表流程，如图1－2所示。

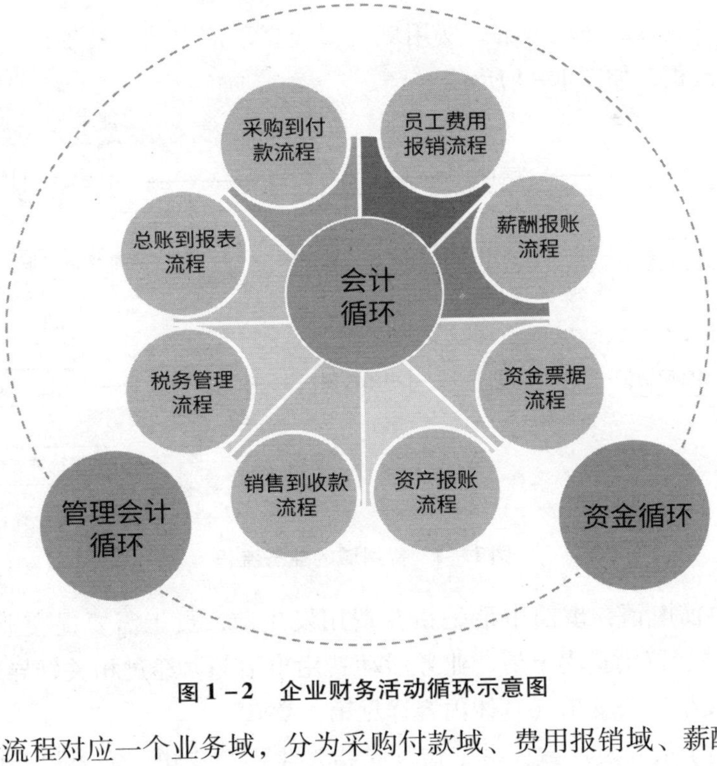


**图1－2　企业财务活动循环示意图**

每个流程对应一个业务域，分为采购付款域、费用报销域、薪酬报账域、资金票据域、资产报账域、销售收款域、税务管理域、财务记账域（见图1－3），并进一步根据业务需求划分成不同类型的报销单据，满足不同业务的报账需求，避免了在传统全业务报账模式下容易出现的财务单据数量众多、划分标准不清晰、单据间关联关系及对外系统数据交互逻辑混乱的弊端。将各个业务条线划分清楚，系统脉络变得清晰可控，业务间相互影响降到最低，且不同业务域有独立扩展改造空间。

本书是费用报销域知识读本，主要涉及与员工费用报销相关的流程、系统、业务场景等。

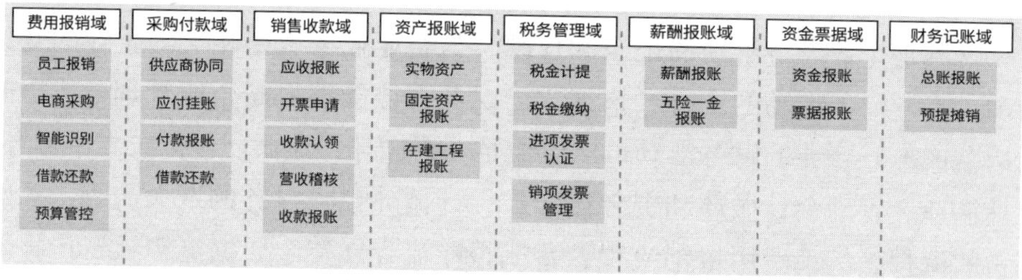


**图 1－3　费用域与其他业务域**

从业务流程的角度理解，费用域主要包括事前申请、员工借还款、费用报销三大流程，如图 1－4 所示。

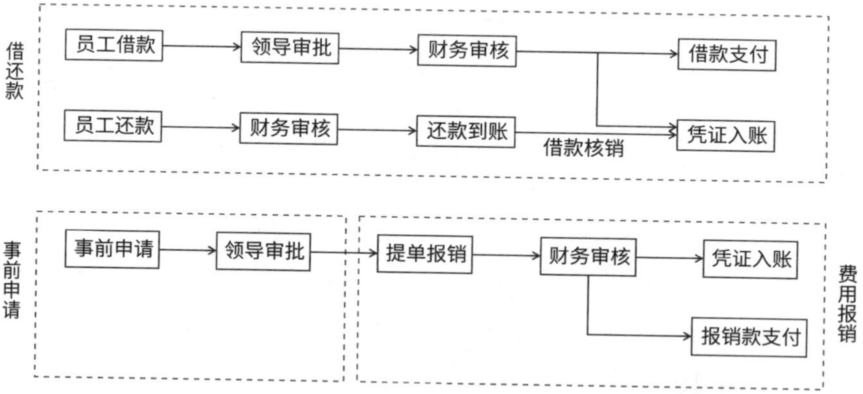


**图 1－4　费用域的业务流程**

➢　事前申请：事前申请是指在费用发生前，员工需要提交业务申请，如出差申请、营销费用申请、业务活动费用申请等，经过相关领导审批，员工才可以发生因公支出（具体内容详见第 4 章）。

➢　员工借款及还款：员工借款是指发生因公支出，需要提前向公司借支的场景，员工借款流程需要规范可借款的业务类型，并关注员工对账及借款清理。还款流程需要区分不同还款方式下的处理流程，如银行转账、现金还款，以及核销借款（具体内容详见第8章）。

➢ 费用报销：费用报销是指员工在业务发生并取得原始凭据后，按规定的审批程序办理的经费结算活动。该活动贯穿于企业各个部门和各个业务环节，具有发生人员广泛、业务简单重复、流程分散烦琐等特点。费用报销流程梳理的重点是建立清晰的费用类型，审批流程授权合理有度，并考虑与预算控制及资金支付流程的衔接（具体内容详见第8章）。

从报账种类的角度理解，费用域主要涉及以员工为费用发生主体的业务，比如差旅支出、办公用品采购支出、公司内部团建支出、办公室租赁支出等（具体费用类型分类详见第3章费用类型）。这些费用支出将根据费用发生部门被记入“管理费用”“销售费用”以及成本类会计科目。采购付款、销售收款、产品生产、税务处理、财务费用等业务报账不属于本书范畴，例如税金缴纳、员工薪酬及“五险一金”报账、利息支出、企业原材料采购等。

员工是企业最重要的资产。财务部门为员工提供费用报销服务，需要重视员工的费用报销体验。费用报销的政策制度、审批权限、处理流程、职责分工以及信息化水平，均体现了企业的财务管理水平、运作效率及服务能力。财务部门应该用最简洁、最有效、最先进的流程和技术改造费用报销流程。

随着信息技术的发展，端到端的费用报销流程管理工具不断更新换代，企业逐步利用信息化手段改造费用报销流程，提升费用管理水平。中兴新云基于多年实践探索经验，推出员工智能报销解决方案，实现了业务数据的自动采集与财务处理的智能高效，帮助企业最大程度地发挥数据价值。

## 1.3　费用管理五环

企业对员工费用报销的管理可以分为五个维度，我们将其称之为费用管理五环，如图1-5所示。

➢ 审批流：指费用报销的业务流程。员工在实际费用发生之前进行事前申请、提单报销、业务主管或领导审批。根据申请的业务不同，企业会设计不同的审批流（具体详见第4、8章）。

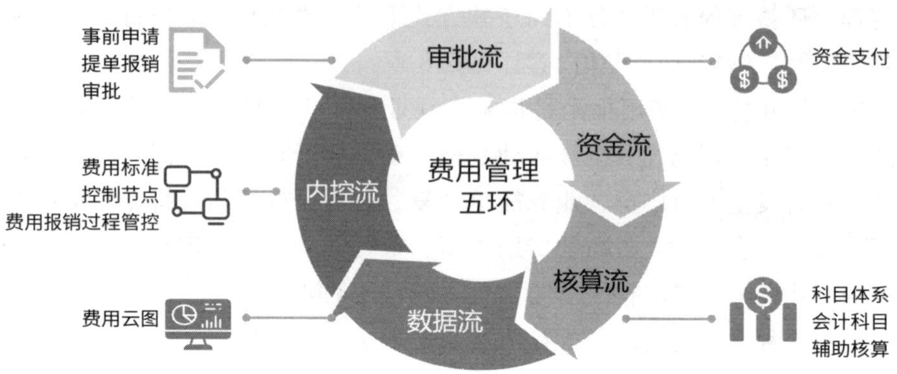


图 1-5　费用管理五环

➢ 核算流：指员工费用报销中涉及的不同费用类型、单据类型、发票、其他相关附件及进行会计核算时涉及的会计科目、辅助核算等（具体详见第 3、5、6、11 章）。

➢ 内控流：指企业为加强对费用开支的管理，制定的费用标准、财务审核的控制节点以及在整个费用报销过程中实施的预算控制、项目管理、合同关联、核销管控等过程控制（具体详见第 7、9、10 章）。

➢ 资金流：指报账单据在财务审核完成之后，企业进行相关费用的支付流程（具体详见第 12 章）。

➢ 数据流：指企业绘制的费用云图，结合大数据分析模型及算法，直观展示费用的分析结果，辅助管理者进行经营决策（具体详见第 18 章）。

## 本章小结

费用是指企业在日常活动中发生的、会导致所有者权益减少的、与向所有者分配利润无关的经济利益的总流出。本书的研究对象是费用报销域。费用报销域的业务流程包括事前申请、员工借还款、费用报销三个主要流程，涉及以员工为费用发生主体的业务。企业对员工费用报销的管理控制可以划分为五个维度，即审批流、核算流、内控流、资金流和数据流。

### 本章关键词

费用　费用域　生产成本　制造费用　期间费用　管理费用　销售费用

财务费用　事前申请　员工借还款　费用报销　费用管理五环

## 本章练习题

### 一、选择题

1. 下列选项中，可以计入管理费用的支出是（　　）。

A. 聘请中介机构费　　B. 业务招待费

C. 预计产品质量保证损失　　D. 咨询费

2. 从业务流程框架的角度理解，费用域包括（　　）流程。

A. 事前申请　　B. 费用报销

C. 员工借款及还款　　D. 资金支付

3. “企业为加强对费用开支的管理，制定的费用标准、财务审核的控制节点以及在整个费用报销过程中实施的过程控制”属于费用管理五环中的（　　）。

A. 审批流　　B. 核算流

C. 内控流　　D. 资金流

4. 企业的财务管理水平、运作效率及服务能力，可以从（　　）方面得以体现。

A. 政策制度　　B. 审批权限

C. 职责分工　　D. 信息化水平

5. 下列选项中，关于费用五环中数据流的描述正确的有（　　）。

A. 绘制企业费用云图　　B. 利用大数据分析模型及算法

C. 直观展示费用分析结果　　D. 辅助管理者进行经营决策

### 二、判断题

1. 财务费用包括企业为筹集生产经营所需资金等而发生的筹资费用、利息支出、汇兑损失及相关手续费、企业发生的商业折扣等。（　　）

2. 费用报销域主要涉及与员工、供应商报销相关的流程、系统、业务场景等。（　　）

3. 费用管理五环中的数据流指的是员工费用报销域中涉及的不同费用类型、单据类型、发票及其他相关附件。（　　）

4. 费用管理五环中的资金流是指报账单据在完成财务审核之后，企业进行相关费用的支付流程。 (　　)

5. 费用报销流程梳理的重点是建立清晰的费用类型，审批流程授权合理有度，并考虑与预算控制及资金支付的衔接。 (　　)

## 三、思考题

1. 费用域主要包含哪些业务流程?

2. 费用管理五环主要包含哪些内容?

# 第 2 章　费用报销流程和系统架构

## 本章学习目标

本章首先介绍了费用流程，包含费用管理的整体流程、费用报销的四个发展阶段以及费用报销智能化；其次介绍了财务云系统架构，并阐述了费用报销域的信息系统及其功能。

通过本章的学习，应掌握：

◇　费用报销业务的流程

◇　费用报销的四个发展阶段

◇　费用报销域的信息系统

## 本章知识结构图（见图 2 – 1）

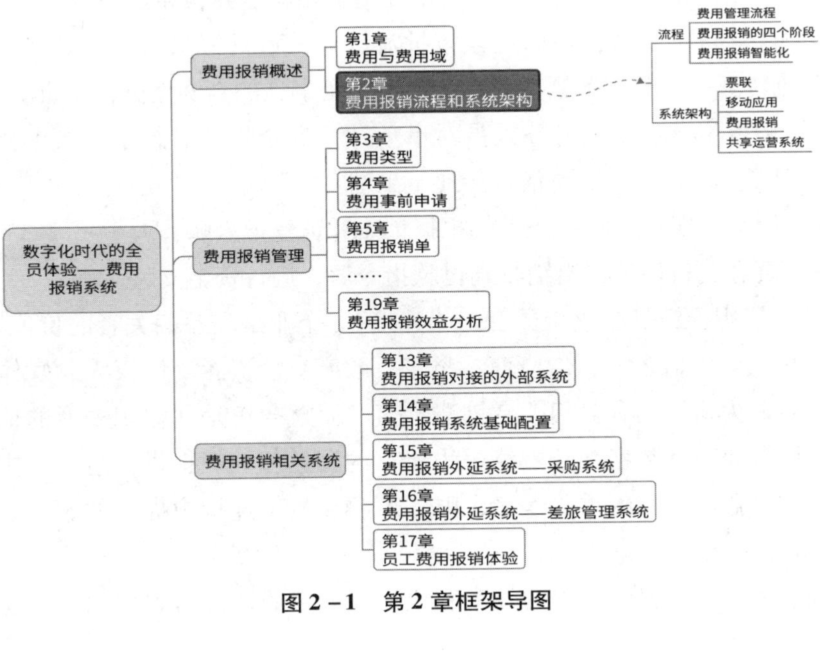


图 2 – 1　第 2 章框架导图

# 2.1 流程

## 2.1.1 费用管理流程

费用报销行为贯穿于企业各个部门和业务环节，报销单据处理量占所有会计凭证处理量的比重较大，并且其具有发生人员广泛、业务简单重复、流程分散烦琐等特点，许多企业苦恼于如何进行科学有效的费用管理。因此，企业需要建立完整有效的费用管理体系，加强企业管理的内在要求、提升企业管理能力、提高经济效益。费用管理流程的环节主要包括信息采集、单据提交、领导审批、财务审核、财务入账及资金支付，如图 2 –2 所示。

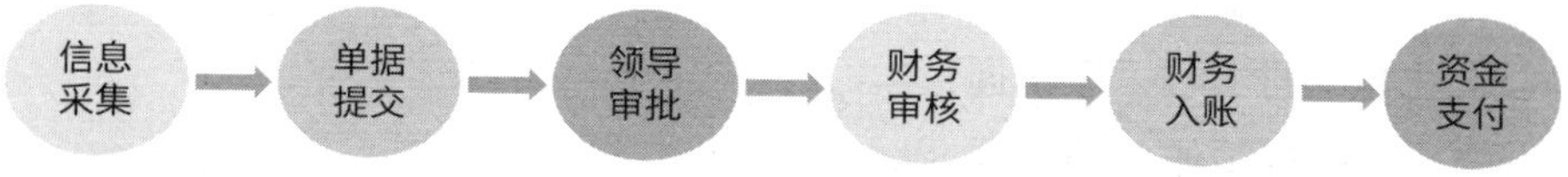


图 2 –2　费用管理流程

➢ 信息采集环节：员工发生因公消费过程中会产生大量需报销的交易凭证和发票，报销时需要采集消费信息，填写报销单。

➢ 单据提交环节：员工将报销单提交至相应业务领导处。

➢ 领导审批环节：根据企业审批流设置及审批权限要求，员工提交的报销单流转至不同的业务领导处，领导对报销事项的真实性进行审批。

➢ 财务审核环节：财务人员对事项及票据合规性进行审核，审核通过后制成记账凭证，并将支付信息传递至出纳。

➢ 财务入账环节：财务人员根据记账凭证登记入账。

➢ 资金支付环节：出纳收到付款指令后，进行资金支付。

（1）费用报销是企业与员工的“连接”。企业是利益相关者的价值连接，其利益相关者包括客户、供应商、员工、政府、投资者、债权人、媒体和社区等，企业为所有的利益相关者创造价值。而财务正是利益相关者的信息连接点，财务要建立数字神经网络，为所有的利益相关者提供信息。其中，费用报销是企业和员工的重要连接，财务部门在员工连接中提供的服务，就是费用报销。

我们需要评价财务部门的效率和成本，效率的评价为利益相关者建立有效而快速的连接，是企业价值的重要组成部分；成本的评价不仅仅关注财务自身发生了多少成本，还需要关注员工在报销过程中花费了多少成本。

员工是企业最重要和唯一有创造力的资产，财务部门为员工提供费用报销服务，应重视员工的报销体验，员工在费用报销中消耗的每一秒，都是企业最宝贵的财富。因此，财务部门要关注员工在费用报销中花费了多少时间，如员工贴票耗时、提交单据耗时、审批耗时、与财务交流时长，全体员工总共为费用报销花费的时间是企业巨大的成本。

同时，从费用报销中获取的信息，是企业经营的数字密码，蕴含着经营过程中的巨大信息价值。以差旅报销为例，航线、航空公司、出差地点、常住酒店等数据，是企业进行差旅管理政策设计与差旅供应商谈判的重要依据，是公司差旅成本管理的重要基础，也可以展示出企业一段时期的业务发展态势。

（2）传统费用报销业务的“痛点”。费用报销行为涉及企业各个部门和业务环节，覆盖人员广泛，虽然业务本身简单重复，但从很多企业的实践来看，费用报销业务的管理仍存在很多问题，不同企业员工费用报销业务往往具有相似的痛点：流程冗长，沟通效率低下，不仅耗费员工和财务人员大量时间和精力，而且企业的费用报销政策并未得到有效执行，费用支出容易失控。企业中担任不同角色的人员，均面临不同的困境：

➢ 员工：费用报销前，除员工借款外，因公发生的费用需要由员工个人垫付资金，还要花费时间和精力去收集、保管发票；费用报销时，往往由于报销规则复杂、报销系统不友好、审批流程慢，员工需要花费很长时间才能完成费用报销，个人垫付资金才能到账，员工报销体验较差。

➢ 财务人员：发票识别环节，财务人员需要人工录入发票信息，时间成本高且出错率大。发票查验环节，一方面，人工查重的手段增加了财务人员工作量，若企业存在大批量发票，财务人员手工查重工作量将极大；另一方面，发票查验平台每次查验都需要输入验证码，严重影响发票验真效率。发票认证环节，对于大企业而言，由于发票数量较大，勾选和进项统计工作依然繁重。整体来讲，发票查验和审核工作量大、耗时长，财务人员将大量精力投入在审核发票及员工沟通中，无法从低效重复的工作中解放出来，从事更能为企业创造价值的工作。

➢ 企业管理人员：对于企业，尤其是大型企业而言，管理人员面临更多难题。例如，企业在费用报销业务中投入的财务人力成本居高不下；由于各地分支机构相关报销政策不同，企业难以进行统一管控，容易导致费用支出失控，从而带来一系列管理风险；面对庞大的费用支出，管理人员无法获得有效的费用分析报告，难以根据费用支出情况作出及时、科学的管理决策。

## 2.1.2 费用报销的四个阶段

费用报销的发展经历了手工报销、网上报销、在线报销、移动智能报销四个阶段。在手工报销阶段，报销的全流程均通过手工方式进行，效率较低；在网上报销阶段，企业通过网络报销系统，基本实现了费用报销的全流程在线管理；在在线报销阶段，企业通过将报销系统和外部差旅及办公采购系统对接，实现了信息的同步化，免去了员工资金的垫付过程；在移动智能报销阶段，员工借助电子发票发展的东风，通过移动应用自行提单，配合智能票据箱的智能识别技术，大幅简化报销流程并提升自身报销体验。

第一阶段：手工报销

手工报销是许多信息化水平较低的企业采用的传统报销模式。在手工报销模式下，企业通常尚未应用费用报销系统，从员工发起费用报销申请到财务进行报销业务处理，均以手工的方式完成。

传统手工报销的典型流程是：员工因公发生费用支出后，收集并整理发票与其他相关附件，按照财务的要求粘贴纸质发票、计算金额、填写费用报销申请单；拿着费用报销单找审批环节所需的业务领导进行纸面签批；然后将业务领导审批后的申请单交给财务人员，财务人员需要将审批完成的报销申请单和发票及其他支持性资料一一审核校对并进行账务处理，处理完成后由出纳付款。如图 2－3 所示。

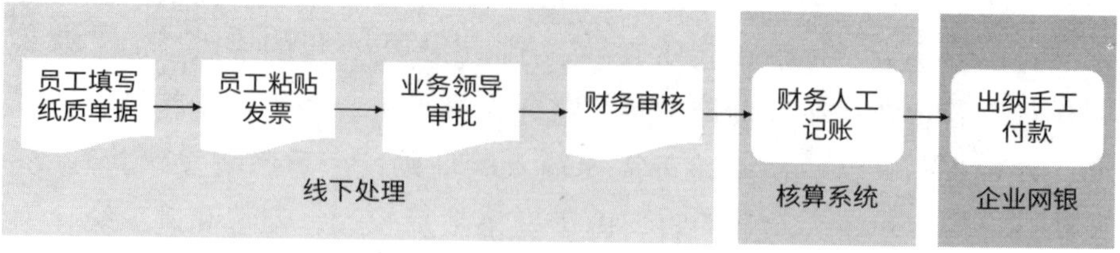


**图 2－3　手工报销流程**

在以纸质报销单作为介质的传统报销模式下，领导审批、财务审核以及资金支付都依赖大量的纸面单据和手工签字。在整个过程中，无论是企业员工、业务领导还是财务人员，都会被流程的低效所困扰。基于纸面传递和桌面处理的手工报销流程存在一系列的问题。

首先，员工需要按照财务的要求填写纸质报销单据，并粘贴获取的所有票据，员工每月产生的大量发票有丢失和毁损的风险，并且票据粘贴工作繁杂、发票邮寄耗时较长可能会错过报销时限；报销单据须手工填报和计算，消费繁多容易导致遗漏报销。单据填写、票据粘贴过程中需要员工与财务进行充分沟通，降低由于不符合财务要求而需要反复修改的风险。

其次，员工需要自行联系相关业务领导进行纸面签批，如果领导出差或由于其他原因不在办公地，尤其是在业务领导审批流程节点较多的场景下，会严重影响费用报销的时效性；同时，业务领导需要耗费大量时间和精力进行纸面单据审批。

再次，领导审批通过后，员工需要将审批通过的纸质报销单提交财务，财务进行单据审核，对于审核通过的单据财务再进行人工记账，基于纸面单据的财务审核及人工记账，需要财务人员耗费大量时间在单据的查验审核上，会存在一定的时间消耗和效率损失，财务人员工作压力较大。

最后，所有业务环节及财务环节结束后，出纳进行手工付款，企业网银操作中需要出纳手工录入很多信息，手工录入存在一定的操作差错风险。

另外，由于缺乏有效的数据获取手段，企业管理者难以实现费用精细化管理，预算控制也无法得到有效执行。手工报销方式给员工、财务人员、业务领导和企业管理者带来巨大压力，成为企业发展中的效率黑洞，越来越难以适应企业的高速发展和高效的工作方式，已逐渐被后文介绍的其他几种报销方式所替代。

第二阶段：网上报销

相较于传统手工报销，网上报销模式增加了电子报账系统、电子影像系统和电子档案系统等信息系统的应用，将传统的基于纸面传递、桌面处理的报销流程电子化，基本实现了费用报销的全流程在线流转。中兴通讯在 1999 年自主研发并上线的网络报销系统，也是中国的第一代网报系统，如图 2－4 所示。

网上报销的典型流程是：员工在电子报账系统提交报账申请，同时，将在线提单产生的封面打印后与原始纸质单据一同装订提交至扫描员处，经由电子影像系统扫描并上传影像，业务领导和财务人员在电子报账系统中调阅单据影像，并依次在线进行审批与审核；财务审核通过后，凭证信息传递至会计核算系统，自动生成会计凭证和付款信息，支付指令传至资金系统进行

**图 2-4　中国第一代网络报销系统——中兴通讯 1999 年网络报销系统登录界面**

支付；最后，电子档案系统将匹配的报账单封面、票据附件等影像、入账凭证以及付款信息等进行匹配，形成一份完整的电子档案，进行档案归档。如图 2-5 所示：

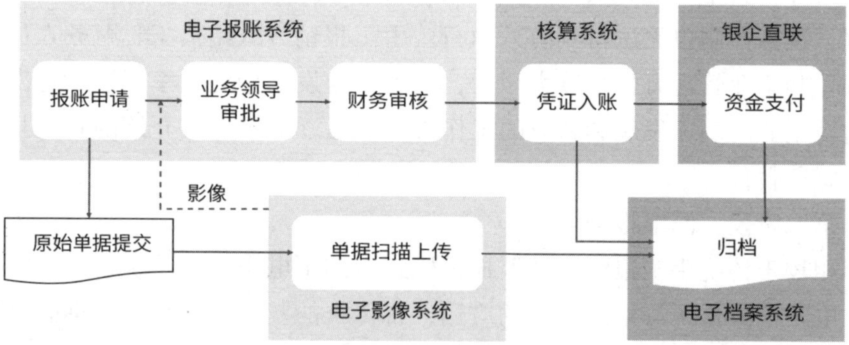


**图 2-5　网上报销流程**

作为现代信息技术与财务业务的融合，网上报销模式颠覆了手工报销模式下的纸面传递和桌面处理，员工提单报销、业务领导审批和财务人员审核均在线上完成，流程效率得到了很大的提升；企业的费用支出数据完成电子化，能够更好地实现费用控制和数据分析。

但是，员工仍需垫付资金、收集并粘贴发票，花费大量的时间和精力在整理发票和填写单据上，员工满意度有待进一步提升；而且，由于企业未能实现集中采购，费用支出仍然居高不下，难以从源头进行支出控制。

第三阶段：在线报销

网上报销模式不断演进，逐渐向费用发生前端拓展，集成差旅管理系统和办公采购系统，实现了公司范围内员工差旅行为的集中管控和行政办公用品的集中采购。企业的财务部门或财务共享服务中心与供应商定期统一进行对账与结算。图 2－6 为中兴通讯演进迭代的 FOL 财务在线系统。

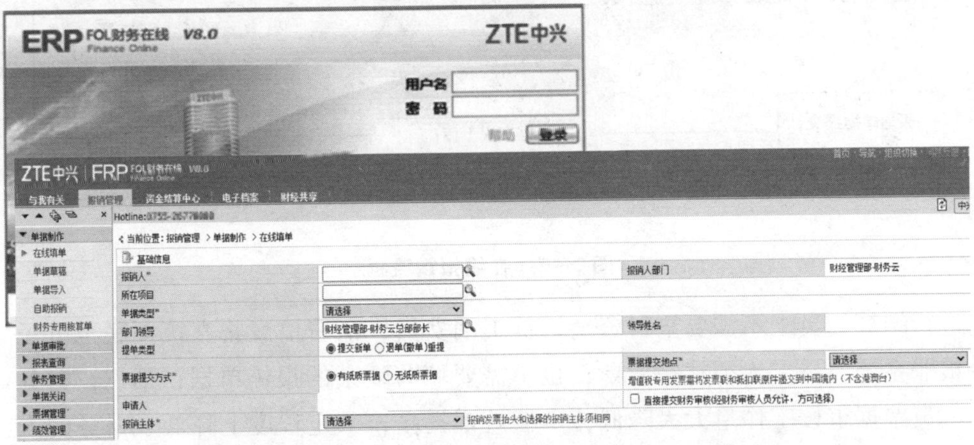


**图 2－6　中兴通讯 FOL 财务在线系统登陆和提单页面**

在线报销系统前端与差旅管理系统、办公采购系统对接，将企业差旅政策及办公用品采购规则预设在系统中，并通过差旅管理系统与航空公司、酒店以及差旅代理平台等进行对接，通过办公采购系统与电商等供应商平台进行对接，员工能够直接从差旅管理系统和办公采购系统进行预订和采购，无须垫付资金；员工在线提交报销单时，差旅管理系统和办公采购系统的订单信息可同步至电子报账系统，业务领导和财务人员能够在电子报账系统中查看订单信息，并结合电子影像系统扫描上传的其他原始单据信息进行审批和审核；财务审核通过的电子报账单信息自动传递至会计核算系统，自动生成会计凭证和付款信息，出纳通过银企直联自动进行款项支付。如图 2－7 所示。

在线报销模式下，第一，企业通过差旅管理系统与办公采购系统，将费用管理前置，能有效实现预算控制和标准约束，避免不合理和超预算的情况发生，使企业差旅行为和办公采购行为更加合规；第二，企业直接与供应商

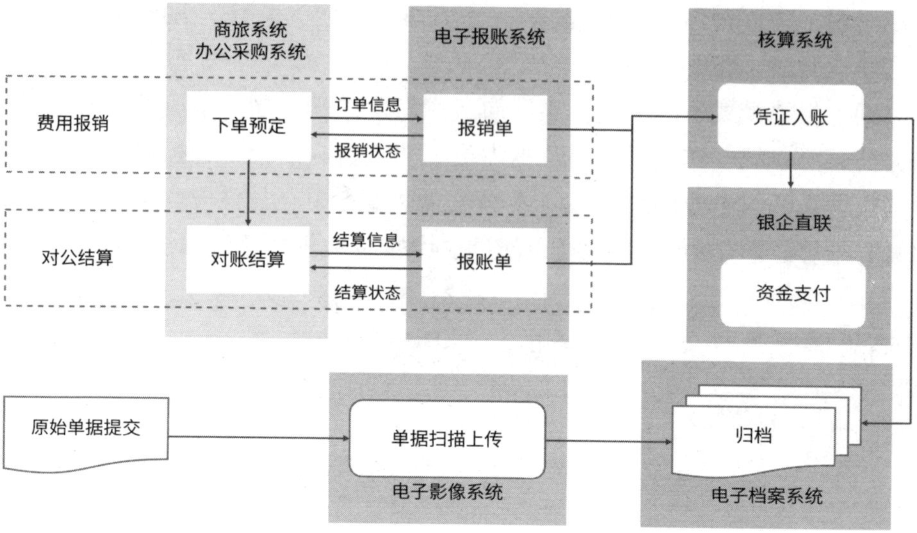


**图 2－7　在线报销流程**

进行结算，员工不需要垫付资金，员工消费后，消费信息将直接关联至电子报账系统，员工无须粘贴发票，也不需要填写复杂的报销单据；第三，财务人员票据审核工作量大大降低，审核效率提高，一定程度上降低了财务的人力成本；第四，企业办公用品通过办公采购系统批量采购，采购流程透明，节约了采购成本，避免了舞弊风险；第五，对企业管理者来说，从差旅管理系统和办公采购系统能够获取员工费用的大量数据，便于管理者通过数据分析，制定差旅管理政策，引导员工消费行为，并且能够增强企业与供应商的议价能力，进一步提升费用管理水平。

第四阶段：移动智能报销

随着电子发票的出现，费用报销朝着更加移动化、智能化的方向发展，进入移动智能报销阶段。相较于在线报销，移动智能报销模式增加了电子发票系统、移动应用、智能识别系统、进项认证系统以及共享运营系统、智能审核系统的应用。如图 2－8 所示。

在移动智能报销阶段，通过简单的“三部曲”将完成所有的报销行为：

第一，员工在消费时获取的电子发票存入微信或支付宝卡包，报销时一键导入电子发票系统；电子发票系统与税务局系统对接，完成发票的查验，并且获取电子发票的全票面信息，形成发票池。图 2－9 为中兴新云电子发票系统——票联 APP 发票查验页面。

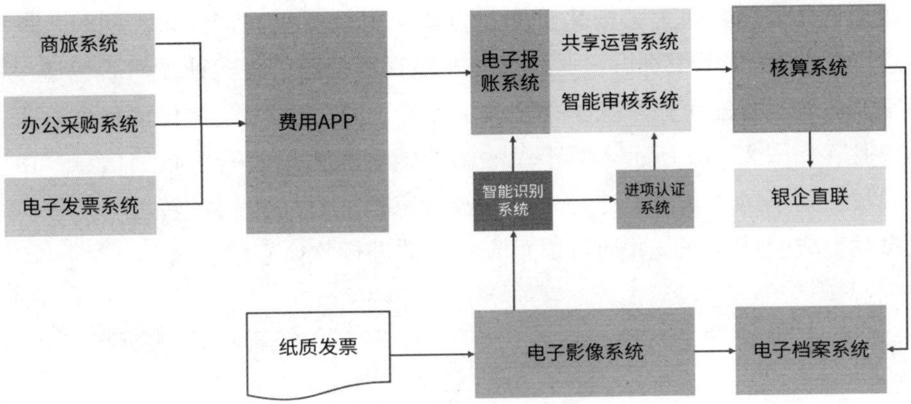


**图 2－8　移动智能报销流程**

**图 2－9　中兴新云电子发票系统——票联 APP 发票查验页面**

第二，电子发票信息导入移动应用，以电子数据的形式存储于移动应用，员工在移动终端使用移动应用进行费用报销时，勾选电子发票系统中经过校验的电子发票以及差旅管理系统和办公采购系统中产生的订单信息，完善费用报销相关项目等其他需要补充说明的信息后，提交报销申请。员工在移动应用提交的报销单同步至电子报账系统，电子报账系统形成各类业务完整的电子报账信息。对于纸质发票和其他纸面单据，员工在移动应用提单后，将发票投递至票据箱或交至扫描岗，纸质单据经由电子影像系统扫描上传。

第三，借助 OCR 切片识别技术，智能识别系统将电子影像系统扫描形成的非结构化数据转换为结构化数据，为智能审核提供数据基础。同时，发票信息经过 OCR 技术识别后，通过进项发票管理系统进行验证，然后传递至智能审核系统。智能审核系统基于规则引擎对获取的各类结构化信息进行审核和校验，如图 2－10 所示。对于无法由智能审核系统进行审核的信息，由财务人员在共享运营系统中进行人工审核，审核通过的单据流转至会计核算系统自动生成会计凭证，并通过银企直联自动进行款项支付。



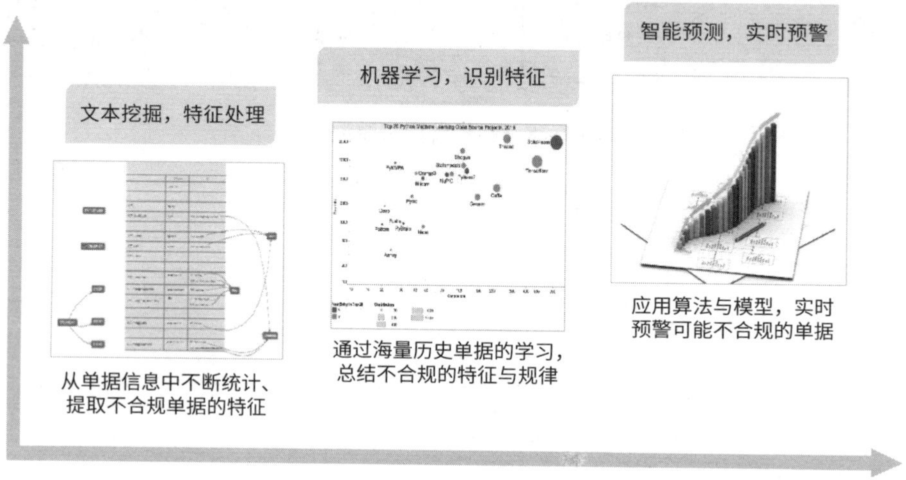


**图 2－10　智能审核系统的应用**

与在线报销模式相比，移动智能化报销模式具有以下优势：

其一，通过电子发票系统及智能识别系统的 OCR 技术应用，对电子发票和纸质发票的结构化信息进行自动识别和验证，降低了员工获取和保管纸质发票、粘贴发票的工作量；财务人员无须面对大量纸质发票，提高了财务处理效率和账务质量；企业档案管理工作简化，人力成本、邮寄成本、存储成本均得以降低。

其二，电子发票系统的移动端适应当前移动化办公的需求，帮助员工实现随时随地报销，大大提升了员工的体验。

其三，电子发票系统和进项认证系统对发票的查验功能解决了发票流转过程中一票多报、虚报虚抵、真假难验等难题，降低了财务人员审核发票的工作压力和员工舞弊的风险。

其四，智能识别和智能审核系统大大提高了财务的自动化和智能化水平，有助于财务的数字化转型。

报销方式的演进，既是企业财务管理水平的重要标志，也是财务信息化变革的重要部分。在“大智移云物”的时代，大数据、智能化、云计算、移动互联网改变了费用报销的方式，也提升了财务的计算能力、处理能力和分析能力，为财务利用企业大数据创造价值奠定了数据基础和技术基础。

在费用报销的过程中，从发票的开具到员工接收发票后的报销行为，都是以员工为核心的，而非发票或系统。发票，无论纸面形式或电子形式，都只是企业与客户、供应商、员工连接的载体，而员工是发起所有发票连接行为的主体。各大信息系统，无论是差旅管理系统、办公采购系统、报销系统还是其他财务系统，都只是为了让连接更高效、更智能的工具，而员工是操作工具的主体。未来的报销，以员工为主体发起所有的连接行为，会进一步产生巨大的影响和冲击。

第一，员工的报销更加便捷。对企业来说，员工的时间都是企业宝贵的资产、巨大的财富，不应耗费在漫长冗繁的财务流程中。未来的报销，会更加注重员工的报销体验，借助信息系统工具，员工报销会更加便捷，报销速率甚至会压缩到秒级。

第二，对财务带来巨大的冲击。财务很多时间在做两件事，一件是与所有的利益相关者交换信息并验证信息的真伪，另一件是完成数据的汇总和加工。当全部数据实现电子化，这两项工作都可以通过计算机自动完成，企业基础财务人员的数量会大大减少，财务人员能够真正解放自己，做更有价值的工作。

第三，支撑企业业务发展。未来，如果系统工具能够实现费用报销中所有电子发票的统一存储、完整识别，帮助企业完成员工和企业之间的连接，这其中将会蕴含巨大的企业业务发展空间。

### 2.1.3　费用报销智能化

在智能化费用报销流程中，企业可以实现事前、事中和事后的全流程控制。在事前控制阶段，企业可以通过费用申请管控，实现费用申请与预算的实时关联，通过消费预定控制，将消费活动与第三方平台进行连接，实现消费控制；在事中控制阶段，企业可以通过员工支出记录进行信息整合，并实时获取反馈，通过提交报销的智能化管控，实现核算与预算分离的标准化控制，通过以主管审批为主的多级审批流程，实现预算执行的可视化；在事后控制阶段，企业通过财务记账对问题类凭证进行冲销、作废和修改，通过对接资金系统实现资金支付数据全流程信息化，管控资金风险，通过将实际报销数据和控制标准进行对比，实现费用报销数据的分析和费用支出预警。如图 2－11 所示。

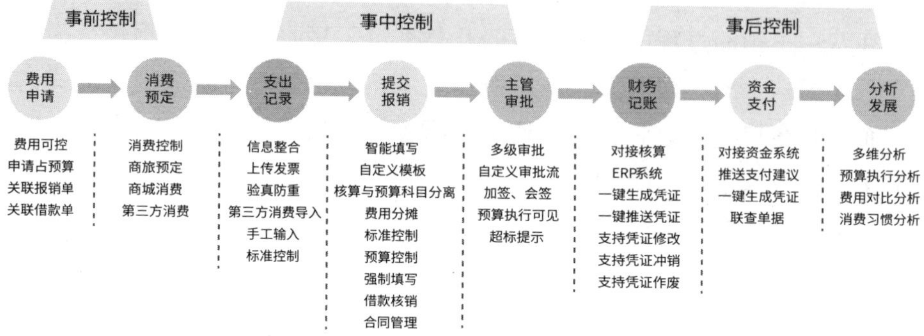


**图 2－11　智能化费用报销流程**

企业推进智能化费用报销的变革，其意义在于“六个不”，即费用报销不垫资、不贴票、不提单、不见面、不审核、不记账。在报销过程中，员工差旅订单直连报销系统，自动生成报销单据，员工无须垫付资金、无须获取发票，企业基于差旅管理系统和办公采购系统，定期和供应商开大额发票进行结算，报销时效性大大增强的同时，优化了员工的报销体验，实现了费用报销的不垫资、不贴票、不提单；在审批审核环节中，系统用数字信息传输代替纸质单据传递，电子审批代替纸质审批，在财务处理环节中，系统自动生成会计凭证信息入账，实现了费用报销的不见面、不审核、不记账的目标，降低了出错概率，简化了报销流程，提高了企业员工报销的及时性和准确性。

## 2.2　系统架构[①]

企业的财务信息系统可以分为四个层面，分别是业务层、核算层、管理层和决策层。如图 2－12 所示。

业务层信息系统覆盖企业的主价值链流程，支撑企业的业务发展，主要为业务人员所使用，但业务系统在设计时也需要充分考虑财务需求，将财务所需数据和信息的采集节点都放在业务前端，在业务人员进行业务处理的过

① 本书所提到的系统名称和系统功能均以中兴新云系统为准。

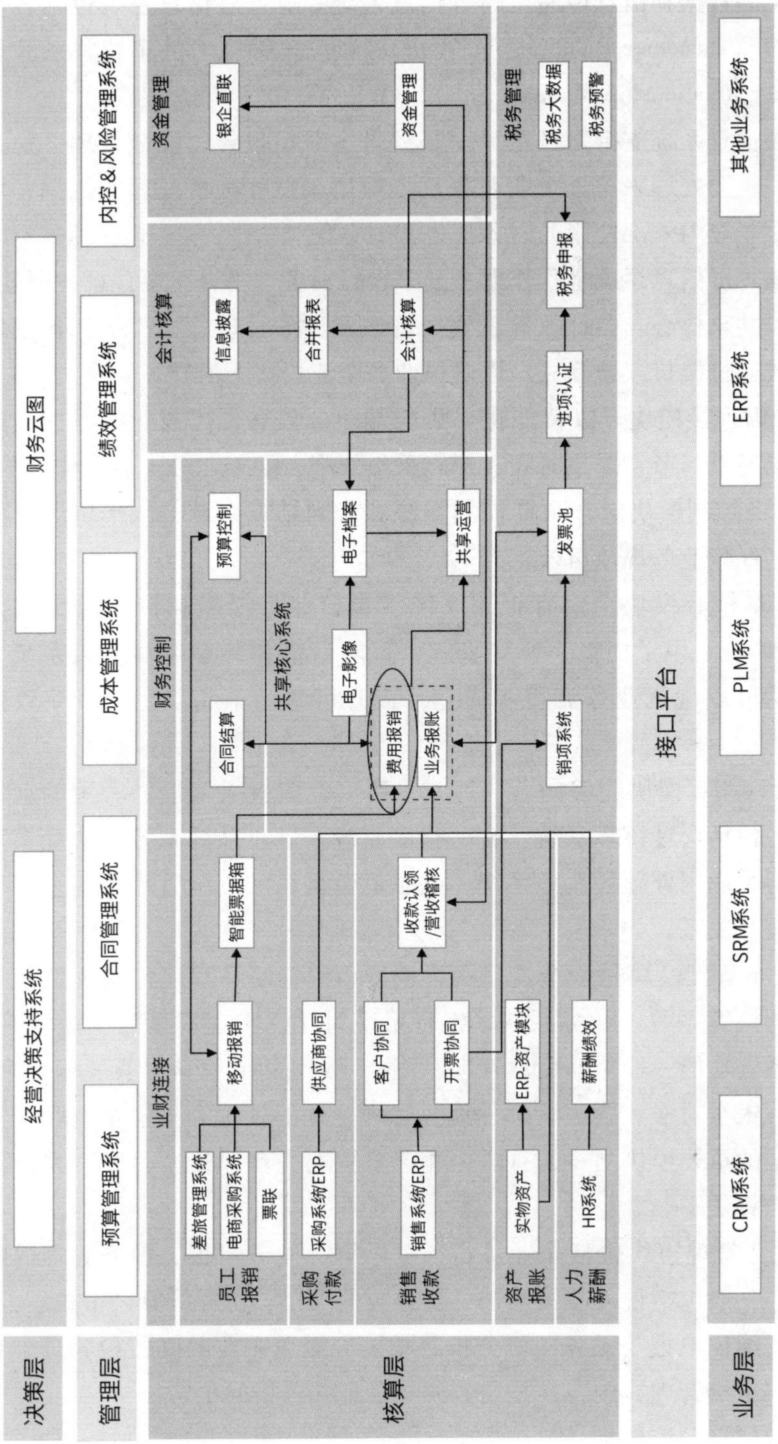


图 2－12　财务信息系统架构

程中，产生的数据和信息传递至财务信息系统。业务层信息系统包括客户关系管理系统（Customer Relationship Management，CRM）、供应商关系管理系统（Supplier Relationship Management，SRM）等。

核算层信息系统支持财务会计交易处理、财经报告、资金管理、税务管理的职能，主要处理来源于企业业务系统与用于财务交易处理的数据，可以提供多种供企业内外部使用的财务报告和财务信息。

其中核算层信息系统也称作财务云平台，财务云平台主要包括业财连接、财务控制、共享核心、会计核算、资金管理和税务管理六大模块，各模块中的信息系统通过接口互通互联，以确保业务全流程线上流转。

➢ 业财连接模块可以智能化采集前端业务信息，打通业务数据与财务数据的线上通道，节省采集时间，提高采集效率，便于业务人员操作。

➢ 财务控制模块包含预算控制系统和合同结算系统，该模块可以内嵌管控规则，保障业务规范可控。

➢ 共享核心模块主要有报账系统（包含业务报账和费用报销两个模块）、电子影像、电子档案、智能采集、智能审核和共享运营六大系统，借助这些系统可以规范业务流程和操作，提升运营效率和质量，沉淀数据和信息。

➢ 会计核算模块能够向公司股东、政府、债权人等提供所用的财务报告和信息，包括会计核算系统、合并报表系统、信息披露系统，会计核算模块的系统与企业内外部各业务系统、共享运营系统、资金管理系统存在着复杂的数据交互关系。

➢ 资金管理模块是资金流、资金调度、资金结算和运作管理的信息系统，与会计核算系统、业务系统、银行系统对接，实现资金的全流程管理。资金管理系统功能一般包括账户管理、资金计划管理、资金结算、银企直联、资金监控、银企对账、票证管理、债务管理、外汇管理等。银企直联是资金管理系统中的重要模块之一，有的企业会单独上一套“银企直联”系统，以提升资金结算效率。

➢ 税务管理模块包括企业进行税务结算、税务申报、税务管理的财务信息系统，一般包括税务政策维护、税务数据采集、税务核算、审核、汇总、税务报表、纳税申报及税务预测分析等功能，涵盖企业的间接税管理、直接税以及转移定价管理等内容，是企业税务管理和分析的平台。

管理层信息系统包括企业从战略到经营计划、预算管理、过程成本管理、绩效管理以及企业风险控制管理的相关信息系统，其与企业的经营过程及管理要求密切相关，数据来源于核算层信息系统，经过进一步加工和处理，为企业管理提供财务信息。管理层包含的系统有预算管理系统、合同管理系统、成本管理系统、绩效管理系统等。

决策层信息系统属于支持管理决策的财务信息系统，为管理者提供交互式的决策支持。

如系统架构图所示，员工在进行费用报销时，通过差旅管理系统、办公采购系统、票联系统获取业务数据，通过报账系统的费用报销模块进行提单（报账系统由费用报销和业务报账两个模块共同组成），报账系统的审批流引擎根据审批权限的设置，将单据推送至相应的业务领导处，领导在报账系统中审批通过后，单据自动流转至共享运营系统，进行统一的任务划分和处理。审核完成的单据，通过会计引擎自动生成会计凭证并推送到会计核算系统，同时数据流转至银企直联系统进行资金支付。

为了满足企业庞大的信息系统功能需求，适应复杂的信息系统环境，中兴新云财务云平台采用微服务架构。微服务一词最早由 Martin Fowler 与 James Lewis 于 2014 年共同提出，如今已成为最主流的分布式应用解决方案之一。其是将一个大而全的复杂信息系统，按照业务模块拆成若干个简单的小型服务，每个小型服务都可采用不同的技术并独立运行，服务之间采取松耦合的联系机制，进而实现整个易扩展、灵活性高的信息系统。

在微服务的架构下，信息系统的集中化管理程度降低，强调系统内服务的独立性、自治性。系统内的每个微服务都是一个轻量级的系统，可以建立自己的数据库，进行独立的开发、测试、部署、拓展，不必使用同一种编写语言，也可以采用不同的数据存储技术，服务之间通过 RPC 或者是 Rest 协议等轻量级机制来进行通信。除此之外，微服务间的更新周期可以不同步，系统更新时，可以通过只单独更新某一模块的服务来进行整个系统的升级，实现系统的快速演化。

票联、移动应用、费用报销、共享运营系统就是财务云平台的微服务。

### 2.2.1 票联

当前在我国，电子发票已较为普及，但仍有“最后一公里”的问题需要解决。例如如何实现纸质发票快速识别录入；如何实现电子发票不必打印就可以报销；如何减少发票验真、查重、认证工作量等是员工和企业共同关注的问题。电子发票具有易于修改、打印次数不受限制、无须额外加盖专用章等缺点，财务人员还需关注发票验真和查重两方面。

票联的诞生则很好地解决了这些问题，票联为企业客户提供员工发票归集和验真查重解决方案。票联作为微信小程序，电子发票通过微信卡包、支付宝卡包及电子邮箱等途径导入，纸质发票利用 OCR 识别技术快速录入结构化数据，对接外部平台自动验真认证、汇集发票池自动查重，方便了员工提单报销的同时，极大地减少了财务人员的工作量，提高财务处理效率，促成发票处理的电子化、自动化。其功能框架如图 2－13 所示。具体来看，票联的主要功能有：

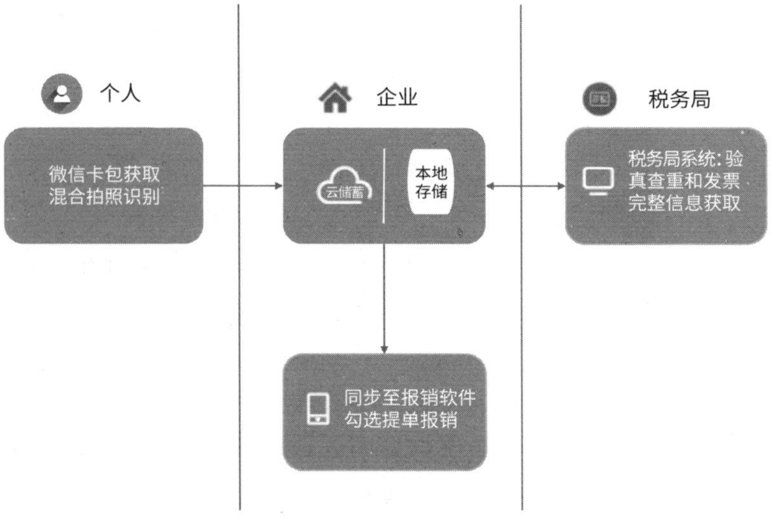


**图 2－13　票联功能框架**

➢　多渠道发票采集。票联能够以微信卡包获取和混合拍照的方式采集增值税专用发票、普通发票、电子客票行程单、出租车票等各类票据的完整票面信息，并一键导入报销系统。如图 2－14 所示。

➢　一站式税务局验真。票联后台可以对接税务局系统，直接进行发票查重验真，保证发票的真实性、唯一性。如图 2－15 所示。

➢　便捷化审核报销。票联能够获取各类发票的结构化信息并直接导入报账系统作为财务审核依据，员工勾选发票信息即可报销。如图 2－16 所示。

图 2－14　多渠道发票采集界面

图 2－15　发票查验界面

图 2－16　发票导入界面

数字化时代的全员体验——费用报销系统

## 2.2.2 移动应用

通信、网络的飞速发展冲击着企业的生产作业方式，给企业运作带来革命性改变，也推动着企业财务的事务处理和管理模式走向电子化、自动化、网络化。传统费用报销模式依赖大量的纸面单据和手工签字，工作量大、流程低效，财务处理不够及时，财务人员压力大且服务水平也难以令人满意，这种方式已越来越不能适应企业的高速发展，难以满足高效工作方式的需求。

移动报销是费用报销的移动端模式，便于员工随时随地报销，其核心功能与费用报销一致，包括事项申请、发票上传、我的发票、费用报销、借款还款、待办事项、费用报告、个人中心和财务云图九大模块，如图 2－17 所示。移动报销集事前申请、发票归集、费用报销、业务审批、费用分析等业务模块为一体，为员工提供个人费用报销的全流程服务。

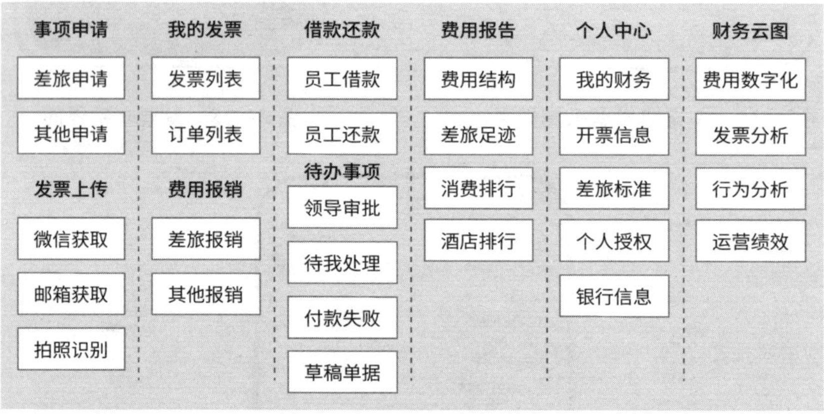


**图 2－17　移动应用功能框架**

➢ 事项申请：移动端事项申请功能包括差旅申请、通用费用申请、事项申请等，企业可根据需要定制设置申请单模板，实现员工业务活动的事前管控。申请单可按需进行预算占用，若申请单占据的预算金额未完全使用，可以在电脑端关闭申请单释放预算。移动端与电脑端数据完全同步，员工无论在移动端或电脑端提交报销单，均可关联已完成审批流的申请单。如图 2－18 所示。

➢ 发票上传：移动报销与票联对接，支持将来自微信卡包和电子邮箱的各类电子发票导入待填写的报销单，也可以对纸质发票进行 OCR 识别并上传发票的结构化数据。如图 2－19 所示。

图2－18　移动端事项申请界面

图2－19　移动端发票上传界面

图 2－20　移动端我的发票界面

➢　我的发票：发票列表展示员工获取的所有发票类型，发票报销状态清晰明了，员工可以随时查看发票报销情况与详细信息并新增发票。系统支持按照发票号码、发票类型搜索发票，自动计算进项税额。如图 2－20 所示。

➢　费用报销：费用报销支持差旅、日常费用等发生频率高的费用报销。报销可通过关联发票—核对费用—确认支付信息，简单三步快速完成。同时移动端报销也可实现关联申请单、关联项目合同、核销借款等功能，使员工报销效率大幅度提高。如图 2－21 所示。

➢　借款还款：移动端借款还款功能包括员工借款与员工还款，数据与电脑端同步。员工借款单用于员工因公出差、接待或办理其他事务发生的款项借用，支持借款单支付至外部供应商账户。系统可根据自定义审批流，完成审批后进入支付中心生成对应支付指令，已审批完成的一张借款单可被多次报销冲账或还款。员工提交借款单时，系统可提醒并控制“前款不清、后款不借”。员工还款单用于员工归还借款后进行提单报账，可关联借款单，填写还款金额及日期后即可提交单据核销借款，系统支持设置还款时间，还款日到期之前系统自动提醒员工进行还款。如图 2－22所示。

图 2－21　移动端费用报销界面

图2－22　移动端借款还款界面

➢　费用报告：费用报告提供费用结构、差旅足迹、酒店排行和消费排行四种报告形式。费用结构按金额比例展示员工各业务类型的报账单据分布情况，支持查看对应单据明细，方便员工了解个人报销业务分布情况；差旅足迹根据员工差旅报账单中关联的交通票据，生成差旅足迹地图，记录员工差旅行程，显示当前省份的合计差旅费金额；酒店排行根据员工差旅报账单中关联的住宿费票据，生成常住酒店排行榜，为企业提供酒店订单数据分析，企业可利用该数据进行商务洽谈降低差旅成本；消费排行根据员工报账单中的发票信息，生成常用消费地排行榜，为企业提供常用消费数据分析。如图 2－23 所示。

➢ 个人中心：个人中心展示员工所属公司开票信息，包括公司名称、纳税人识别号、地址、电话、开户行、银行账号等；展示员工银行信息，系统自动默认同步的银行账户为员工的报账账户，员工可以删除或新增账户信息；员工还可以自行维护收款账户，除银行账号之外，员工可以录入个人微信和支付宝收款信息。个人授权分为代报授权和审批授权，代报授权用于员工授权其他员工在报账系统中代为报销的情况，审批授权用于业务领导把当前的单据审批权限授予其他员工代理的情况；差旅标准查询用于查询员工差旅标准，包含交通标准、住宿标准、补贴标准。如图 2－24 所示。

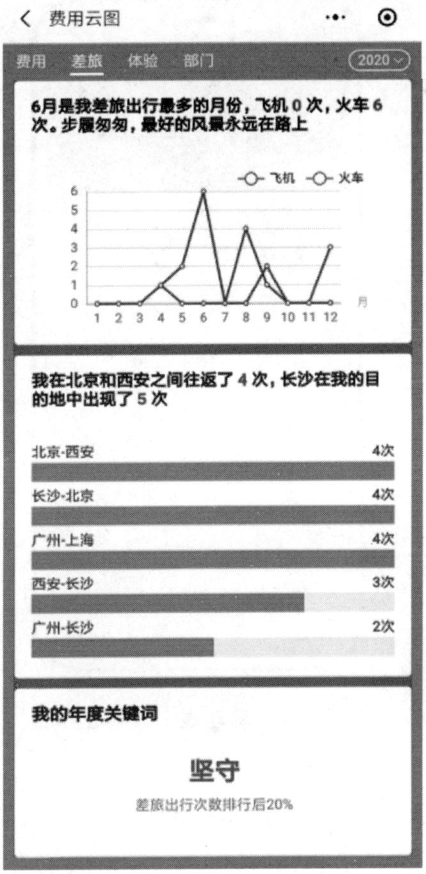


**图 2－23　移动端费用云图界面**

➢ 费用云图：费用云图根据员工报账单中的发票信息，以图表等形式显示费用总额、报销总笔数、费用月度分布、费用类型分布以及员工常用消费地排行，为企业提供消费数据分析；差旅云图根据员工差旅报账单中关联的交通及住宿票据，生成差旅地图、差旅次数月度分布、差旅路线排行、常住酒店、年度关键词等信息，企业可利用该数据进行商务洽谈降低差旅成本；体验云图根据员工实际使用情况统计并显示填单量、系统使用时长、报销时效分布、填单设备来源、填单用时、输入量统计、单据驳回原因，为企业规范管理财务审核工作、提升审核效率及提高员工报销满意度提供数据支持；部门云图仅对部门负责人和分管领导可见，可切换部门，显示部门费用报销总额、月度费用、费用类型分布、员工报销排行，部门负责人及分管领导可根据该数据管控部门费用支出。

➢ 其他功能：移动报销可以与差旅、订餐、打车等第三方平台进行集成，员工可以在报销时点击导入第三方消费流水，生成对应的报销单据。如图 2－25 所示。

图 2－24　移动端个人中心界面

图 2－25　移动端差旅预定界面



## 2.2.3　费用报销

以纸质报销单作为介质的传统费用报销模式，使财务人员不得不面对成本高、效率低、意见多、矛盾大等问题。费用报销作为员工进行费用报销的PC端系统，为企业员工提供便捷、高效的一站式报销、审批体验，跟踪报销进度、查看费用分布，使费用报销简单易用、进程尽在掌控。其功能架构如图2－26所示。

费用报销模块主要包含以下功能：

➢　事项选择：事项选择是指员工对某一类业务的申请，例如出差、采购等，这些业务一般都需要在执行完成后进行报销。企业可以规定某些报销必须经过事前业务申请，在费用报销的时候，相关报销单可以与事项申请单进行关联。申请单可根据需要设置是否占用预算，并配置企业所需申请单类型。当已占用预算的申请单无须继续占用预算时，可在申请单关闭中释放预算。如图2－27所示。

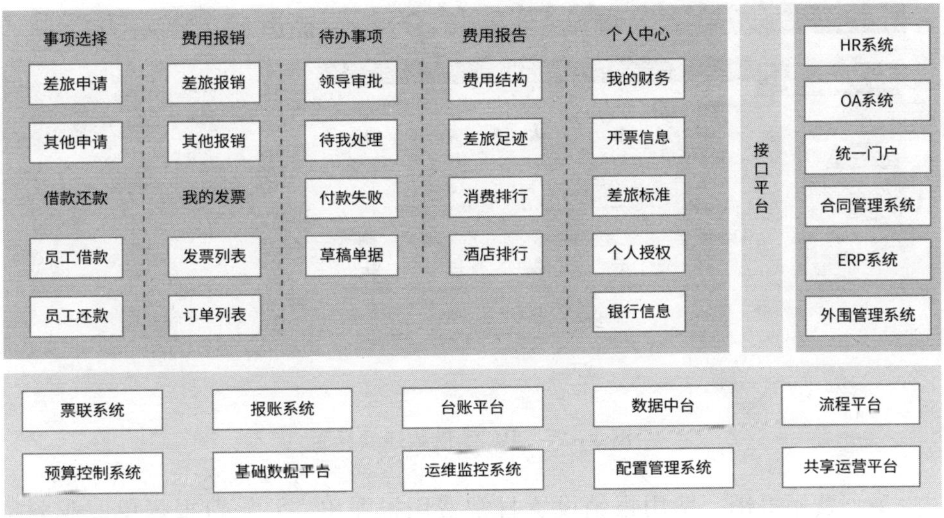


图 2－26　费用报销功能架构

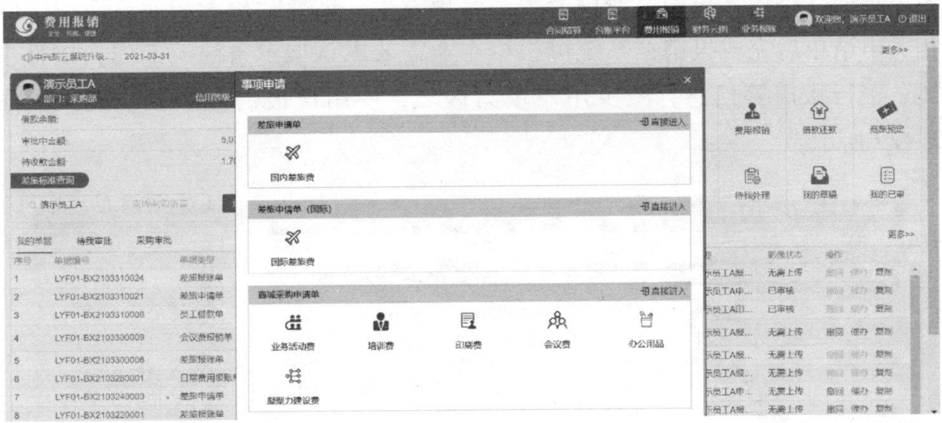


图 2－27　PC 端事项申请界面

➢　借款还款：员工借款是指单位内部员工基于业务需要从单位暂时借出的款项，员工借款在所办业务完成后应尽快核销或者归还。费用报销一般通过提供专用于员工借款和员工还款两个业务的单据进行借还款的管理，可支持按总额或单笔金额等多维度组合的借款限额管理，实时提示借款余额及限额的员工借款全周期管理，即遵守“借款前款不清、后款不借”的员工借款控制管理原则。如图 2－28 所示。

数字化时代的全员体验——费用报销系统

图 2－28　PC 端借款还款界面

➢　费用报销：费用报销设置日常费用报账单、差旅费报账单、业务招待费报账单、会议费报账单等，支持员工报销不同类型的费用。费用报账单填单页面支持代人报销、费用分摊、合规管控、标准管控等功能；支持关联相关申请单后完成报销；系统可根据企业需要默认展示备注、部门、核算主体、银行账户等信息，减少用户填写区域，使用户报销提单更快捷。如图 2－29 所示。

图 2－29　PC 端费用报销界面

➢　我的发票：系统归集展示移动应用识别录入的发票、报账系统手工录入的发票，以及差旅管理系统同步的机票、酒店订单，待报销信息一目了然。可录入发票类型包括：火车票、飞机行程单、车船票、其他纸质票、增值税专用发票、增值税普通发票、电子发票。录入信息根据票据类型动态展示，录入后的发票以拟物化形式展现。如图 2－30 所示。

图 2－30　PC 端我的发票界面

➢ 待办事项：待办事项是用户待处理单据操作入口，包含领导审批、待我处理、付款失败和草稿单据四个部分，系统将事项自动分类、归集、整理至账户的待办事项入口。如图 2－31 所示。

图 2－31　PC 端待办事项界面

➢ 费用报告：费用报告提供费用结构、差旅足迹、酒店排行、消费排行四种报告形式，具体内容与 2.2.2 移动应用的费用报告功能相同，可详见上节内容。

➢ 个人中心：个人中心包括我的财务、开票信息、差旅标准、个人授权及银行信息。具体内容与 2.2.2 移动应用的个人中心功能相同，可详见上节内容。PC 端个人中心界面如图 2－32 所示。

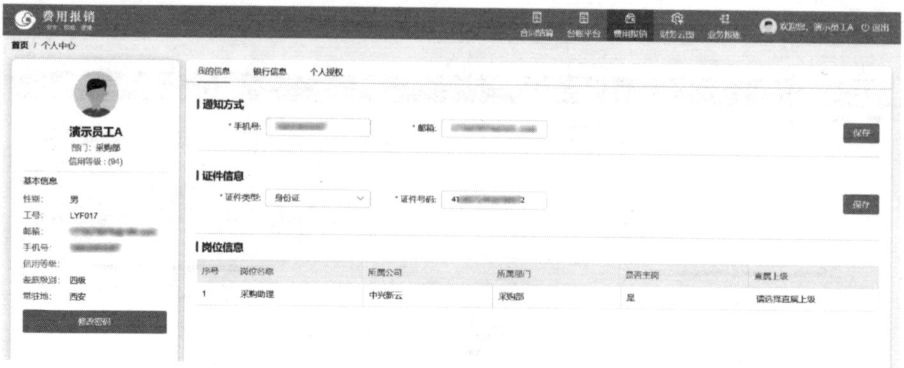


**图 2-32　PC 端个人中心界面**

费用报销解决了传统财务报销模式下所面临的各项问题，具有信息采集规范化、信息成本节约化、信息传递自动化、审批流程电子化、财务流程高效化、信息展示追踪化等特点。费用报销实现了员工费用的在线报销，电子单据的流转简化、方便了领导和财务审批流程且易于追踪，增强财务处理效率，大大减少了财务人员工作量，提高了用户体验和财务服务水平，适应企业高速发展和快速扩张。

## 2.2.4　共享运营系统

企业在快速扩张过程中，常常需要财务资源的大量投入。特别是大中型的跨区域集团型企业，一方面致力于获得灵活性和敏捷性，另一方面又试图取得成本上的优势，但财务管理工作往往不能有效支撑业务发展，存在诸多问题。企业各地财务流程不统一、不规范，业务扩展的同时需增加大量财务人员，效率低成本高的同时，服务质量难以保障，并且没有过程管理，无法提供实时变化信息。共享运营系统通过集中处理任务，帮助企业标准化、规范化、专业化财务审核流程，提供实时变化信息，降本增效，保障服务质量，加强过程风险管控。共享运营系统是共享中心作业平台、财务业务统一处理平台、共享中心运营管理平台。系统内置任务调度机制、绩效管理机制、运营监控机制及统一会计引擎等，使得共享中心运营更加高效。共享运营系统功能架构如图 2-33 所示。

共享运营系统的主要功能如下：

➢ 任务处理：系统支持建立财务共享任务池，可按业务类型、单据类型、组织等多维度设立任务组和任务池。不同类型的任务可灵活组合，共享

数字化时代的全员体验——费用报销系统

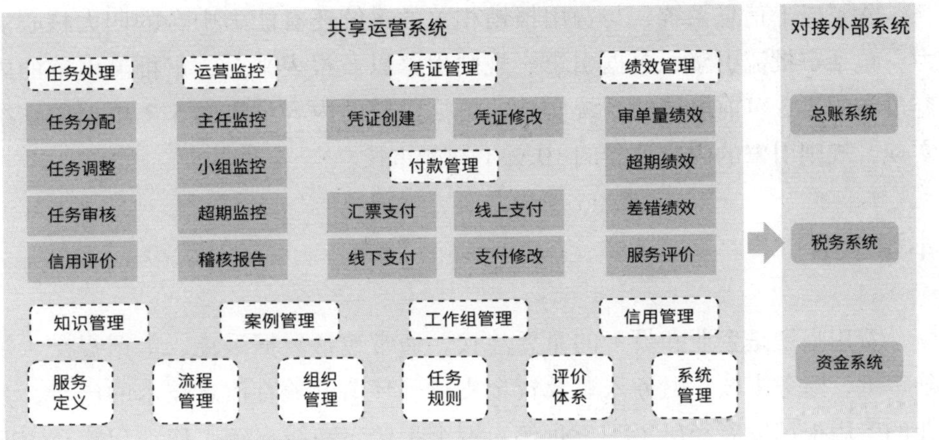


图 2－33　共享运营系统功能架构

中心可按组织、岗位、人员灵活配置其处理的任务分类。在配置每个任务池的规则后，系统自动判断是否满足进入任务池的规则条件。系统支持前端业务处理完成后自动生成待提取任务。当条件满足要求时，会将任务推送到相应的任务池里。

➢ 运营监控：系统提供财务共享中心运营监控看板用以支撑中心主任和各小组组长实时监控自己权限范围内的共享人员审单情况，包括中心监控、小组监控和组员管理。

➢ 凭证管理：系统提供凭证管理功能，可按单据查询财务审核人员创建的会计凭证分录，对于导入失败的凭证可进行修改后重新推送至会计核算系统，推送成功后，通过凭证接口回传凭证编号。对于已同步成功的会计凭证信息，系统提供“冲销凭证”操作，可调用会计核算系统提供的凭证冲销接口冲销该凭证，冲销成功后，通过接口返回冲销凭证编号。

➢ 付款管理：系统提供出纳人员操作的支付中心模块，主要功能包括票据台账、线上支付、线下支付、支付失败、出纳审核、付款查询。

➢ 绩效管理：绩效管理是企业进行绩效计划、绩效实施、绩效评估与绩效反馈的信息化平台，是企业决策层战略目标的实现方式。绩效管理主要记录财务初审、复审、出纳的工作量、工作效率，用于考核财务共享服务中心员工的工作质量。系统支持对各环节报账工作量、单据时效、工作效率的统计，并通过图表在财务看板上进行展示。不同级别的考核对象能够通过系统进行考核指标的定义和自动计算。

除了以上信息系统，与费用报销相关的系统还有能力中台的四大核心能力，包括审批流引擎、单据引擎、规则引擎以及报表平台，审批流引擎的内容可参阅4.3 事前申请的系统实现，单据引擎的内容可参阅 5.3 单据的系统实现，规则引擎的内容可参阅 10.2.1 智能审核。

## 本章小结

费用报销是企业和员工的重要连接，通常包括数据采集、单据提交、领导审批、财务审核、财务入账及资金支付等环节。随着信息技术的进步，企业的费用报销发展经历了手工报销、网上报销、在线报销、移动智能报销四个阶段，逐步实现对员工费用报销流程的智能化控制。基于财务共享的费用报销系统架构，涉及业财连接、财务控制、共享核心、会计核算与资金管理五个板块，通过系统之间互联互通，实现财务运营的合规高效和价值创造。

### 本章关键词

费用报销流程　费用报销四阶段　智能化报销流程　票联　移动应用费用报销　共享运营系统

## 本章练习题

### 一、选择题

1. 下列选项中，属于费用报销流程节点的有（　　）。

A. 数据采集　　B. 领导审批

C. 财务审核　　D. 资金支付

2. 在智能化费用报销流程中，企业可以实现事前、事中和事后的全流程控制，以下属于事中控制的有（　　）。

A. 支出记录　　B. 财务记账

C. 资金支付　　D. 主管审批

3. 下列关于费用报销发展的“四个阶段”相关描述中，错误的有（　　）。

A. 在手工报销模式下，企业通常尚未应用费用报销系统，从员工发起费用报销申请到财务进行报销业务处理，均以手工的方式完成

B. 在网上报销阶段，企业通过网络报销系统，基本实现了费用报销的全流程在线管理

C. 在线报销增加了电子报账系统、电子影像系统和电子档案系统等信息系统的应用，将传统的基于纸面传递、桌面处理的报销流程电子化，基本实现了费用报销的全流程在线结转

D. 移动智能报销模式增加了电子发票系统、费用 APP、智能识别系统、进项发票管理系统以及共享运营系统．智能审核系统的应用

4. 财务共享核心信息系统架构包含员工报销、财务控制、共享核心等多个模块，以下属于共享核心模块信息系统的有（　　）。

A. 预算控制　　B. 电子影像

C. 银企直联　　D. 会计核算

5. 下列选项中，属于费用报销系统功能的有（　　）。

A. 费用报销　　B. 员工借还款

C. 资金支付　　D. 业务领导审批

## 二、判断题

1. 移动应用集事前申请、发票归集、费用报销、业务审批、费用分析等功能为一体，打通业务财务壁垒，为员工提供个人费用移动报销的全流程服务。（　　）

2. 在“网上报销”阶段，企业的费用支出数据已完成电子化，员工不需要花费大量的时间和精力在整理发票和填写单据上。（　　）

3. 移动应用集事前申请、发票归集、费用报销、业务审批、费用分析等功能为一体，打通业务财务壁垒，为员工提供个人费用移动报销的全流程服务。（　　）

4. 在员工提交报账单据时，费用报销系统将需要进行预算控制的报账信息传递至预算控制系统，并得到预算控制结果，实现预算控制功能。（　　）

5. 智能化费用报销流程中，企业在事中控制阶段，可通过财务记账对问题类凭证进行冲销、作废和修改，通过对接资金系统实现资金支付数据全流程信息化，管控资金风险。（　　）

## 三、思考题

1. 费用报销的基本流程包括哪些节点？
2. 费用报销经历了哪几个阶段？
3. 智能化费用报销流程的三个控制阶段分别包含哪些节点？
4. 费用报销流程涉及哪些信息系统，各个系统之间的数据如何流转？

# 第 3 章　费用类型

## 本章学习目标

本章首先介绍了常见费用类型和特殊费用类型，其次展示了如何在系统中配置费用类型。

通过本章的学习，应掌握：

◇　业务类型与费用类型的区别与联系

◇　常见费用类型和特殊费用类型的分类

◇　费用类型的系统配置

## 本章知识结构图（见图 3－1）

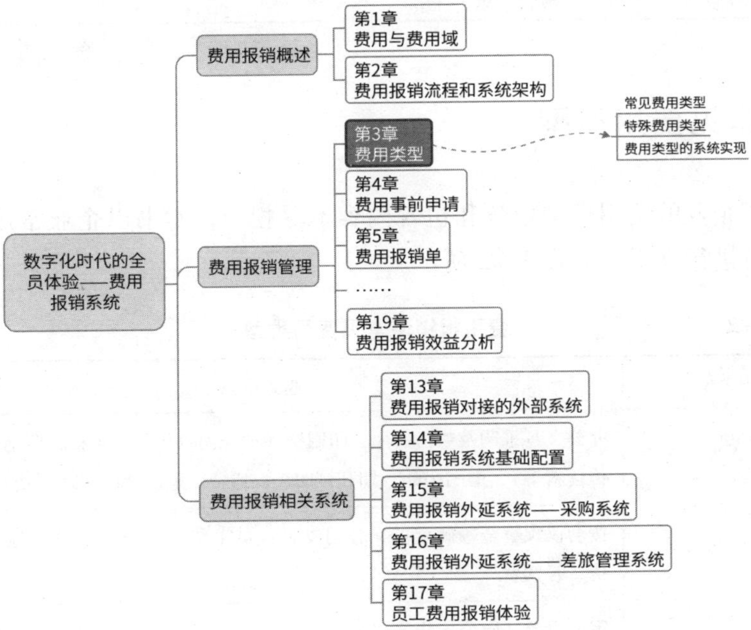


**图 3－1　第 3 章框架导图**

业务类型是将企业发生的所有业务根据其性质进行分类，业务类型可以划分为业务大类和业务小类，每一个业务大类都可匹配多个业务小类。本书中所提到的费用类型具体是指员工费用报销域所涉及的业务类型，费用类型即业务类型在费用报销域的应用。财务不同活动域对应不同业务类型，具体如表 3－1 所示。

**表 3－1　各业务域及对应业务类型**

| 财务活动域 | 业务类型举例 | 费用报销系统 |
| --- | --- | --- |
| 费用报销域 | 差旅费、办公费、员工借款、业务招待费、第三方服务费、公司保险费等 | √ |
| 采购付款域 | 存货、成本暂估、采购付款、采购报账、采购预付 | / |
| 销售收款域 | 收入报账、收款报账 | / |
| 资产报账域 | 固定资产、在建工程 | / |
| 发票税金域 | 房产税、土地使用税、车船税、印花税 | / |
| 薪酬报账域 | 工资、“五险一金”、津贴及补贴、社会残疾就业保障金等 | / |
| 资金票据域 | 资金调拨、票据调拨、贴现托收 | / |
| 财务记账域 | 预提、摊销、总账 | / |

## 3.1　常见费用类型

不同企业的费用类型划分和包含内容不尽相同，本书以企业常用的费用类型划分进行列举，如表 3－2 所示。

**表 3－2　费用报销域常见费用类型**

| 费用类型 | 业务场景 |
| --- | --- |
| 办公费 | 办公文具采购及垫付费用、印刷费（如公司宣传册、年报、劳动合同、宣传资料等）、图书采购、期刊订阅、快递费、电脑耗材、证照费 |
| 会议费 | 按会议预算金额确定的，公司支付或员工垫付的公司会议场地费、租车费、餐饮费 |
| 差旅费 | 因公出差，向公司指定供应商购买的机票费、个人垫付的机票费、住宿费、出租车费、火车票费、汽车票费、出差补助费 |

续表

| 费用类型 | 业务场景 |
| --- | --- |
| 业务招待费 | 因公事接待外部人员，支付给食堂承包商的费用及员工垫付的招待费用 |
| 广告宣传费 | 企业为达到营销、宣传的目的而发生的费用 |
| 通信费 | 公司统一结算的各类语音及数字通信费、网络费、员工电话费 |
| 市内交通费 | 因公产生的市内交通费，部分公司业务部门按定额标准予以报销，职能部门按实际发生金额进行报销 |
| 车辆费 | 公司班车、公司支付的高速路通行卡和加油卡，员工垫付的公司车辆相关费用如加油费、洗车费、修车费、停车费、年审费等 |
| 第三方服务费 | 公司审计费用、专业机构法律服务相关非审计费用、法律诉讼费、专业机构技术服务和咨询相关非审计费用、因公发生的咨询服务费用、专业机构的顾问服务费、公司信息系统相关的软件服务费 |
| 租赁仓储费 | 公司统一支付的办公室、工厂、生产设备，员工宿舍租金、临时租用场地租赁费等，员工垫付的销售片区办公室、员工宿舍租金 |
| 物业管理费 | 办公室等房屋的物业管理费 |
| 装卸运输费 | 产品的装卸和搬运费用，办公室搬迁、采购、加工、成品等运输费用 |
| 公司保险费 | 公司统一支付的公司车辆保险费、财产保险、雇主责任险、公众责任险等，员工垫付的车辆保险费、设备保险费 |
| 水电费 | 指企业的管理部门耗用的水费、电费 |
| 取暖费 | 指企业管理部门发生的取暖费用 |
| 人员招聘与培训 | 招聘员工发生的猎头费、宣传费等招聘相关的费用，个人参加外部的培训课程或活动、公司组织的培训活动 |
| 员工借款 | 定额备用金、临时备用金 |

## 3.2　特殊费用类型

常见费用类型包含大多数企业通常会发生的费用，但是由于企业所处的行业不同、企业的规模不同、企业所处的发展阶段不同，其所发生的费用往往存在一定的差异性，因此不同行业存在特殊费用类型。

➢ 建筑行业的企业有投标费、中标费、爆破费、投标补偿费、仪器检测费、定额测定费、开采费、轮胎费用；

➢ 食品企业有卫生监督费、食品检测费、检验检疫费；

➢ 化工企业有环境监测费、排污检测费；

➢ 房地产开发企业有推广费、自建渠道费、外部渠道费、项目管理费、空置房物业管理费、销售服务费等；

➢ 电信企业有动力费、装移机工料费、业务用品费、电信卡印制费、电路及其他网元租赁费、码号资源占用费、频率占用费、非号百信息服务业务信息源采集费、系统集成支出、网间结算支出、信息服务业务成本、网络容量租赁费、代理代办手续费、代收话费、农村统包代办手续费、营业厅业务外包代办手续费、其他代办业务手续费、新客户发展费、客户服务费、渠道补贴费用等；

➢ 矿产企业有弃置费用、矿产资源补偿费、环境保护费、机物料消耗、设计制图费、试验检验费、劳动保护费、季节费等；

➢ 铁路运输企业有防疫经费、制服补贴、客货营销费用、上交上级管理费、上交营业外单位支出附加费等①。

## 3.3 费用类型的系统实现

在费用报销系统中，费用类型（在系统中也称为“业务类型”）是系统报账的基础，其与预算的生成、报账单据的模板、报销附件清单、单据审批流、财务审核的要点以及会计凭证的生成息息相关。

预算人员可根据业务类型或部门、项目等多个维度在预算控制系统中录入预算金额（具体详见9.1 预算控制）。

员工在费用报销系统中填写单据时，选择报销业务类型时系统会打开不同的单据模板（具体详见第5章费用报销单），并且要求不同的附件清单（具体详见第6章费用附件）。

单据提交后，系统也可以根据业务类型等其他因素生成不同的财务审批流程（具体详见第8章费用审批）。

---

① 财政部关于印发《铁路运输企业会计核算办法》的通知［J］．中华人民共和国财政部文告，2004（7）：22－32。

报销结束后，系统会根据业务类型生成对应的会计凭证（具体详见第 11 章费用入账）。

为了实现以上功能，在系统前期配置过程中，配置人员需要完成业务类型相关信息的配置，具体配置步骤如下：

（1）收集企业的业务类型信息，在基础数据平台中导入，并将其划分为业务大类和业务小类。比如差旅费为业务类型大类，差旅费—交通费、差旅费—住宿费为业务类型小类，如图 3 -2 所示。

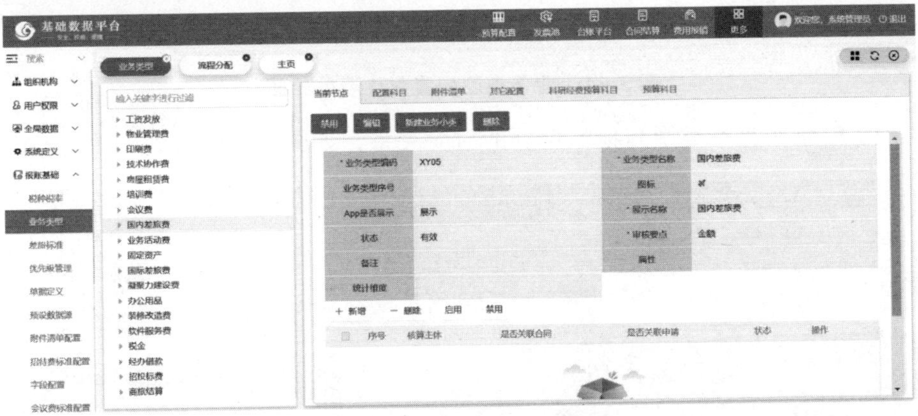


图 3 -2　业务类型配置界面

（2）录入业务类型后，选择每个业务类型对应的预算科目、会计科目、附件清单等，如图 3 -3 至图 3 -4 所示。

图 3 -3　业务类型配置会计科目界面

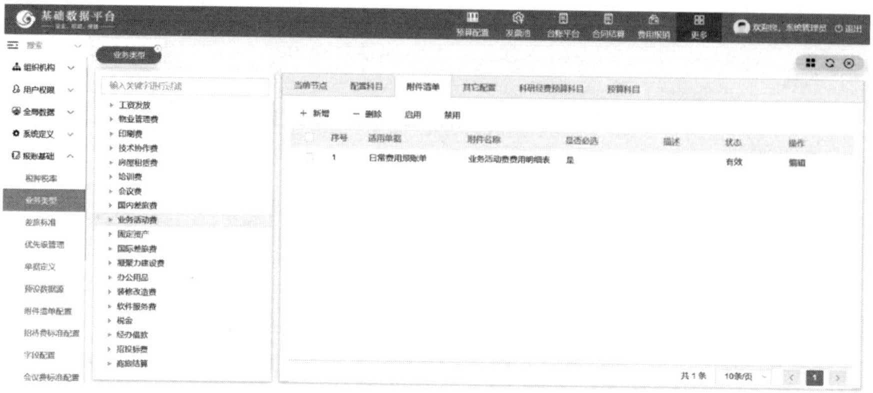


**图 3－4　业务类型配置附件清单界面**

（3）建立业务类型与报账单据的对应关系，如图 3－5 所示。

**图 3－5　报账单据关联业务类型界面**

（4）建立审批流与业务类型的对应关系，如图 3－6 所示。

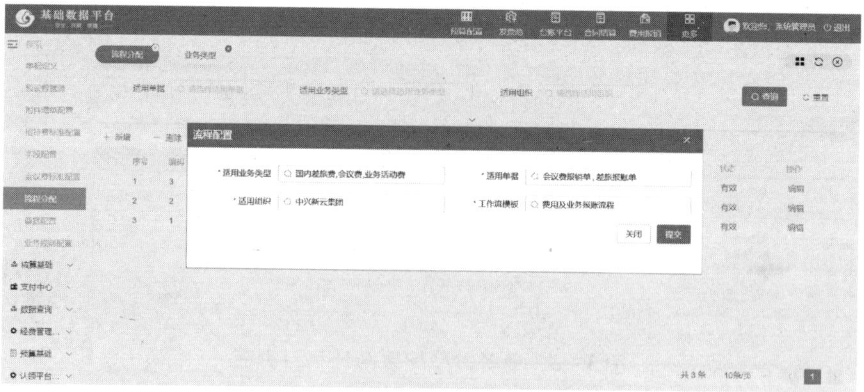


**图 3－6　流程模板分配业务类型界面**

## 本章小结

企业通常根据业务类型将发生的费用进行分类，费用报销域常见的费用类型有办公费、会议费、差旅费等，但由于行业、规模、发展阶段不同，不同企业发生的费用也存在一定的差异性。费用类型作为系统报账的基础，在费用报销系统中，配置人员需要建立业务类型与预算科目、会计科目、报账单据、审批流的对应关系。

### 本章关键词

业务类型　费用类型

## 本章练习题

### 一、选择题

1. 下列关于各业务域及其对应业务类型的描述中，说法正确的是（　　）。

A. 固定资产、存货、成本暂估、采购报账、采购预付等属于采购付款域

B. 房产税、土地使用税、车船税、印花税属于发票税金域

C. 预提、摊销、总账属于财务记账域

D. 一种业务类型可以对应多个业务域

2. 下列选项中，属于销售收款域业务类型的有（　　）。

A. 收入报账　　B. 工资

C. 收款报账　　D. 资金调拨

3. 下列选项中，属于采购付款域的有（　　）。

A. 存货　　B. 成本暂估

C. 公司保险费　　D. 采购预付

4. 下列关于常见费用类型的描述中，说法正确的是（　　）。

A. 办公费包含办公文具采购及垫付费用、印刷费（如公司宣传册、年报、劳动合同、宣传资料等）、图书采购、期刊订阅、快递费、电脑耗材、

证照费

B. 业务招待费包含因公出差，向公司指定供应商购买的机票费，个人垫付的机票费、住宿费、出租车费、火车票费、汽车票费、出差补助费

C. 广告宣传费包括企业为达到营销、宣传的目的而发生的费用

D. 物业管理费包括办公室等房屋的物业管理费

5. 在费用报销系统前期配置过程中，配置人员需要完成的配置步骤包含（　　）。

A. 收集企业的业务类型信息

B. 录入业务类型并选择对应的预算科目、会计科目、附件清单等

C. 建立业务类型与报账单据的关系

D. 建立审批流与业务类型的对应关系



## 二、判断题

1. 差旅费、办公费、员工借款、业务招待费、津贴补贴、第三方服务费及公司保险费均属于费用报销域。（　　）

2. 业务招待费包括因公事接待外部人员，支付给食堂承包商的费用及员工垫付的招待费用。（　　）

3. 员工在报账系统中选择不同的费用报销类型，系统会打开不同的单据模板。（　　）

4. 按会议预算金额确定的公司支付或员工垫付的租车费、餐饮费也属于费用类型中的“会议费”。（　　）

5. 费用类型是系统报账的基础，在费用报销系统中，配置人员需要建立业务类型与预算科目、会计科目、报账单据、审批流的对应关系。（　　）

## 三、思考题

1. 常见的费用类型包括哪些？它们适用的业务场景分别是什么？

2. 不同行业的企业存在哪些特殊费用类型？

3. 费用类型的系统实现需要进行哪些配置步骤？

# 第 4 章　费用事前申请

## 本章学习目标

本章首先介绍了事前申请的事项类型，其次说明了事前申请的整体流程和单据，最后阐述了事前申请的系统配置与系统实现。

通过本章的学习，应掌握：

◇　事前申请的类型

◇　事前申请的具体流程及单据模板

◇　事前申请的系统配置

## 本章知识结构图（见图 4－1）

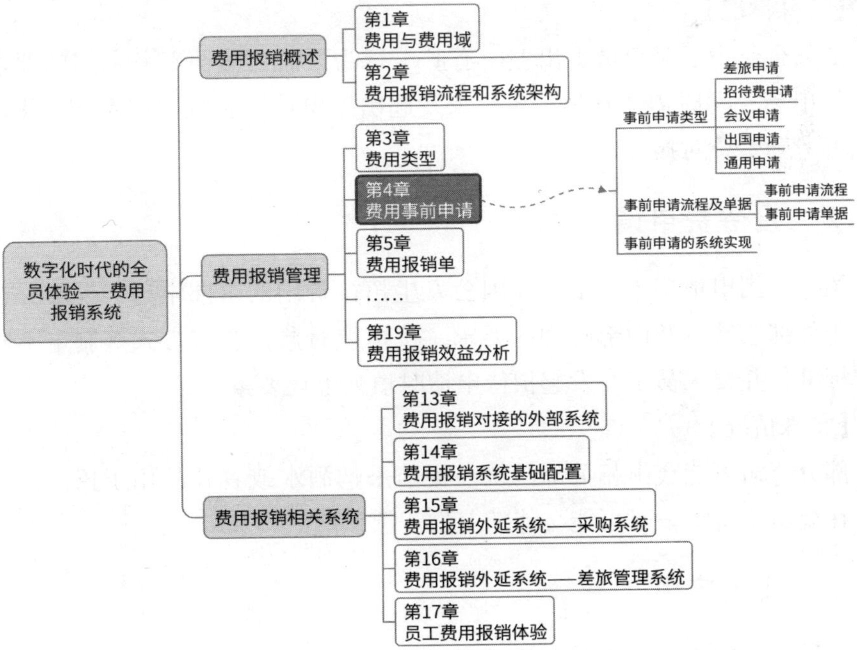


图 4－1　第 4 章框架导图

## 4.1 事前申请类型

当企业开始有费用管理意识时，为了防止先开支后报销，造成费用管理的“滞后性”，财务部门会要求一些重点费用在实际开支前必须先进行事前申请，审批通过之后才允许发生开支，费用报销时需要关联事前申请或者提供纸质版事前审批单作为附件。



### 4.1.1 差旅申请

差旅申请用于员工需要因公出差发生差旅费时的事前申请，根据管控颗粒度通常可以分为以下三种情况：

（1）仅要求填写行程信息及费用总额。

（2）要求填写行程信息及对应的分类费用，如交通工具（含费用总额）、住宿费等明细费用。业务领导和财务会计会对费用明细进行审核。

（3）在（2）的基础上增加差旅标准管控，使用系统进行费用标准自动化控制。

【特殊情况】

部分企业为了避免员工出差时有旷工行为，需要按照财务部门的要求发起差旅申请，同时需要按照 HR 要求发起出差申请，实现报账系统与 HR 系统或者考勤系统对接。

### 4.1.2 招待费申请

招待费用申请用于员工需要因公发生招待费用的事前申请，大部分企业会基于外部监管以及内部管理的要求，按招待对象、招待方式等制定不同的招待标准，并要求员工在发起招待申请时填列上述要素。

【特殊情况】

部分公司可能会由相关部门统一提前采购酒水或者礼品用于招待，所以员工在提交招待申请时可能会伴随着物资领用申请。

### 4.1.3 会议申请

会议申请用于企业举办会议或者培训发生的场租、住宿、餐费、杂费等费用的事前申请，一般常见于金融行业、互联网行业以及其他会议较多的企业，企业通常会根据不同的会议级别、会议地点等制定不同的开支标准。

### 4.1.4　出国申请

用于企业员工因公出国事项及相关交通费、住宿费、杂费开支申请。

【特殊情况】

若涉及政府机关、事业单位、国有企业等，可能还会涉及出国计划控制。

### 4.1.5　通用申请

除上述重点费用以外，还有其他通用的涉及费用开支的申请（也称通用申请），此类申请需要按照通用的财务管理规定进行申请。

## 4.2　事前申请流程及单据

### 4.2.1　事前申请流程

企业的事前申请审批流程与费用管控标准和审批权限相关，大致遵循“先下级，后上级；先定性审批，后定量审批；先业务部门，后财务部门”的审批原则，不同企业的具体审批流内容有所不同，以下内容为企业常见事前申请流程示例。

（1）是否有财务部门审批。

➢　仅业务部门审批

部分企业的事前申请仅需业务部门的管理者进行审批，例如经办人提交申请后，依次由部门主管和总经理进行审批，如图 4 – 2 所示。

图 4 – 2　仅业务部门审批流程

➢　业务部门与财务部门审批

部分企业的事前申请不仅需要业务部门的管理者审批，还需要财务部门的领导进行审批，例如经办人申请后，依次由部门主管、总经理和财务部进行审批，如图 4 – 3 所示。

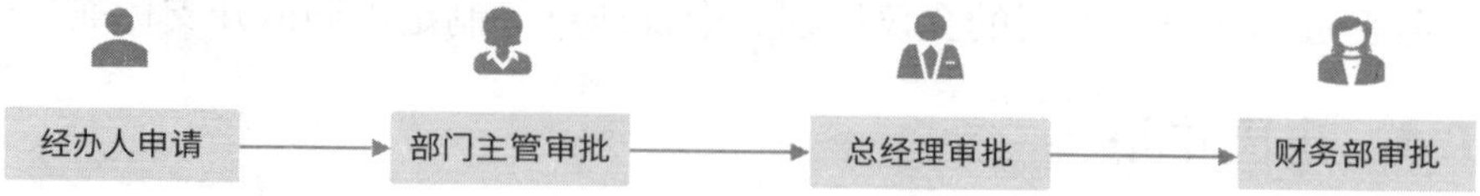


图 4－3　业务部门与财务部门审批流程

（2）根据金额大小设置审批流。部分企业的事前审批流程会根据申请金额设置不同的审批流，例如企业以 5 万元为标准，当金额大于等于 5 万元时，经办人申请后，依次由部门主管、总经理和财务部进行审批；当金额小于 5 万元时，经办人申请后，依次由部门主管、财务部进行审批，如 4－4 所示。

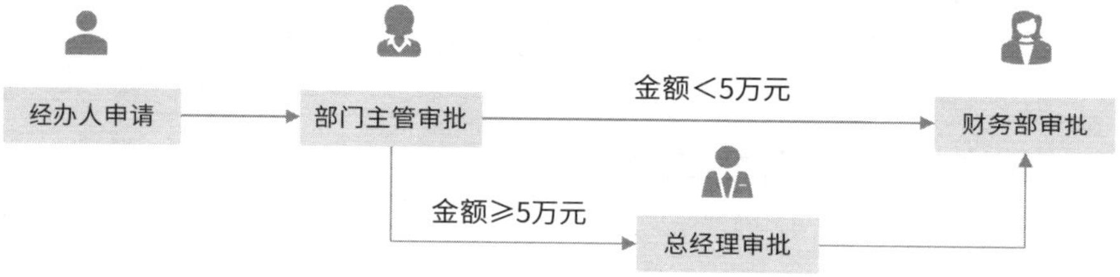


图 4－4　根据金额设置审批流程

## 4.2.2　事前申请单据

（1）单据字段。事前申请单据主要由各个字段共同组成，企业需要收集这些必要信息，用以判断员工的事前申请是否符合规定、是否能够通过审批。事前申请单中常见的字段包含以下项目：

- 申请人：包含员工姓名、岗位、部门等人事信息；
- 业务类型：申请事项类型，如办公费、印刷费、业务活动费等；
- 金额：事项申请金额；
- 备注：申请事项描述；
- 附件：事前申请其他所需附件。

差旅的申请单据与通用申请单据不同，其还需要额外采集差旅行程信息，新增的字段包括：

- 出差任务类型：对外商务出差、内部会议出差等；
- 交通工具：出差乘坐交通工具，包括飞机的各类舱位、高铁、火车等；
- 开始日期：出差开始日期；
- 结束日期：出差结束日期；
- 出发城市：出差出发城市；

➢ 到达城市：出差目的地城市。

（2）纸质单据。以企业通用费用申请单和企业出差申请单为例。如图4－5、图4－6所示。

**通用费申请单**

年　　月　　日

| | | | | | |
|---|---|---|---|---|---|
| 申请单位 | | | | | |
| 申请审批事项 | | | | 经费预算（万元） | |
| 情况简述 | | | | | |
| 分管领导审批 | | 单位负责人审批 | | 经办人签字 | |

**图4－5　通用费申请单纸质单据**

**出差申请单**

| 人员姓名 | 人数 | 所在单位 | 职　务（职　称） | |
|---|---|---|---|---|
| | | | | |
| | | | | |
| | | | | |
| 出差事由 | | | | |
| 出差地点 | | | | |
| 出差计划<br>起止时间 | 月　日　至　月　日 | | | |
| 实际天数 | | 超计划天数<br>领导审批意见 | | |
| 是否带车 | | 是否乘坐飞机 | | |

院长：　　　　　　　　分管领导：　　　　　　　　单位领导：

**图4－6　出差申请单纸质单据**

（3）系统申请单据。以办公费、差旅费和会议费申请为例，展示此类费用事前申请的电子单据。如图4－7至图4－9所示。

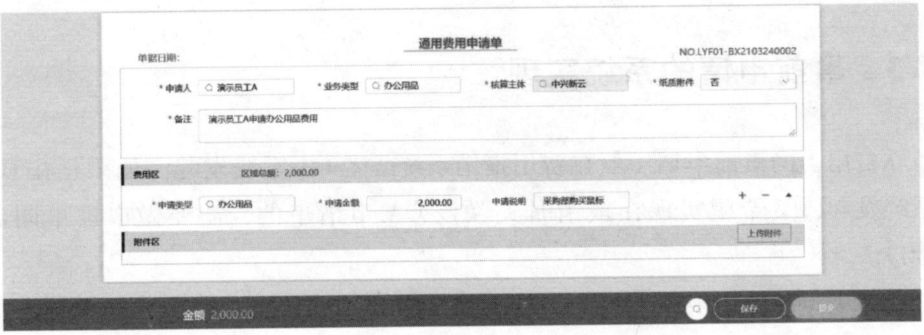


**图4－7　通用费用申请单系统界面**

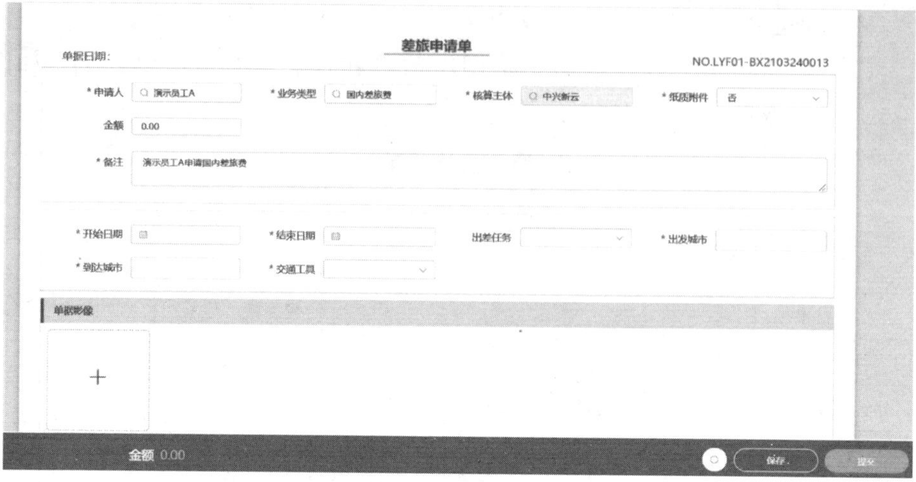


图 4-8　差旅申请单系统界面

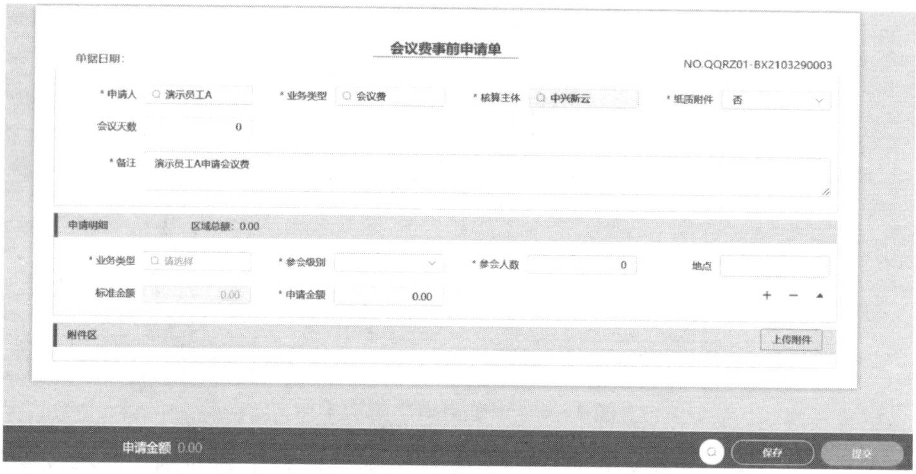


图 4-9　会议费事前申请单系统界面

## 4.3　事前申请的系统实现

费用类的事前申请一般在费用报销系统或者 OA 系统发起。如果是在 OA 系统发起，又希望实现在报销时关联该 OA 申请单的，需要做申请单同步接口。

如果是在费用报销系统中，员工在费用报销系统提交事前申请单后，系统按照审批流推送至各级领导和财务人员处进行审批、审核，形成事前申请台账。待员工取得发票进行费用报销时，可关联此项费用的事前申请单据。

在进行系统配置时，事前申请配置与业务类型的系统实现步骤相似（具体内容详见 3.3 费用类型的系统实现）。因此，为了实现系统某一业务类型的事前申请功能，配置人员需要在该业务类型的基础上完成关联事前申请的单据模板、流程的配置，具体配置步骤如下：

（1）在基础数据平台录入事前申请的相关业务类型。如果系统已经录入该业务类型，此处无须配置。如图 4－10 所示。

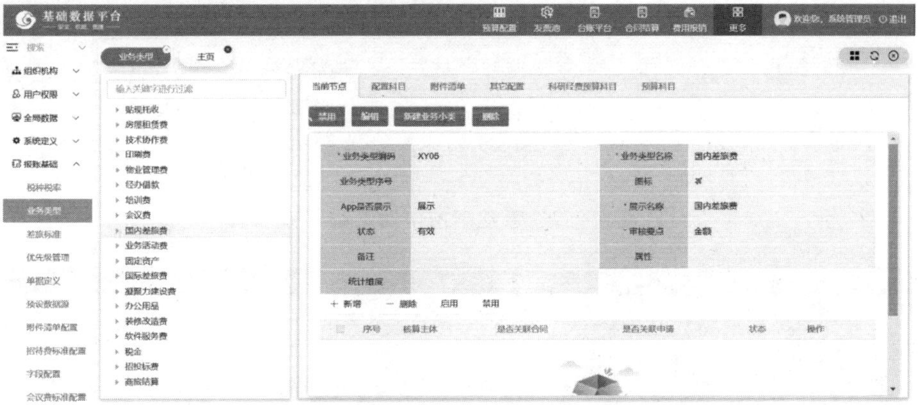

**图 4－10　事前申请业务类型系统配置页面**

（2）在基础数据平台设计事前申请的单据模板，并建立事前申请单据与事前申请业务类型的连接。如图 4－11 所示。

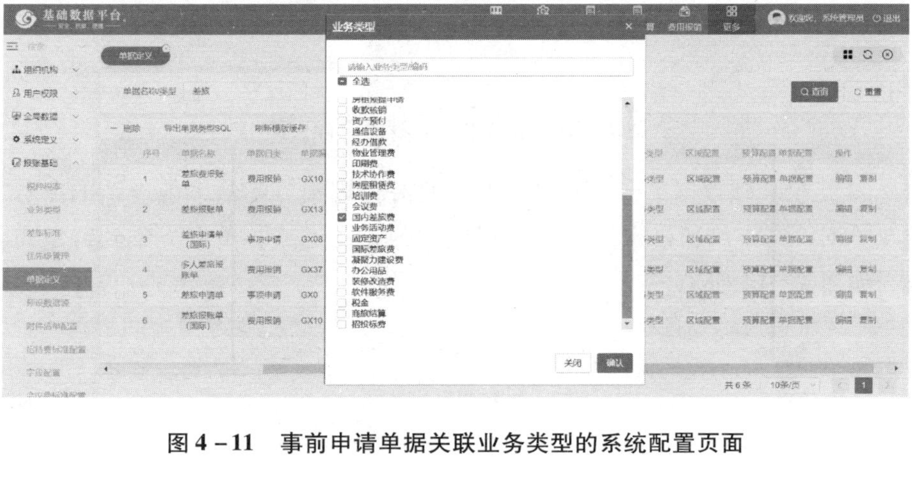

**图 4－11　事前申请单据关联业务类型的系统配置页面**

（3）在流程系统中设计并部署事前申请流程，如图 4 – 12、图 4 – 13 所示。

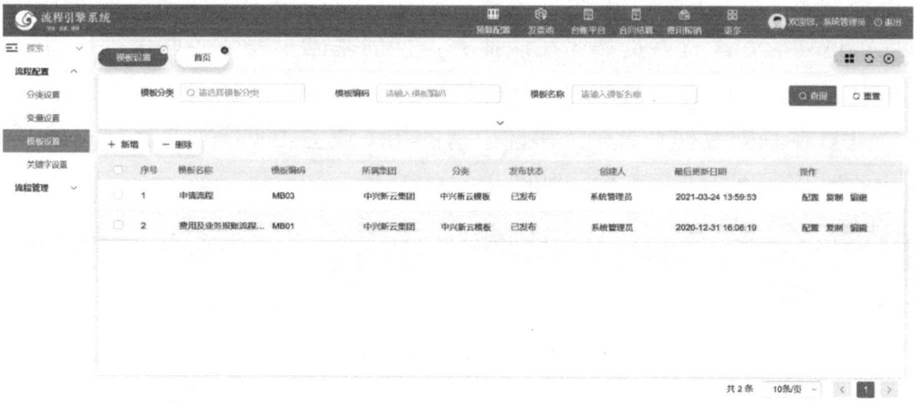


**图 4 – 12　新建事前申请流程模板**

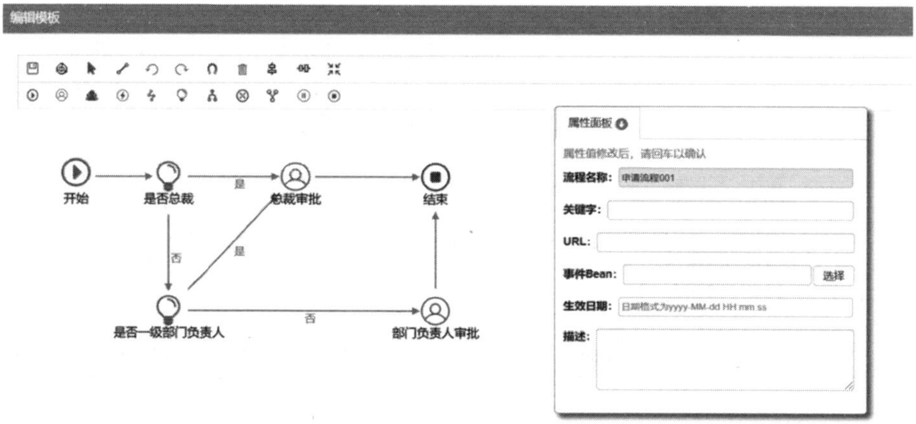


**图 4 – 13　事前申请流程的设计页面**

（4）在基础数据平台将已设计部署的流程模板分配给事前申请的业务类型及单据；系统将通过审批流引擎实现不同业务类型、单据类型的特定审批流。如图 4 – 14 所示。

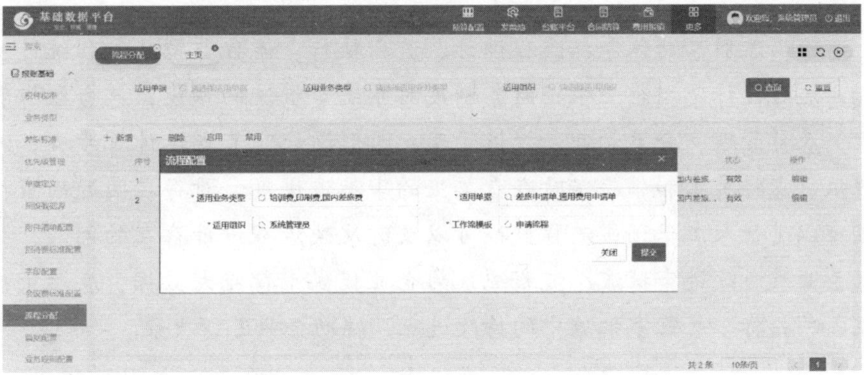


图 4－14　事前申请流程分配页面

## 审批流引擎

报销单据在系统中进行流传，需要经过预算冻结、领导审批、财务审核等步骤，这些步骤串连成了一个完整的业务流程。而不同的业务根据业务类型和管理需求的不同对应的流程也不尽相同。要使单据在报账系统中根据管理需求顺利流传，就需要配置部署不同的流程，这一功能在系统中由审批流引擎实现。

审批流引擎是业务流程的设计工具，通过可视化视图，方便用户使用拖拉拽方式配置流程，并可将其分配至不同的业务及单据类型，统一工作流引擎支持流程撤回、流转、执行、控制逻辑，具备图形化建模和强大的监控能力，并能快速和报账系统集成。如图 4－15 所示。

图 4－15　审批流程管理功能架构

审批流引擎具体包括流程设计、流程执行、流程监控及流程统计功能。流程设计是指企业根据财务制度对系统审批流的预设，包含组织管理、人员管理、分类管理、模板管理、图形设计和节点设计等步骤；流程执行支持员工和领导实时查看单据的审批流进度，对存在问题的审批流可以进行人工干预；流程监控可以及时反映流程设计存在的问题，帮助企业及时改进审批流；流程统计为企业提供审批流大数据，展示审批流各项指标、暴露审批流中的待改进点，辅助企业进行决策。



## 本章小结

为了有效避免由先开支后报销造成费用管理的“滞后性”，财务部门通常要求在实际开支前进行事前申请，采集相关信息，并在报销时关联事前申请单作为附件。不同企业对事前申请的管理范围不同，通常包括差旅申请、招待费申请、会议申请和出国申请等。企业的事前申请流程大致遵循“先下级，后上级；先定性审批，后定量审批；先业务部门，后财务部门”的原则。在进行费用报销的系统配置时，根据事前申请的业务类型，设计部署申请流程、单据模板，并建立业务类型、单据类型与流程模板的对应关系。

### 本章关键词

差旅申请　招待费申请　会议申请　出国申请　通用申请　事前申请流程　事前申请单据　审批流引擎

## 本章练习题

### 一、选择题

1. 企业的事前申请审批流程需要遵循的一般原则有（　　）。

A. 先下级后上级　　B. 先定性审批后定量审批

C. 先业务部门后财务部门　　D. 先电子形式后纸质形式

2. 当员工因公出差，需要做相关差旅费的事前申请时，（　　）是差旅申请中可能要求的内容。

A. 行程信息　　B. 费用总额

C. 住宿费明细　　D. 申请人职务

3. 会议费事前申请单中申请明细区可能出现的字段有（　　）。

A. 业务小类　　B. 参会级别

C. 参会人数　　D. 核算主体

4. 员工在费用报销系统提交事前申请单，系统按照审批流推送至各级领导和财务进行审批、审核后，可以自动生成（　　）。

A. 事前申请台账　　B. 事前申请单据

C. 报账单　　D. 预支发票

5. 费用类事前申请的发起系统可以是（　　）。

A. OA 系统　　B. 费用报销系统

C. 差旅管理系统　　D. 共享运营系统

## 二、判断题

1. 员工进行费用报销时必须关联事前申请并且提供纸质版事前审批单作为附件。（　　）

2. 为了防止先开支后报销，造成费用管理的“滞后性”，所有费用在实际开支前必须先做事前申请。（　　）

3. 企业的事前申请流程大致遵循“先下级，后上级；先定量审批，后定性审批；先业务部门，后财务部门”的原则。（　　）

4. 在事前申请的系统配置过程中，若此前基础数据平台已经录入业务类型，可在配置时不再重复录入事前申请的业务类型。（　　）

5. 基础数据平台设计的事前申请单据模板，建立了事前申请业务类型、单据与流程模板三者的关系。（　　）

## 三、思考题

1. 费用的事前申请包括哪些类型？需要注意的特殊情况有哪些？

2. 事前申请的单据需要包含哪些信息？请按照事前申请的类型举例说明。

3. 如何在费用报销系统中实现事前申请的配置？

# 第5章 费用报销单

## 本章学习目标

本章首先解释了企业应当如何根据业务类型设置不同的单据；其次展示了费用域各类单据的具体样式；最后介绍了单据的系统配置规则。

通过本章的学习，应掌握：

◇ 单据的分类依据

◇ 常见费用单据报账模板

◇ 单据的系统配置规则

## 本章知识结构图（见图5－1）

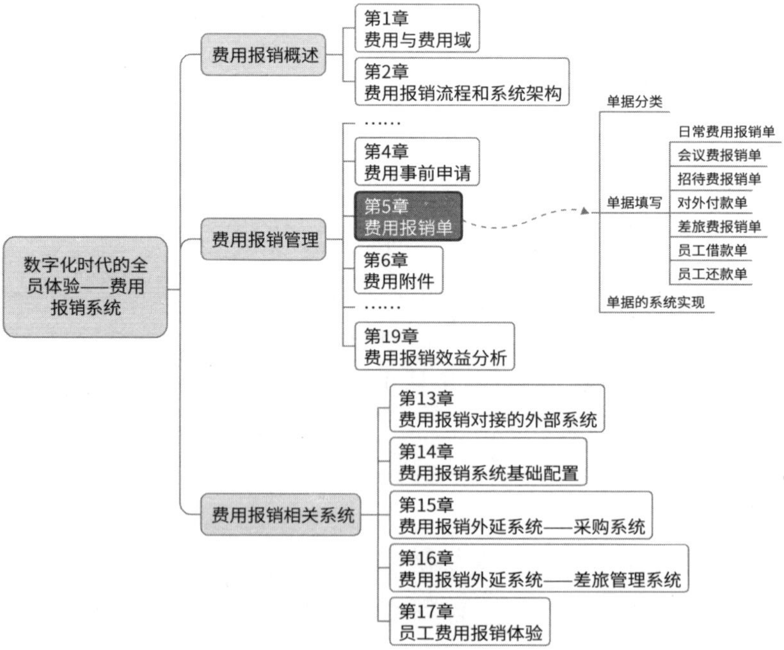


**图5－1 第5章框架导图**

## 5.1 单据分类

单据，是在每一笔经济业务发生时所取得或填制的，载明交易、事项实际情况的书面证明，它是进行会计核算的原始资料和重要依据，与记账凭证配套使用。

以某企业的《费用报销单据使用规定》为例：

“费用报销单据包括公司印制的报销单、差旅费报销单、业务招待费报销单。报销单适用于日常办公费用报销，差旅费报销单适用于员工出差过程所发生费用的报销；业务招待费报销单适用于业务招待费的报销。经办人需要严格按照公司规定确定报销事项的费用类型，并填写与之相适应类型的报销单据。”

不同报销单据类型适用于不同费用类型。员工报销时，需要根据报销事项的费用类型填写并提交对应的单据。

每个企业的报销单据类型不尽相同，其本质是根据不同费用类型报销时所需填写的信息字段来划分。单据分类示例如表5－1所示。

**表5－1　　单据分类示例**

| | 单据类型 | 业务类型 |
|---|---|---|
| 1 | 日常费用报账单 | 办公费、房屋租赁费、物业费、水电费、装修费、广告费、招聘费、标书费、固定电话费、网络费等 |
| 2 | 会议费报账单 | 会议费、培训费 |
| 3 | 招待费报账单 | 业务招待费、行政招待费 |
| 4 | 对外付款单 | 技术协作费、装修费 |
| 5 | 差旅费报账单 | 国内差旅费 |
| 6 | 多人差旅报账单 | 国内差旅费 |
| 7 | 员工借款单 | 经办借款、责任借款、备用金借款 |
| 8 | 员工还款单 | 经办借款、责任借款、备用金借款 |

有的企业针对办公费、房屋租赁费、物业费、水电费等费用类型需要员工填写的信息维度相同，则可以使用同一种单据模板进行单据的填写。此时，单据类型（日常费用报账单）与费用类型是一对多的关系。

针对会议费报销，有的企业除了采集基本报销信息外，需要额外采集会议出席人数、会议级别等信息，因此需要使用会议费报账单专门进行会议费用的报销。此时，单据类型（会议费报账单）与费用类型是一对一的关系。

针对某项费用类型的借还款，员工需要填写该费用类型的借款单，收到发票后提交还款单并核销该费用类型的借款。此时，单据类型（借款单、还款单）与费用类型是多对一的关系。如图 5－2 所示。

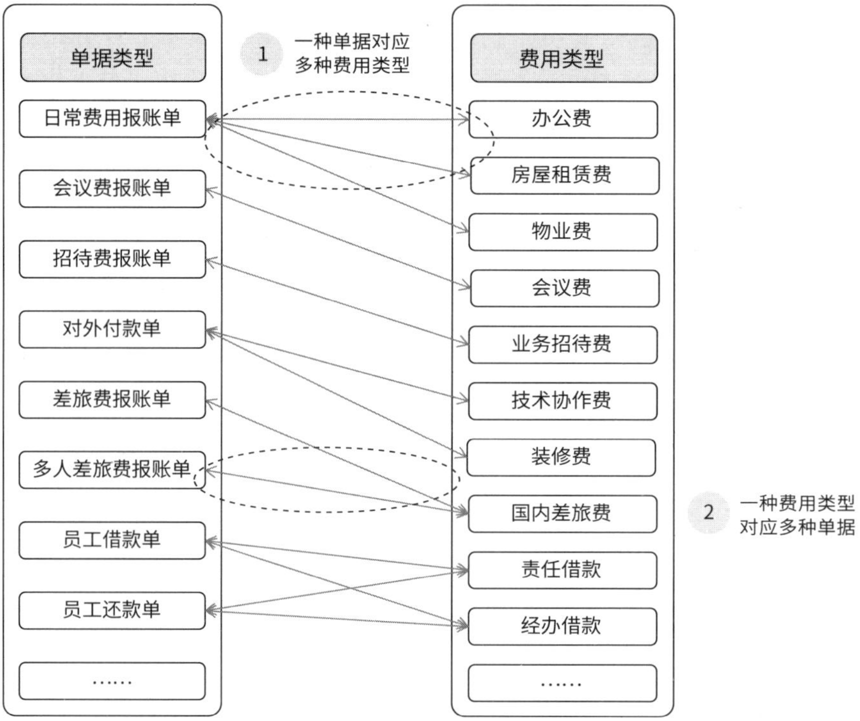


**图 5－2　单据类型与费用类型的对应关系**

## 5.2　单据填写

### 5.2.1　日常费用报销单

日常费用报销单主要用于除差旅、会议、招待等费用之外的日常开支费用的报销。这类费用没有特殊的标准控制要求，往往只需要获取发票或一些支持性附件作为报销依据即可。

纸质费用报销单需要报账人自行填写的要素包含部门、日期、费用项目、费用类别、费用金额等要素，在流转过程中需要由各节点负责人签字，导致从填单到报销结束的整个周期十分漫长。相较于纸质单据，电子单据能够采集更多报账信息，而需要手动填列的信息会大量减少，基本信息由系统自动带出，从提单到报销的整个流程都可以移至线上进行，缩短了报销周期。除此之外，纸质单据的样式较为单一、具有一定的报销局限性，而电子单据支持自定义，企业可以根据管理需求实时拉取所需字段，更新单据样式。与传统的纸质单据相比，基于电子单据的报销可以进一步优化员工体验、提高财务工作效率。

常见的纸质日常费用报销单和电子日常费用报销单示例如图 5－3、图 5－4 所示。

**费 用 报 销 单**

部门 ______　　报销日期　　年　月　日　　附件　　张

| 费用项目 | 类别 | 金额 | 部门负责人（签章） | |
| --- | --- | --- | --- | --- |
| | | | | |
| | | | 审查意见 | |
| | | | | |
| | | | 报销人（签章） | |
| | | | | |
| 报销金额合计 | | | ￥______ | |
| 核实金额（大写） | 拾　万　仟　佰　拾　元　角　分　　￥ | | | |

主管　　复核　　出纳　　制表

**图 5－3　日常费用报销单纸质单据**

日常费用报销单的电子单据填写要素主要包括表头信息、发票区、费用归属区、支付区、附件区五大部分：

➢　表头信息：表头信息包含申请人姓名、业务类型等基础信息，提单时需要手动选择是否附有纸质附件。使用电子单据，系统可以根据员工岗位、业务类型等基础配置自动带出相关信息，无须填写。如果需要关联报账系统已提交的费用申请或其他业务系统中的合同信息，提单人可以通过表头的“关联申请”和“关联合同”进行关联。关联信息会显示在财务审核界面，作为审核依据，提高财务审核效率。如果使用纸质单据，则无法实现信息关联。

➢　发票区：展现发票明细。发票区可以关联员工在系统中录入的纸质发票或电子发票信息（具体内容详见 2.2.1 票联）。在凭证生成之后，系统

数字化时代的全员体验——费用报销系统

**图 5－4　日常费用报销单电子单据**

可根据发票明细自动计算税额并入账，如果采用纸质单据，则无法实现自动化处理。

➢ 费用归属区：包含责任部门、项目、总金额，和纸质票据中需要的填写要素基本相同，费用归属的部门和项目信息可以通过点选实现，更加便捷。

➢ 支付区：包含支付方式、收款账户、支付金额、付款用途。支付区根据系统设置的提单人银行账户信息自动带出收款账户，提单人可以点选支付方式，系统支持网银转账、挂账、不支付、代扣代缴等多种支付方式。如果需要支付给多人，可通过添加账户实现，如果需要核销、冲销前期借款，可直接在支付区进行关联，自动化填单在简化提单人操作的同时，也大大降低了费用报销支付环节的差错率，提高了支付效率。

➢ 附件区：包含文件名、创建人、上传时间、备注。附件区可关联相关附件，作为财务审核重要依据。

基于企业的管理要求，不同业务背景下企业填单时对单据功能的要求有所不同。比如部分特殊费用报账时不付款，针对这类业务需要通过日常费用报销单先挂账，后付款。例如存在质保款（如装修费），需要通过日常费用报销单先挂账，后付款的业务场景。如图 5 - 5 所示。

**图 5 - 5　在支付区进行挂账处理**

报账人填写报账单时可以在勾选支付方式时选择挂账的选项，系统对于挂账的支付款不会进行支付，而是写入台账进行管理，后续达到付款条件后可发起单独的付款申请，完成付款操作（台账管理功能，需要打通报销系统和台账平台，实现两个系统之间的数据同步，此处仅作了解即可）。

## 5.2.2　会议费报销单

会议费报销单用于企业举办会议或者培训发生的场地租赁、住宿、餐费、杂费费用的报销。企业通常会根据不同的会议级别、会议地点等制定不同的开支标准。员工在填列单据时需将相关信息填列清楚，以进行标准控制。

常见的纸质会议费报销单和电子会议费报销单示例如图 5 - 6、图 5 - 7 所示。

会议费报销单填写要素和日常费用报销单基本相同，为按照标准进行会议费用管控，单独设置了会议明细区。会议明细区包含的字段有：参会级别、参会天数、参会人数、会议地点。系统可根据会议明细自动进行标准控制（具体内容详见 7.3 会议标准）。

但是，在实际业务中企业间的会议费控制标准，企业内部不同部门、不同层级人员的会议费标准都存在差异。针对该情况，可以对单据字段进行调整（具体内容详见 5.3 单据的系统实现），同时调整会议费标准的配置（具体内容详见 7.5 费用标准的系统实现），以达到控制会议费标准的目的。

数字化时代的全员体验——费用报销系统

**会议费支出报销单**

填表日期：

| | | | |
|---|---|---|---|
| 姓名 | | 部门 | |
| 会议名称 | | 会议类型 | |
| 参加人数 | | 预支费用 | |
| 会议时间 | 自： | 至： | |
| 会议地点 | | | |
| 费用类型 | 明细 | 金额 | 备注 |
| 场地租用费 | | | |
| 会议资料费 | | | |
| 人员费用 | | | |
| 用餐费用 | | | |
| 住宿费用 | | | |
| 交通费用 | | | |
| 其他费用 | | | |
| 金额合计 | | | |
| 报销结算情况 | 补发金额 | | |
| 申请人 | 附件：会议通知<br>签字： | 日期： | |
| 部门经理 | 签字： | 日期： | |
| 董事长/总经理 | 签字： | 日期： | |

图 5－6　会议费报销单纸质单据

图 5－7　会议费报销电子单据

## 5.2.3　招待费报销单

招待费报销单用于企业发生招待性质费用时使用，如招待用餐、招待住宿、招待用车等。基于外部监管以及内部管理的要求，企业通常会根据不同的招待对象、招待方式等制定不同的标准，员工在填列单据时需将相关信息填列清楚，以进行标准控制。

常见的纸质招待费报账单和电子招待费报账单示例如图 5－8、图 5－9 所示。

**招待费用报销单**

编号：　　　　　　　　　　　　　　　　　填表日期：　　　年　　月　　日

<table>
<tr><td>姓名</td><td colspan="2"></td><td>职务</td><td colspan="2"></td><td rowspan="2" colspan="2">招待事由</td><td rowspan="2" colspan="6"></td><td rowspan="8">附件<br>张</td></tr>
<tr><td>部门</td><td colspan="5"></td></tr>
<tr><td>招待对象</td><td></td><td colspan="2">招待人数</td><td colspan="4">客人　　人，陪同　　人</td><td colspan="2">备注</td><td colspan="4"></td></tr>
<tr><td rowspan="2">日期</td><td rowspan="2">招待地点</td><td rowspan="2">餐饮费</td><td rowspan="2">住宿费</td><td rowspan="2">礼品礼金</td><td rowspan="2">其他费用</td><td colspan="8">金额合计</td></tr>
<tr><td>十</td><td>万</td><td>千</td><td>百</td><td>十</td><td>元</td><td>角</td><td>分</td></tr>
<tr><td></td><td></td><td></td><td></td><td></td><td></td><td></td><td></td><td></td><td></td><td></td><td></td><td></td><td></td></tr>
<tr><td></td><td></td><td></td><td></td><td></td><td></td><td></td><td></td><td></td><td></td><td></td><td></td><td></td><td></td></tr>
<tr><td>金额<br>（大写）</td><td></td><td></td><td></td><td></td><td>合计</td><td></td><td></td><td></td><td></td><td></td><td></td><td></td><td></td></tr>
<tr><td>财务审批</td><td colspan="2">部门主管审批</td><td colspan="2">财务复核</td><td colspan="3">部门经理审核</td><td colspan="3">经办人签名</td><td colspan="3">报销人签名</td><td></td></tr>
<tr><td></td><td colspan="2"></td><td colspan="2"></td><td colspan="3"></td><td colspan="3"></td><td colspan="3"></td><td></td></tr>
</table>

图 5－8　招待费报销单纸质单据

图 5－9　招待费报销单电子单据

招待费报销单的电子单据填写要素和日常费用报销单基本相同，为按照标准进行费用管控，单独设置了招待费明细区。招待明细区的填写要素包括招待类型、招待方式、招待级别、日期、招待人数、陪同人数、标准金额。系统可根据会议明细自动进行标准控制（具体内容详见 7.2 业务招待费标准）。

但是，实际业务中企业间的招待费控制标准、企业内部不同部门、不同层级人员的招待费标准都存在差异，此时可以在系统中对单据字段进行调整（具体内容详见 5.3 单据的系统实现），同时调整招待费标准的配置（具体内容详见 7.5 费用标准的系统实现），以达到控制招待费标准的目的。

数字化时代的全员体验——费用报销系统

## 5.2.4 对外付款单

对外付款单主要用于报销时挂账款项的支付，通常单据会指定对应的供应商，需要关联挂账数据才允许提交单据。企业可根据实际业务需要判断是否启用该单据。

常见的纸质对外付款的和电子对外付款单示例如图 5－10、图 5－11 所示。

**付 款 申 请 单**

申请部门：　　　　　　　　年　　月　　日　　　　编号：

| | | | |
|---|---|---|---|
| 收款单位 | | | 付款原因 |
| 银行账号 | | | |
| 开 户 行 | | | |
| 金　额 | 佰　拾　万　仟　佰　拾　元　角　分 | | |
| 附　件　　张 | ￥ | | |
| 公司领导 | 财务部门 | 部门经理 | 经办人 |
| | | | |

会计主管　　记账　　复核　　出纳　　制单　　签收

图 5－10　对外付款单纸质单据

对外付款单的电子单据特有的单据要素是费用区的明细。员工可以在此处关联之前已挂账的单据，完成应付款项的支付。

对外付款单的实际应用过程中同样存在特殊状况，部分质保金挂账后因供应商违约或无法达到付款条件无须再支付，企业需要核算至营业外收入。

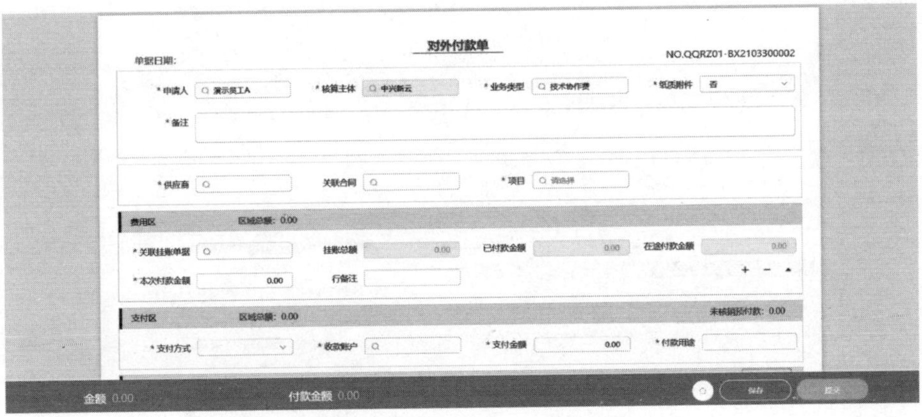


图 5－11　对外付款单电子单据

此时可以在系统中设置特殊的支付方式（如不支付），该支付方式科目配置为“营业外收入”，“不支付”对应的支付行不会进行支付，并且可以自动核算入营业外收入科目。

### 5.2.5　差旅费报销单

差旅费报销单用于员工因公出差发生的城市间交通费、住宿费、补贴以及其他因出差发生费用的报销。企业通常会制定不同层级人员、不同城市等差旅标准，员工在填写差旅费报账单时需要列示清楚出差的具体行程以及发生的各项费用的金额。

常见的纸质差旅费报销单和电子差旅费报销单示例如图 5－12、图 5－13 所示。

差 旅 费 报 销 单

报销日期：　　年　　月　　日

<table>
<tr><td colspan="5">部门：</td><td colspan="5">出差人：</td><td colspan="8">出差事由：</td></tr>
<tr><td colspan="5">起止日期</td><td rowspan="2">起止地点（包括往返）</td><td colspan="3">住勤补助</td><td colspan="3">住宿费（包干）</td><td colspan="3">市内交通费</td><td rowspan="2">车费</td><td rowspan="2">其他</td><td rowspan="2">金额合计</td></tr>
<tr><td>月</td><td>日</td><td>至</td><td>月</td><td>日</td><td>天数</td><td>标准</td><td>金额</td><td>天数</td><td>标准</td><td>金额</td><td>天数</td><td>标准</td><td>金额</td></tr>
<tr><td></td><td></td><td></td><td></td><td></td><td></td><td></td><td></td><td></td><td></td><td></td><td></td><td></td><td></td><td></td><td></td><td></td><td></td></tr>
<tr><td></td><td></td><td></td><td></td><td></td><td></td><td></td><td></td><td></td><td></td><td></td><td></td><td></td><td></td><td></td><td></td><td></td><td></td></tr>
<tr><td></td><td></td><td></td><td></td><td></td><td></td><td></td><td></td><td></td><td></td><td></td><td></td><td></td><td></td><td></td><td></td><td></td><td></td></tr>
<tr><td></td><td></td><td></td><td></td><td></td><td></td><td></td><td></td><td></td><td></td><td></td><td></td><td></td><td></td><td></td><td></td><td></td><td></td></tr>
<tr><td colspan="5">合　　计</td><td></td><td></td><td></td><td></td><td></td><td></td><td></td><td></td><td></td><td></td><td></td><td></td><td></td></tr>
<tr><td colspan="5">报销金额大写</td><td colspan="13">万　　仟　　佰　　拾　　元　　角　　分</td></tr>
</table>

领款人　　部门负责人　　分管领导　　总经理　　财务负责人

图 5－12　差旅费报销单纸质单据

数字化时代的全员体验——费用报销系统

**图 5-13　差旅费报销单电子单据**

差旅费报销单电子单据特有的单据要素是发票明细区的行程信息，以及汇总区对于交通费、公杂补贴费等明细科目的汇总金额。

发票明细区：差旅费报销单的发票明细区，可以在带出发票明细的同时，根据形成票据的时间、地址自动识别行程，根据系统的补贴配置自动计算补贴。

汇总区：汇总区根据差旅费大类下交通费、公杂补贴等不同费用小类进行费用的细分及汇总，从而实现费用的精细化核算。

实际业务中，基于企业的管理要求，对单据功能的要求会更加丰富，例如企业需要设置多种补贴类型，那么可以通过在系统中设置多个补贴的业务小类并配置对应标准。如图 5-14 所示。

员工进行差旅费报销时，如果行程票据不完整，可通过填单界面的“修改行程”，手工补充差旅日历的行程信息。如果多人一起出差，开具同一张住宿费发票，可采集发票之后进行拆票处理，将拆分后的发票分发给对应人员关联报销。如图 5-15 所示。

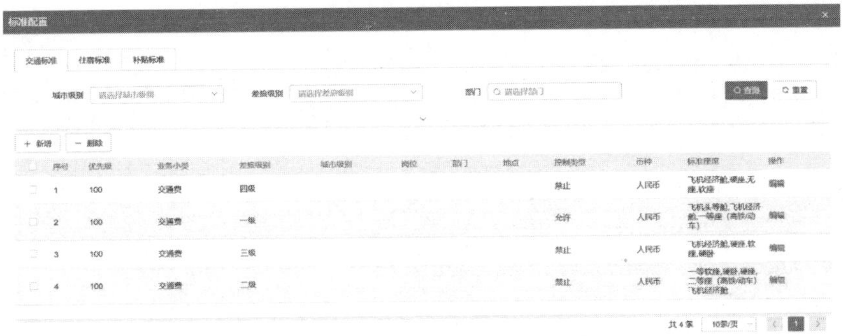


图 5－14　配置补贴标准

图 5－15　手动修改差旅行程

## 5.2.6　员工借款单

借款单主要用于某些特殊岗位员工借支备用金或者在经办某事项之前预借部分现金的情况。

常见的纸质员工借款单和电子员工借款单示例如图 5－16、图 5－17 所示。

**借 款 单**

年　　　　月　　　　日

| | | | | | | | |
|---|---|---|---|---|---|---|---|
| 借款部门 | | | 借款人 | | 使用部门 | | |
| 款项类别 | 现金 □　　支票 □　　支票号码： | | | | | | |
| 借款用途及理由 | | | | | | | |
| 借款金额 | （大写）　　　　　　　　　　　¥ | | | | | | |
| 还款方式 | | | | | | | |
| 批准人 | | 财务核准 | | 财务审核 | | 部门审核 | |
| 附件（张） | | 备　注 | | | | | |

注：本单由会计室使用并管理

图 5－16　员工借款单纸质单据

数字化时代的全员体验——费用报销系统

**图 5－17　员工借款单电子单据**

员工借款单的电子单据填写要素与日常费用报销单相比，新增借款明细区，取消了发票明细区。员工在借款明细中选择该笔借款所属的业务类型及归属项目，系统根据借款明细自动生成凭证明细科目。

## 5.2.7　员工还款单

还款单主要用于员工借支款项后，未全部使用完，对于剩余的部分需要归还的场景。

纸质员工还款单和电子员工还款单示例如图 5－18、图 5－19 所示。

**还款单**

年　　月　　日

| | | |
|---|---|---|
| 还款人 | | |
| 还款方式（工资） | | |
| 还款方式（现金或转账） | | |
| 还款方式（报销冲账） | 见差旅费报销单 | |
| 金额（大写）　　拾　万　仟　佰　拾　元　角　分　¥ | | |
| 总经理 | 财务 | 经办人 |

**图 5－18　员工还款纸质单据**

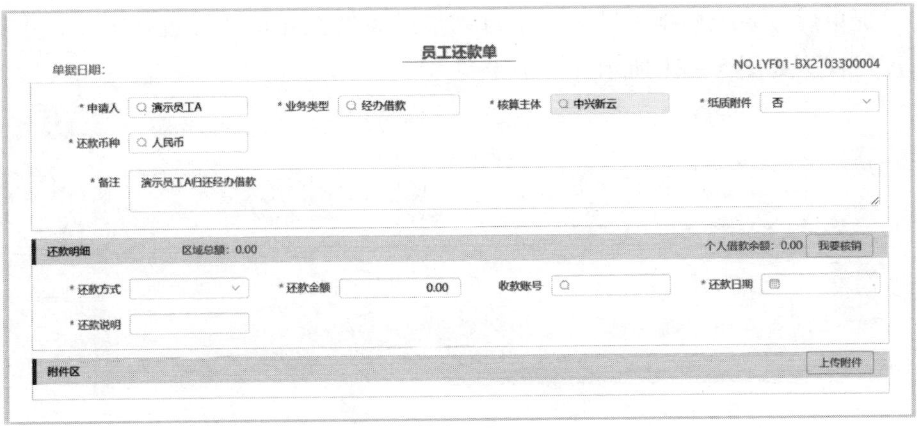


图 5－19　员工还款单电子单据

员工还款单电子单据的特点在于流水区。流水区会记录员工还款的流水信息，包括还款银行账号和金额。

若员工现金还款需要使用还款单完成，企业在系统中可以设置现金的虚拟公司账户，账户的科目配置对应的现金类科目，员工选择该账户为款项归还的公司账户即可。

## 5.3　单据的系统实现

在系统中可以建立费用类型和单据类型的对应关系，员工费用报销时，选择费用事项即可自动跳转至相应单据的填单界面。如图 5－20 所示。

图 5－20　选择报销单据界面

提单后，系统根据审批流引擎自动推送单据至相应领导进行审批，审批进度可视。如图 5 -21 所示。

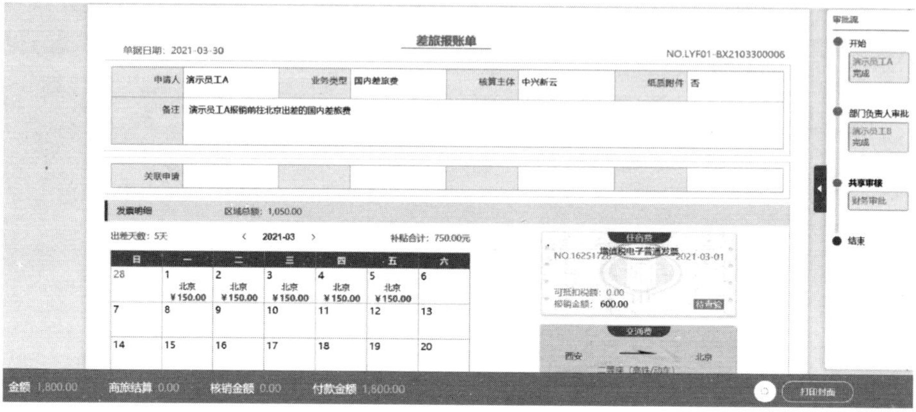


**图 5 -21　单据的审批进度**

在财务审核页面，系统自动带出凭证信息，不需要业务人员或者财务人员填写，并在审核完成后连接核算系统自动入账。如图 5 -22 所示。

**图 5 -22　单据的凭证信息**

在审批过程中，系统还可以进行预算控制，并实现基于管理需要的不同维度的辅助核算。

为了实现以上功能，配置人员需要根据单据设计器完成单据类型、单据模板的配置，并建立单据和业务类型、审批流、凭证类型的关联关系。单据设计器也称单据引擎，是指针对报账单据，系统可按照企业自身的业务需要，自定义设置单据区域、区域字段的名称、类型、位置、长宽、编辑权限、数据源、动态展示规则、动态编辑规则、校验规则、警告规则和计算公式等的系统功能。

（1）配置单据模板。在系统中可以根据不同单据的信息采集需求自定义单据模板。如图 5 – 23 所示。

**图 5 – 23　可视化单据模板设计器**

（2）建立单据和业务类型的对应关系，实现自动化提单。如图 5 – 24 所示。

**图 5 – 24　建立单据和业务类型的对应关系**

（3）建立单据和审批流的对应关系。系统中的审批流引擎会根据提单人、业务类型、单据类型信息，将待审批的单据推送至相应业务领导。如图 5 – 25 所示。

图 5－25　建立单据和审批流关联关系

（4）配置凭证类型。系统可以为单据配置不同的凭证类型，如图 5－26 是为单据配置应付凭证与付款凭证（凭证类型的划分详见 11.2 会计凭证）。

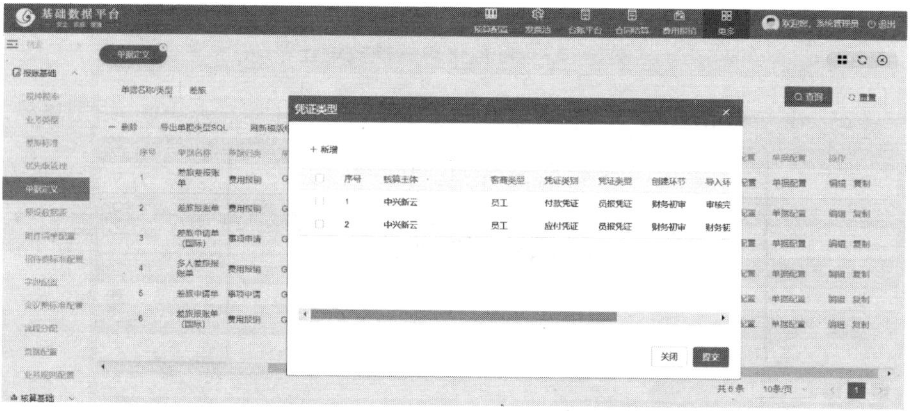


图 5－26　设置单据凭证类型

## 单据引擎

企业不同类型的报账业务由不同的报账单据来承载，不同企业包含的业务类型不同，因而处理方式也各不相同，即便是同一类型的单据往往也会有不同的格式要求，单据引擎能够满足不同企业对单据的各种特殊需要。

单据引擎是指针对报账单据，系统可按照企业自身的业务需要，自定义设置单据区域、区域字段的名称、类型、位置、长宽、编辑权限、

数字化时代的全员体验——费用报销系统

数据源、动态展示规则、动态编辑规则、校验规则、警告规则和计算公式等的系统功能。单据引擎不仅为单据提供了丰富的业务自定义功能，提高了系统功能的延展性，同时对完善系统控制、提高企业管理意识和管理水平都有很重要的意义。

图 5－27　单据引擎示例

## 本章小结

员工报销时，需要按照公司规定的报销事项的费用类型填写并提交相应单据，不同类型的单据在填写时关注的重点信息也有所不同。值得注意的是，单据类型和费用类型不是一一对应的关系，比如日常费用报销单可以用于办公费、房屋租赁费、物业费等多种费用类型。为了单据的系统实现，配置人员需要完成单据类型、单据模板的配置，并建立单据和业务类型、审批流、凭证类型的关联关系。

### 本章关键词

单据类型　日常费用报账单　会议费报账单　招待费报账单　对外付款单　差旅费报账单　员工借款单　员工还款单　单据引擎

## 本章练习题

### 一、选择题

1. 下列选项中，单据类型与费用类型是“一对多”关系的有（　　）。

A. 日常费用报账单　　B. 借还款单

C. 会议费报账单　　D. 国内差旅费报账单

2. 下列关于单据说法的描述中，正确的是（　　）。

A. 单据，是在每一笔经济业务发生时所取得或填制的，载明交易和事项实际情况的书面证明

B. 日常费用报账单没有特殊的标准控制要求，往往只需要获取发票或一些支持性附件作为报销依据即可

C. 一种费用类型通常只能对应一种报销单据类型

D. 员工还款单主要用于员工借支款项后，未全部使用完，对于剩余的部分需要归还的场景

3. 下列选项中，关于差旅报销电子单据的说法正确的是（　　）。

A. 差旅费报销单特有的单据要素是发票明细区的行程信息，以及汇总区对于交通费、公杂补贴费等明细科目的汇总金额

B. 差旅费报销单的发票明细区，在带出发票明细的同时，根据形成票据的时间、地址自动识别行程，根据系统的补贴配置自动计算补贴

C. 通过差旅费报销单的汇总区可以实现费用的精细化核算

D. 如多人一起出差，开具同一张住宿费发票，可采集发票之后进行拆票处理，将拆分后的发票分发给对应人员关联报销

4. 下列关于特殊单据填写的特殊情况说法，正确的有（　　）。

A. 多人出差，差旅费用需要参照其中一人的费用标准进行控制时，单据中增加“标准参照人员”字段，提单时选择标准参照人员，系统自动根据费用标准进行控制

B. 企业有多种补贴类型，差旅费报销单中可以设置多个补贴的业务小类并配置对应标准

C. 员工出差行程票据不完整，填写单据时可通过手动“修改行程”，补充差旅日历的行程信息

D. 对外付款中，部分质保金挂账后因供应商违约或无法达到付款条件无须再支付，可以不设置特殊的支付方式，直接取消支付

5. 下列有关员工借还款单，说法正确的是（　　）。

A. 员工现金还款需要使用还款单，可以设置现金的虚拟公司账户，账户的科目配置对应的现金类科目，员工选择该账户为款项归还的公司账户即可

B. 员工需要在流水区填写还款单号，选择还款流水

C. 员工还款单的还款方式含工资、现金或转账、报销冲账等方式

D. 员工还款单的单据类型与费用类型的对应关系为一对一

## 二、判断题

1. 报账人填写报账单时可以勾选支付方式为挂账，挂账的款项不会立刻进行支付，而是写入台账进行管理。（　　）

2. 会议费报销额外采集会议出席人数、会议级别等信息，该单据类型与费用类型是一对一的关系。（　　）

3. 单据类型与费用类型的关系可以是一对一，也可以是一对多，但不能是多对一。（　　）

4. 报账人填写报账单时如果需要关联已经提交的费用申请或合同信息，可以通过附加区的“关联申请”或“关联合同”进行关联。（　　）

5. 对外付款单主要用于报销时挂账款项的支付，“关联挂账数据”这一环节是在附加区实现的。（　　）

## 三、思考题

1. 常见的单据类型包括哪些？

2. 单据类型与业务类型的对应关系是什么？

3. 单据的系统配置包含哪些内容？

4. 系统需要新增某类型的单据，配置人员需要完成哪些系统配置？

# 第6章　费用附件



## 本章学习目标

本章首先介绍了发票的基础知识，其次介绍了费用报销所需的其他附件类型，最后说明了费用附件的相关系统配置。

通过本章的学习，应掌握：

◇　费用附件的类型

◇　发票的基础知识

◇　费用附件的系统配置

## 本章知识结构图（见图6－1）

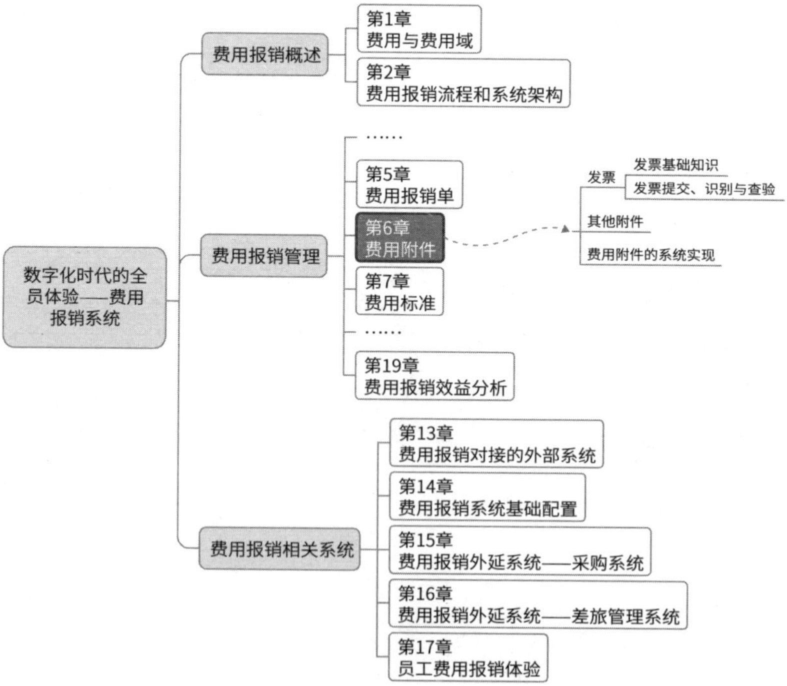


图6－1　第6章框架导图

# 6.1 发票

## 6.1.1 发票基础知识

（1）发票分类。发票按照是否通过增值税发票管理新系统开具可分为两大类，其中通过增值税发票管理新系统开具的发票有增值税专用发票、增值税普通发票、机动车销售统一发票和二手车销售统一发票，增值税普通发票又包括增值税普通发票（折叠票）、增值税普通发票（卷票）和增值税电子普通发票。不通过增值税发票管理新系统开具的发票有通用机打发票、通用定额发票、通用手工发票、火车票、航空运输电子客票行程单、出租车发票、客运汽车票、过路（过桥）发票、船票、景点等门票和其他小票。如图 6－2 所示。

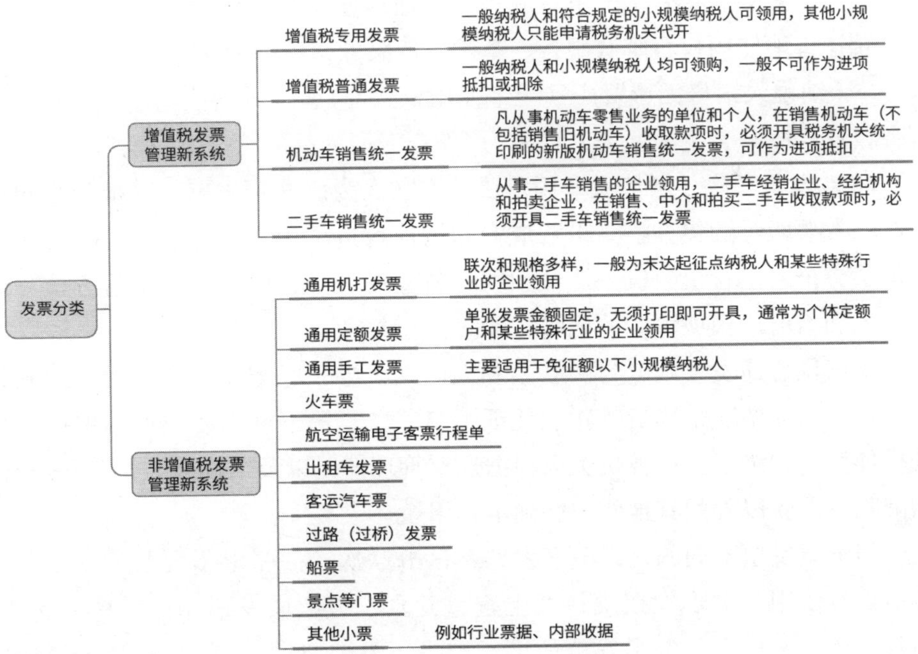


**图 6－2　发票分类图**

近年来，随着“放管服”力度的加大，电子发票等便民举措在我国高速推进。在增值税电子普通发票已经逐步推广开来的情况下，国家税务总局明确，要尽快推进增值税专用发票全面电子化，进一步提升电子发票公共服务平台支撑能力，加大增值税电子发票的推广力度。但是电子发票信息具有易于修改、打印次数不受限制、不需额外加盖专用章等缺点，企业需要特别关注电子发票的验真和查重。

（2）发票税率。根据最新税收政策，有关增值税发票的税率规定如下：

➢ 纳税人销售或者进口货物，除以下第二项、第三项规定外，税率为13%。

➢ 纳税人销售或者进口下列货物，税率为9%：粮食、食用植物油、自来水、暖气、冷气、热水、煤气、石油液化气、天然气、沼气、居民用煤炭制品、图书、报纸、杂志、饲料、化肥、农药、农机、农膜、农业产品以及国务院规定的其他货物。

➢ 纳税人出口货物，税率为0，但是国务院另有规定的除外。

➢ 纳税人提供加工、修理、修配劳务税率为13%。

➢ 纳税人提供有形动产租赁服务，税率为13%。

➢ 纳税人提供不动产租赁服务、交通运输服务、销售不动产、建筑服务、转让土地使用权、邮政服务、基础电信服务，税率为9%。

➢ 纳税人销售无形资产（土地使用权除外），提供增值电信服务、金融服务、现代服务、生活服务，税率为6%。

（3）发票联次。增值税专用发票基本联次为三联：发票联、抵扣联和记账联。发票联是购买方核算采购成本和增值税进项税额的记账凭证；抵扣联是购买方报送主管税务机关认证和留存备查的凭证；记账联是销售方核算销售收入和增值税销项税额的记账凭证。

增值税普通发票则分为两联票和五联票，第一联记账联是销货方记账凭证；第二联发票联是购货方扣税凭证；第三联至第五联由发票使用单位自行安排使用。省级以上税务机关可根据发票管理情况以及纳税人经营业务需要，增减除发票联以外的其他联次并确定其用途。

与纸质发票不同的是，电子发票不区分联次，一张电子发票可以在多个环节重复使用，电子发票支持线上查重验真，与纸质发票相比，具有安全、高效、环保的特点。电子发票的推行减少了发票打印，节约了大量纸资源，因此我国大力推行发票电子化。在未来电子发票会逐渐取代纸质发票，成为发票的主流。

（4）发票基本要素。发票的基本要素包括名称、发票代码和号码、联次及用途、客户名称、开户银行及账号、商品名称或经营项目、计量单位、数量、单价、大小写金额、开票人、开票日期、开票单位（个人）名称（章）等。

## 6.1.2　发票提交、识别与查验

本节以员工费用报销为例，分别介绍了纸质发票和电子发票的提交、识别与查验流程。如图6－3所示。

（1）纸质发票的提交、识别与查验。

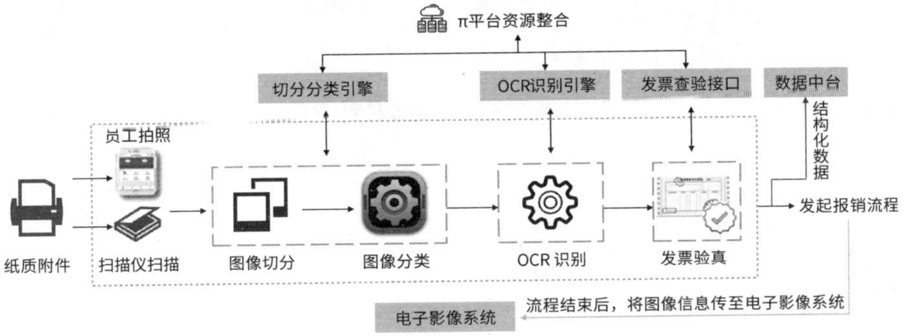


图6－3　纸质发票提交、识别、查验流程

➢　纸质发票粘贴

a. 普通票据粘贴方式。日常操作中，常见的发票粘贴方式主要包括平铺式和鱼鳞状两种，分别如图6－4和图6－5所示。如果企业使用票联（员工拍照）或者扫描仪采集发票数据，则报销人需要使用胶水或者透明胶带将票据平铺粘贴在A4纸上，且不能重叠粘贴，即平铺式粘贴法。鱼鳞状粘贴方式不便于扫描，不适用于有财务共享服务中心的企业。

图6－4　平铺式发票粘贴方式

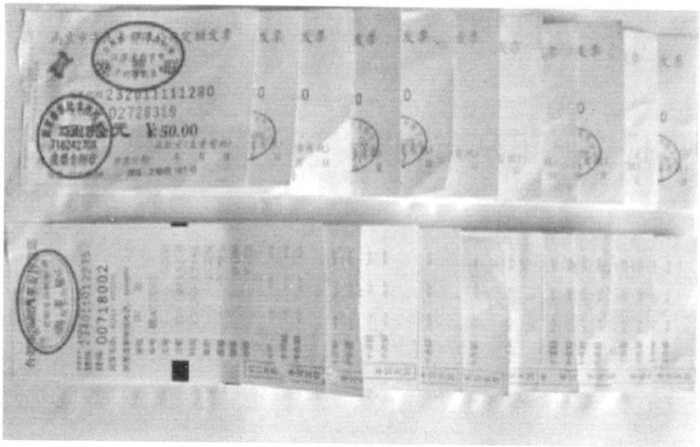

图 6－5　鱼鳞状发票粘贴方式

b. 增值税专用发票粘贴方式。使用胶水将发票联粘贴到 A4 纸上；使用订书针将抵扣联装订在 A4 纸左上角防止脱落。抵扣联勿用胶水粘贴，并将对应的报销单据号手工填写在抵扣联顶端空白区域（如图 6－6 所示，在发票表头，能看到“抵扣联”字样，同时保持票面整洁）。

064001600419　陕西增值税专用发票　NO. 98740143　06400160049 98740143

机器编号：6619057588009　开票日期：2021年04月10日

| 购买方 | 名称：深圳市中兴新云服务有限公司<br>纳税识别号：91440300MA5EXWHW6F<br>地址、电话：深圳市前海深港合作区前湾一路 0755-88541234<br>开户行及账号：广发银行湛江麻章支行 6226622505555512 | 密码区 | 2274*>>>4423>975f>****424+66432456784123467755*>><br>>423467842212++87655>>>7361384/3+9133442121/42456<br>421+234423//6422/*5212121213729491023429 21///2444<br>>774**3455+76-753.12+4665-78943>4632+743 |
|---|---|---|---|

| 货物或应税劳务、服务名称 | 规格型号 | 单位 | 数量 | 单价 | 金额 | 税率 | 税额 |
|---|---|---|---|---|---|---|---|
| 欧普照明灯 | | 台 | 10 | 20 | 200.00 | 13% | 26.00 |
| 合计 | | | | | ¥200.00 | | ¥26.00 |
| 价税合计（大写） | 贰佰贰拾陆元整 | | | | （小写）¥226.00 | | |

| 销售方 | 名称：西安业之峰装饰有限公司<br>纳税识别号：281946382R99YM0192<br>地址、电话：陕西省西安市高新区科技六路22号 029-5666-9999<br>开户行及账号：中国银行股份有限公司西安碑林区支行 103683572267 | 备注 | |
|---|---|---|---|

收款人：陆望舒　复核：毛敏　开票人：李丽曼　销售方：（章）

第二联：抵扣联　购买方扣税凭证

税总函[2018]341号中钞光华印制有限公司

票样

图 6－6　增值税专用发票票样

➢　纸质发票影像上传与识别

实现纸质发票自动查验的前提是将纸质发票转化为电子形式，纸质发票可以通过员工拍照上传和扫描仪扫描两种方式上传电子影像。

a. 员工拍照。发票粘贴完毕后，员工可以借助手机拍照的方式将纸质发票的影像上传至移动端报销系统，移动端系统内置切分分类引擎和 OCR 识别引擎。切分分类引擎具备高度的准确性和灵活的可扩展性，可以精准、高效地切分一张图片上的多张发票，而 OCR 识别引擎具备信息安全性高、稳定性强、识别效率高的优势，可以针对切分完毕的每一张单独发票，提取结构化信息，便于后续的查验。

b. 扫描仪扫描。纸质发票可以通过各类扫描设备进行扫描，例如平板式发票扫描仪、高速扫描仪等，扫描仪与电子影像系统进行对接，扫描完成的影像可以上传至电子影像系统（见图 6－7、图 6－8）。电子影像系统同样内置切分分类引擎和 OCR 识别引擎，对发票进行切分和信息提取。

图 6－7　平板式发票扫描仪

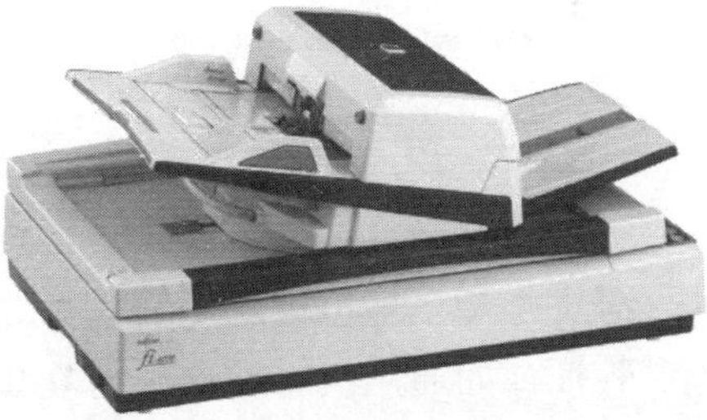

图 6－8　高速扫描仪

➢　纸质发票的查重与验真

发票查重是指企业将发票池中的新增发票与以往发票进行对比，判断是否存在发票重复使用的情况，这一过程可以由信息系统自动完成。发票验真则是指企业对员工录入的发票进行查验，判断发票真伪。一般情况下，企业可以通过将自身信息系统与国家发票查验平台进行对接，使用 OCR 识别的结构化发票信息自动完成批量验真，并返回验真结果；若企业没有进行对接，则需要在外部查验平台上进行手工验真。

企业若需要对发票进行手工验真，可以根据不同发票类型在不同的平台进行验真。对于从增值税发票管理新系统开具的发票，可以通过国家税务总局全国增值税发票查验平台进行在线查验。纳税人依据已经取得的增值税纸质或电子发票，在查验页面输入需要输入的相关信息，系统即可以自动弹出查验结果。如图 6－9 所示。

**图 6－9　国家税务总局全国增值税发票查验平台**

对于不是从增值税发票管理新系统开的发票，可以根据发票类型在相关渠道验证。如通用机打发票，可在国家税务总局××省电子税务局查验；铁路客运发票，可在购票官网查询订单，确认真伪；航空运输电子客票行程单，可在民航局验真等。如图 6－10 所示。

**图 6－10　航空运输电子客票行程单验真页面**

（2）电子发票的提交与查验（见图 6－11）

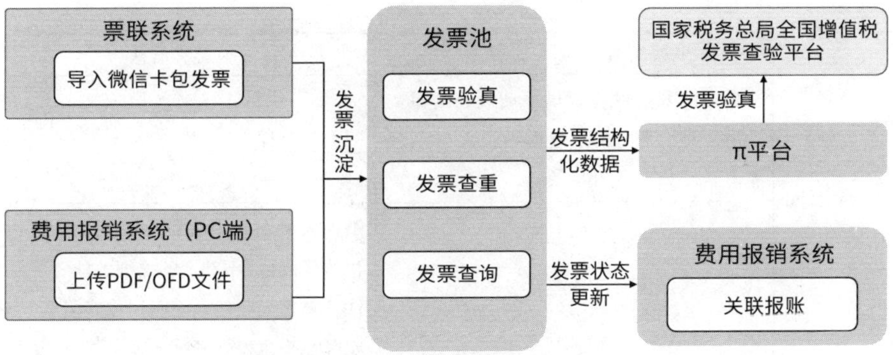


图 6－11　电子发票的提交与查验

➢　电子发票的提交

相较于纸质发票，电子发票无须通过拍照上传或使用扫描仪扫描的方式进行提交，员工仅需在移动端或 PC 端上传电子版发票。移动端上传需要员工将发票导入票联；而 PC 端上传则是指将电子发票以 PDF 或者 OFD 格式上传至报账单的附件区中。

➢　电子发票的查重与验真

针对电子发票，系统无须进行 OCR 识别，而是直接对电子发票进行查重和验真，电子发票查验的具体方式与纸质发票相同。

【延伸阅读】

## 发票备注栏必有信息①

表 6－1　　发票备注栏必有信息

| 发票类型 | | 必有信息 |
|---|---|---|
| | 税务局代开专票 | 增值税纳税人的名称和纳税人识别号 |
| | 差额征税且不得全额开具发票 | “差额征税”字样 |
| 建筑和不动产相关 | 建筑服务 | 建筑服务发生地县（市、区）名称及项目名称 |
| | 销售和出租不动产 | 不动产的详细地址 |

① 财务第一教室．一图看懂 ｜ 发票“备注栏”信息［EB/OL］．https：//mp. weixin. qq. com/s/eW053XONLVVVKpe3bTwKwg，2020－12－01.

数字化时代的全员体验——费用报销系统

续表

| 发票类型 | | 必有信息 |
|---|---|---|
| 建筑和不动产相关 | 为跨县（市、区）提供不动产经营租赁服务、建筑服务的小规模纳税人（不包括其他个人）代开发票 | “YD”字样 |
| | 代开销售或出租不动产发票 | 纳税人的名称、纳税人识别号（或组织机构代码）、不动产的详细地址<br>注：核定征收的，注明“核定计税价格，实际成交含税金额×××元” |
| 保险机构 | 保险机构代收车船税开具发票 | 车船税税款信息：保险单号、税款所属期（详细至月）、代收车船税金额、滞纳金金额、金额合计等 |
| | 保险企业为个人保险代理汇总代开发票 | 注明“个人保险代理人汇总代开”字样 |
| 运输行业 | 货物运输服务 | 起运地、到达地、车种车号以及运输货物信息等，内容较多可另附清单<br>注：铁路运输企业受托代征的印花税款信息，可填在发票备注栏中 |
| | 互联网物流平台企业使用自有系统，按3%的征收率代开专票 | 会员的纳税人名称和统一社会信用代码（或税务登记证号码或组织机构代码） |
| 预付卡 | 单用途卡，销售方向售卡方开具增值税普通发票 | 注明“收到预付卡结算款”字样 |
| | 多用途卡，特约商户向支付机构开具增值税普通发票 | |
| 出口业务 | 国内生产企业向代办退（免）税的综合服务企业开具发票 | 注明“代办退税专用字样” |

## 6.2 其他附件

除发票外，员工在提交报销单时还需要提供除发票以外的其他附件作为报销事项的补充资料，不同企业对补充资料的要求不一，以下列举部分费用类型报销时常需的附件类型。

差旅费报销时常需的附件有差旅报账单、对方单位邀请函或出差审批表、城市间交通费票据、改签费票据、交通意外保险费，银行回单等票据。

宣传费报销时常需的附件有领料出库汇总表、请示（有单位负责人批示）或相关文件、宣传物品签收单。

广告费报销时常需的附件有经审批的合同、相关的照片、支出凭单等。

办公用品费报销时常需的附件有入库单、支出凭单、银行回单、业务用品清单、发放（验收）清单。

咨询费/审计费报销时常需的附件有明细清单或合同。

业务招待费报销时常需招待费申请单。

会议费报销时常需的附件有经审批的会议预算、合同、会议结算清单、会议议程、签到表、会议照片、支出凭单等。

车辆修理费/汽油费报销时常需支出凭证、银行回单等。

借款申请时常需出差、培训、会议通知，房租合同、水电费合同（非托收）、医院证明等。

公务接待费报销时常需派出单位公函（复印件）、公务接待清单。

运费/快递费报销时常需委托运输协议、运费结算单、支出凭单等。

劳保用品报销时常需经批准的请购单、入库单、支出凭单、银行回单等。

## 6.3　费用附件的系统实现

费用附件主要分为两类，一类是企业要求提交的重要的实物辅助凭证，针对该类凭证，财务部门可通过扫描仪扫描单据影像，通过电子影像系统进行影像的处理，并在电子档案系统中进行保管，为会计档案电子化打好基础，本书不进行深入探讨；另一类是不重要的非辅助性电子附件，该类附件可在系统中通过“附件明细”区域上传。本节中所讨论的“附件明细”“系统实现”等名词，具体是指非辅助性的电子附件。如图6－12所示。

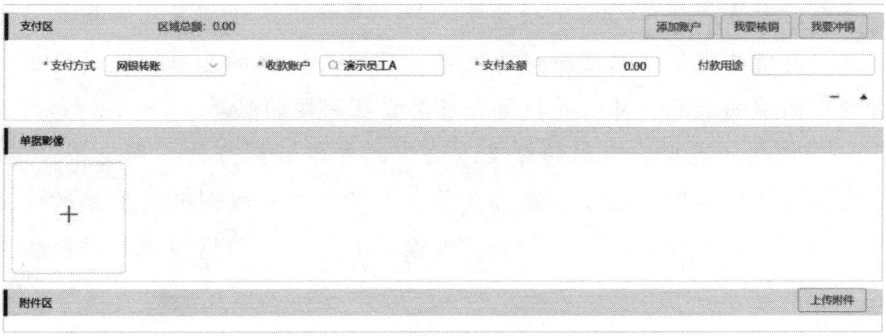


图6－12　费用附件上传的系统实现

附件上传涉及单据配置和附件清单配置。为了实现以上功能，配置人员需要完成附件明细的配置，具体配置步骤如下：

（1）给相应的电子附件单据配置“附件明细”区域，提单时可以通过该区域上传附件。

（2）配置附件清单。如图 6－13 所示。

**图 6－13　附件清单的系统配置页面**

## 【延伸阅读】

### FOL 专栏 ｜ 发票管理的“三四五”[①]

发票管理的“三四五”是指构建三个微服务、解决四个业务痛点、完成五个自动化。

发票是企业经营活动中的重要业务凭证，也是企业进行会计核算和税务申报的关键依据。为了加强发票管理和财务监督，维护经济秩序，国家出台了一系列管理办法对发票的领用、填写、开具以及索取、认证、抵扣的行为做出了规范。对于企业来讲，如何在合规的基础上，高效便捷地进行发票管理，是企业财务管理工作中一项重要议题。要解决这个问题，首先要搞清楚我国发票有哪些类型，在还原企业发票管理典型流程的基础上，分析企业发票管理中面临的痛点，从而寻找解决发票管理问题的思路。

（1）发票的类型。不同的分类方法下，发票可划分为不同类型。例如，按照发票形式的不同，可分为纸质发票和电子发票；按照开具发票所使用系统的不同，可分为增值税发票和普通发票。其中，使用增值税防伪税控系统

① 财务云 . FOL 专栏 ｜ 发票管理的“三四五” [EB/OL]. https://mp.weixin.qq.com/s/GOKXdd4vpUiiV－Ja0YcRIw，2019－02－27.

开具的发票，统称为增值税发票，其他为普通发票。目前税务总局出台的很多关于发票管理规定的规范性文件都是以是否从增值税防伪税控系统开具的角度去分类管理的，故本书以此方法分类，如图6－14所示。

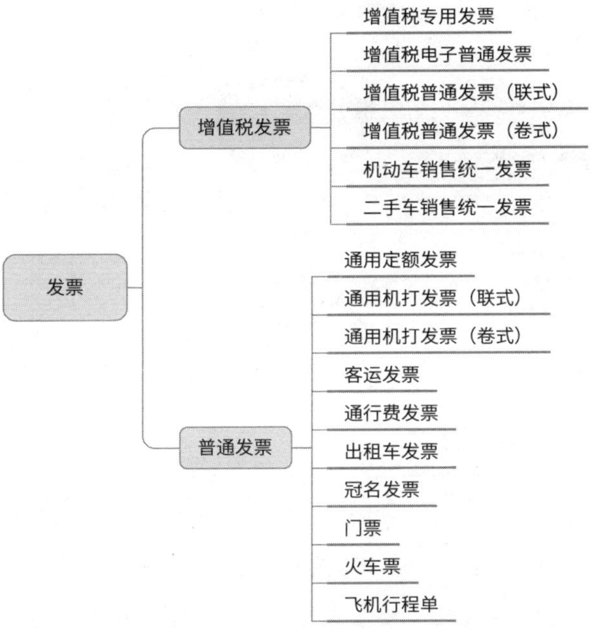


图6－14　发票类型

a. 增值税发票。增值税专用发票：自2020年2月1日起，增值税一般纳税人和小规模纳税人都可自行开具增值税专用发票，票样如图6－15所示。

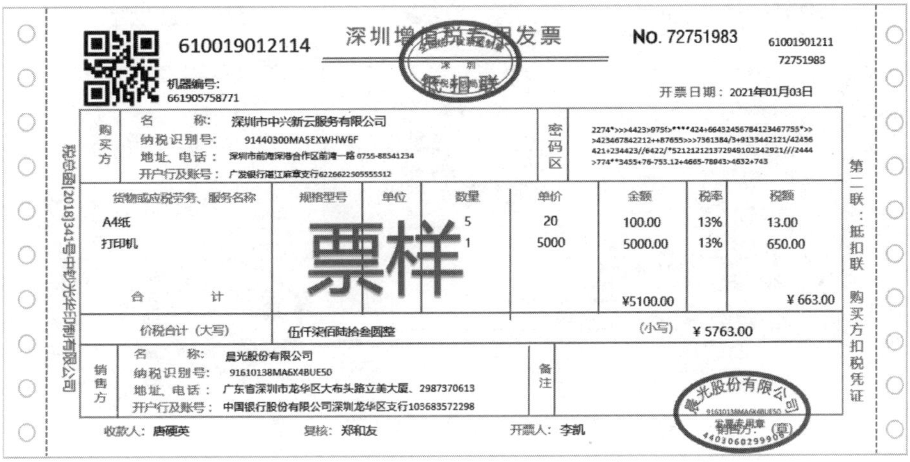

深圳增值税专用发票

610019012114　No. 72751983　61001901211 72751983

机器编号：661905758771　开票日期：2021年01月03日

购买方　名　称：深圳市中兴新云服务有限公司
纳税识别号：91440300MA5EXWHW6F
地址、电话：深圳市前海深港合作区前湾一路 0755-88541234
开户行及账号：广发银行湛江麻章支行6226622505555512

密码区：2274*>>>4423>975f>****424+66432456784123467755*>> >423467842212++87655>>>7361384/3+9133442121/42456 421+234423//6422/*521212121372949102342921///2444 >774**3455+76-753.12+4665-78943>4632+743

| 货物或应税劳务、服务名称 | 规格型号 | 单位 | 数量 | 单价 | 金额 | 税率 | 税额 |
|---|---|---|---|---|---|---|---|
| A4纸 | | | 5 | 20 | 100.00 | 13% | 13.00 |
| 打印机 | | | 1 | 5000 | 5000.00 | 13% | 650.00 |
| 合　计 | | | | | ¥5100.00 | | ¥663.00 |

价税合计（大写）　伍仟柒佰陆拾叁圆整　（小写）¥5763.00

销售方　名　称：晨光股份有限公司
纳税识别号：91610138MA6X4BUE50
地址、电话：广东省深圳市龙华区大布头路立美大厦、2987370613
开户行及账号：中国银行股份有限公司深圳龙华区支行103683572298

备注

收款人：唐硬英　复核：郑和友　开票人：李凯　销售方：（章）

第二联：抵扣联　购买方扣税凭证

税总函[2018]341号中钞光华印制有限公司

票样

图6－15　增值税专用发票票样

数字化时代的全员体验——费用报销系统

增值税电子普通发票：增值税电子发票的开具平台包括税务部门提供的增值税电子发票服务平台、纳税人自建电子发票服务平台和第三方提供的电子发票服务平台。一般纳税人和小规模纳税人均可任选一种平台自行开具。票样如图 6－16 所示。

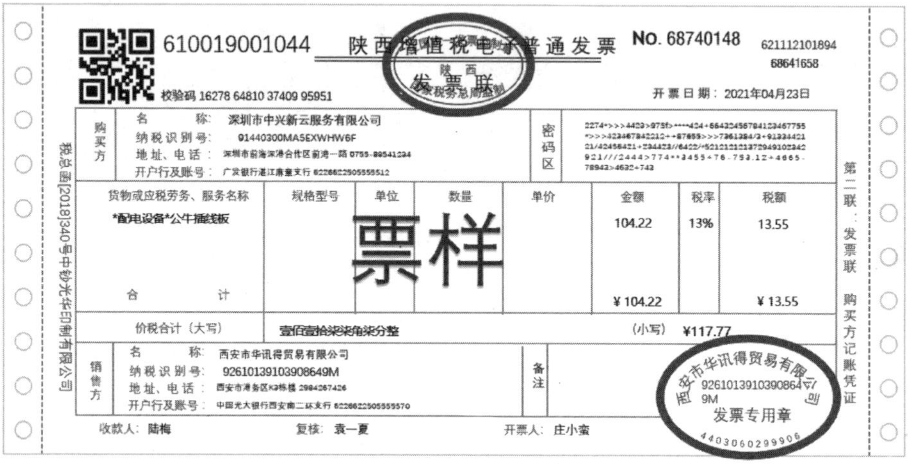

610019001044 陕西增值税电子普通发票 NO. 68740148 621112101894 68641658

校验码 16278 64810 37409 95951 开票日期：2021年04月23日

税总函[2018]340号中钞光华印制有限公司

购买方 名称：深圳市中兴新云服务有限公司
纳税识别号：91440300MA5EXWHW6F
地址、电话：深圳市前海深港合作区前湾一路 0755-88541234
开户行及账号：广发银行湛江麻章支行 6226622505555512

密码区 2274•>>>4423>975f>••••424+66432456784123467755•>>>423467842212+•87655>>>7361384/3+9133442121/42456421+234423//6422/•52121212137294910234292I///2444>774••3455+76-753.12+4665-78943>4632+743

| 货物或应税劳务、服务名称 | 规格型号 | 单位 | 数量 | 单价 | 金额 | 税率 | 税额 |
| --- | --- | --- | --- | --- | --- | --- | --- |
| *配电设备*公牛插线板 | | | | | 104.22 | 13% | 13.55 |
| 合计 | | | | | ¥104.22 | | ¥13.55 |

票样

价税合计（大写） 壹佰壹拾柒元柒角柒分整 （小写） ¥117.77

销售方 名称：西安市华讯得贸易有限公司
纳税识别号：92610139103908649M
地址、电话：西安市港务区K3栋楼 2984267426
开户行及账号：中国光大银行西安南二环支行 6226622505555570

备注

收款人：陆梅 复核：袁一夏 开票人：庄小蛮

第二联：发票联 购买方记账凭证

图 6－16 增值税电子普通发票票样

增值税普通发票（联式）：适用于增值税一般纳税人和小规模纳税人。票样如图 6－17 所示。

610019001074 北京增值税普通发票 NO. 68722198 621112101884 68441658

校验码 16278 64810 37409 95951 开票日期：2020年04月23日

税总函[2018]340号中钞光华印制有限公司

购买方 名称：深圳市中兴新云服务有限公司
纳税识别号：91440300MA5EXWHW6F
地址、电话：深圳市前海深港合作区前湾一路 0755-88541234
开户行及账号：广发银行湛江麻章支行 6226622505555512

密码区 2274*>>>4423>975f>****424+66432456784123467755*>>>423467842212++87655>>>7361384/3+9133442121/42456421+234423//6422/*52121212137294910234292I///2444>774**3455+76-753.12+4665-78943>4632+743

| 货物或应税劳务、服务名称 | 规格型号 | 单位 | 数量 | 单价 | 金额 | 税率 | 税额 |
| --- | --- | --- | --- | --- | --- | --- | --- |
| *餐饮服务*餐饮 | | | | | 407.50 | 6% | 24.45 |
| 合计 | | | | | ¥407.50 | | ¥24.45 |

票样

价税合计（大写） 肆佰叁拾贰元整 （小写） ¥432.00

销售方 名称：北京市豪客来餐饮店
纳税识别号：97810113MA6W06MV88
地址、电话：北京市海淀区科技路305号广大都基K3栋楼 2984267426
开户行及账号：中国光大银行北京南二环支行 6226622505555570

备注

收款人：赵澜之 复核：杨尚和 开票人：程力

第二联：发票联 购买方记账凭证

图 6－17 增值税普通发票（联式）票样

增值税普通发票（卷式）：适用于增值税一般纳税人和小规模纳税人。

机动车销售统一发票/二手车销售统一发票：适用于机动车销售行业，其中，销售二手车使用二手车销售统一发票。

b. 普通发票。通用定额发票：适用于开票量及开票金额较小的纳税人，主要为定期定额征收的个体工商户和收取停车费的纳税人。票样如图6－18所示。

**图6－18　通用定额发票票样**

通用机打发票（联式）：适用于部分小规模纳税人。票样如图6－19所示。

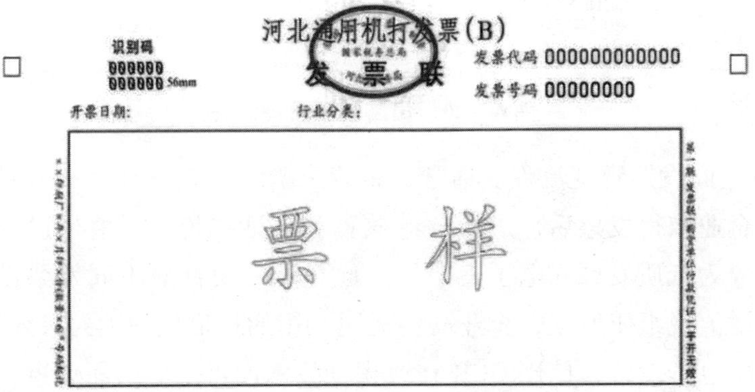


**图6－19　通用机打发票（联式）票样**

通用机打发票（卷式）：适用于部分小规模纳税人。

此外，普通发票还包括客运行业开具的客运发票，过路过桥费使用的通行费发票，出租车行业开具的出租车发票，直接在发票上印制有使用单位名称的冠名发票以及门票、火车票、飞机行程单。

（2）发票管理的典型流程。企业在日常经营中获取发票的来源，主要包括员工报销以及供应商采购。按照获取发票的不同来源，企业发票管理的典型流程如下：

a. 员工发票管理流程。在企业业务开展过程中，员工因公产生的费用，需要留存发票作为报销依据。从形式上来讲，员工获取的发票包括纸质发票和电子发票。其中，纸质发票可经过拍照识别手段转化为电子形式进行存储，电子发票能够直接通过微信卡包或支付宝等移动应用进行保存和管理。发票种类和形式的多元化增加了员工发票管理的复杂性，要进行发票的查重、验真、认证等多个步骤，如图 6－20 所示。

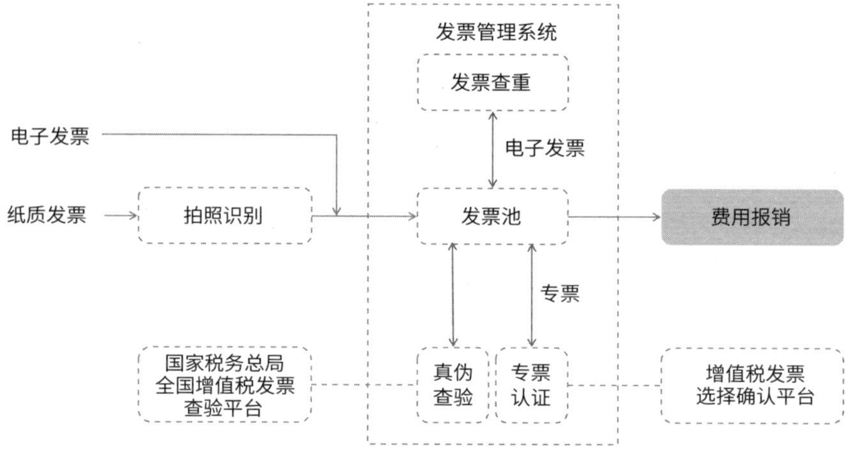


**图 6－20　员工发票管理流程**

b. 供应商发票管理流程。通常，企业采购时供应商会为其开具增值税专用发票，企业取得发票后，进行会计核算和认证扣税。增值税进项发票数量较大，且分为纸质发票和电子发票，因此企业需要针对不同发票进行相应处理。针对增值税纸质发票，企业需要运用专用的扫描仪识别并录入票面信息；针对增值税电子发票，使用 OCR 在线识别技术即可采集票面信息。增值税进项发票录入发票管理系统后，需要完成三单匹配、发票认证，财务入账、付款和申报，如图 6－21 所示。

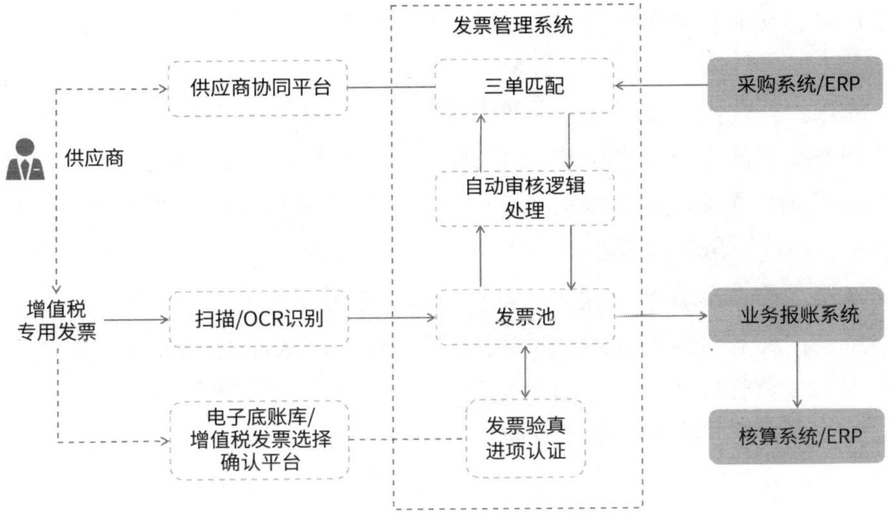


**图 6－21　增值税进项发票管理流程**

（3）发票管理的“四个痛点”。从员工发票管理流程以及来源于供应商的增值税进项发票管理流程可以看出，发票管理往往涉及四个重要功能点：发票识别、发票查重、发票验真和发票认证。随着信息技术发展以及国家政策支持，企业对于这四个功能点的发票管理与以往相比已更为便捷，但仍有较大提升空间。

a. 识别。企业发票采集工作不仅是原始票据的整理和储存，更重要的是，需要对票据上的信息进行识别、录入和核对。当前，电子发票、拍照扫描等技术使票据整理和储存更为便捷，但发票信息识别录入工作仍然较为烦琐。

痛点：多数企业财务人员仍需要人工识别和录入发票信息，时间成本高且出错概率大。

b. 查重。电子发票具有便于保管、节约成本等优点，但其可重复打印、无须额外加盖专用章的特性也带来了重复报销的风险。因此，电子发票查重也是报销流程和发票管理中的重要环节。

痛点：目前多数财务人员仍然采取人工查重手段，即记录报销过的每张电子发票编号，并在每次报销时查询电子发票编号是否已经报销过。这无疑增加了财务人员工作量，也影响了报销处理效率。

c. 验真。开具假发票虽然风险极高，但依然会有公司铤而走险。因此，对于企业财务人员而言，发票验真也是票据管理工作的重要组成部分。输入发票代码、发票号码和开票金额，即可在税务局的发票查验平台验证发票真伪。

痛点：若企业存在大批量发票需要验真，财务人员手工录入工作量将极大，且查验平台每次查验都需要输入验证码，严重影响发票验真效率。

d. 认证。企业收到的增值税专用发票是增值税抵扣的重要凭证。企业每月需在国税网上传相应发票进行进项认证，认证通过的发票才可作为次月销项的抵扣。目前除 D 级纳税人，都可以在网上方便地进行勾选认证。

痛点：对于大企业而言，由于发票数量较大，认证工作依然繁重。

（4）发票管理的“五个自动化”。为了解决企业发票管理的痛点，高效安全地管理发票，企业需要建立集识别录入、自动查重、真伪查验与发票认证于一体的发票管理系统。通过发票管理系统对接微信卡包、税局查验平台等外部系统，采用 OCR、机器人等技术，实现发票管理的五个“自动”，减轻企业财务人员的基础工作，降低企业核算风险和税务风险，提高企业发票管理和整体工作效率。如图 6－22 所示。

数字化时代的全员体验——费用报销系统

**图 6－22　自动化发票管理**

自动识别：通过票据扫描仪、移动应用拍照及二维码扫描等方式，采集增值税专用发票、普通发票、电子发票等发票信息，采用智能 OCR 识别技术抓取发票要素，结构化发票信息。

自动录入：对于自动识别的结构化发票信息，发票管理系统通过接口服务与企业内外部系统集成对接，实现 PO/GR/报销单/发票等一对多或多对一匹配。

自动查重：发票管理系统存储企业所有发票基础信息，对于新提交的发票，发票管理系统自动进行发票重复性检查，通过系统控制重复报销的风险。

自动验真：发票管理系统与税局查验平台对接，传输发票要素至税局查验平台，进行发票验真，税局查验平台将发票状态、发票明细等信息回传至企业发票管理系统，完成发票自动验真。

自动认证：发票管理系统对接增值税发票选择确认平台，集中进行发票自动下载、扫描签收标记、自动勾选认证以及数据汇总导出，实现增值税专用发票自动认证及认证数据统计。

（5）发票管理的“三个微服务”。中兴新云基于企业管理需求的视角，采用微服务架构，自主研发企业发票管理全流程信息系统，全方位支持企业发票管理自动化。

a. 票联 + 智能 OCR 识别。中兴新云团队开发的票联，为企业客户提供发票归集和验真验重解决方案。通过微信卡包获取、二维码扫描、混合拍照识别等方式，智能采集电子发票、普票、专票、火车票、机票、出租车票、定额发票等各类票据信息，并采用最新智能 OCR 识别技术，输出结构化票据信息，为企业票据管理和分析提供数据基础。同时，票联后端集成税局系统自动验真验重，无缝对接企业内部报销系统，为企业减少人力成本，提升工作效率。

b. 电子影像系统。电子影像系统将获取的实物发票以及合同、报账、核算等环节各类实物单据转化为电子影像，实现包括发票影像在内的电子档案信息采集、影像传输、集中存储和调阅管理。同时，系统可扩展支持其他类型影像（如财务报表、银行回单）的采集、管理和调阅。

c. 发票管理系统。发票管理系统包括进项认证系统和销项发票管理系统。其中，进项发票管理系统一站式解决企业进项发票的采集、签收、验真、报账、认证、抵扣、监控等电子化管理全流程，实现自动化和数字化的进项发票管理；销项发票管理系统，通过管理平台或数据接口，获取开票数据，实现自动开票、生成报税数据、完成增值税调节表等，彻底消除发票流程中的重复工作，保证数据的一致性，将数据的效用最大化。

## 本章小结

发票按照是否通过增值税发票管理新系统开具可以分为两大类，税法对不同类型的发票税率也进行了专门规定。在发票的提交与查验环节，企业通常使用平铺式和鱼鳞状的粘贴方式，平铺状可以通过扫描仪扫描，并通过税局系统进行查验认证。除发票外，不同费用类型需要的附件也有所不同。在费用报销系统中，通过给相应单据配置“附件明细”区域和附件清单，实现提单时即可提交附件。

本章关键词

发票分类　发票税率　发票联次　鱼鳞状粘贴　平铺式粘贴　发票扫描　查重验真　费用附件

## 本章练习题

### 一、选择题

1. 下列选项中，属于发票基本要素的有（　　）。

A. 名称　　B. 发票代码和号码

C. 计量单位　　D. 大小写金额

2. 下列关于发票验真的说法中，正确的是（　　）。

A. 对于从增值税发票管理新系统开的发票，有两种可以进行查验的方式

B. 借助国家税务总局全国增值税发票查验平台，不仅可以查询发票的真伪，还能检查文档内容是否经过修改

C. 对于通用机打发票，可在国家税务总局××省电子税务局查验

D. 对于铁路客运发票，可在购票官网查询订单，确认真伪

3. 下列有关发票管理流程的说法，正确的有（　　）。

A. 员工获取的发票包括纸质发票和电子发票，纸质发票可经过拍照识别手段转化为电子形式进行存储，电子发票能够直接通过微信卡包或支付宝等移动应用进行保存和管理

B. 企业采购时供应商会为其开具增值税专用发票，企业取得发票后，进行会计核算和认证扣税

C. 目前只有 D 级纳税人可以在网上勾选认证发票

D. 发票管理的痛点主要为识别、查重、验真、认证

4. 有关发票管理自动化的优点，以下说法正确的有（　　）。

A. 减少企业财务人员的基础工作

B. 降低企业核算风险和税务风险

C. 提高企业发票管理和整体工作效率

D. 无须人工操作，有利于降低内控风险

5. 下列选项中，属于从增值税发票管理新系统开具的发票有（　　）。

A. 增值税专用发票　　B. 增值税普通发票

C. 机动车销售统一发票　　D. 二手车销售统一发票

## 二、判断题

1. 增值税普通发票可以分为两联票和五联票，其中发票第一联是购货方扣税凭证。（　　）

2. 为了便于票据扫描，企业通常要求采用平铺式或鱼鳞状两种方式进行票据粘贴。（　　）

3. 不通过增值税发票管理新系统开具的发票有通用机打发票、通用定额发票、通用手工发票、火车票、航空运输电子客票行程单、出租车发票、客运汽车票、二手车销售统一发票等。（　　）

4. 发票联是购买方核算采购成本和增值税进项税额的记账凭证；抵扣联是购买方报送主管税务机关认证和留存备查的凭证；记账联是销售方核算销售收入和增值税销项税额的记账凭证。（　　）

5. 员工获取的发票包括纸质发票和电子发票。其中，纸质发票可经过拍照识别手段转化为电子形式进行存储，电子发票能够直接通过微信卡包进行保存和管理。（　　）

## 三、思考题

1. 我国现有的发票种类有哪些？是如何分类的？

2. 纸质发票和电子发票如何实现查重与验真？

3. 不同费用类型在报销时所需的附件包括哪些？

# 第 7 章　费用标准

## 本章学习目标

本章首先介绍了差旅费标准、业务招待费标准、会议费标准等费用标准，其次介绍了费用标准如何通过系统来实现。

通过本章的学习，应掌握：

◇　企业常见费用标准

◇　费用标准的系统实现方式

## 本章知识结构图（见图 7－1）

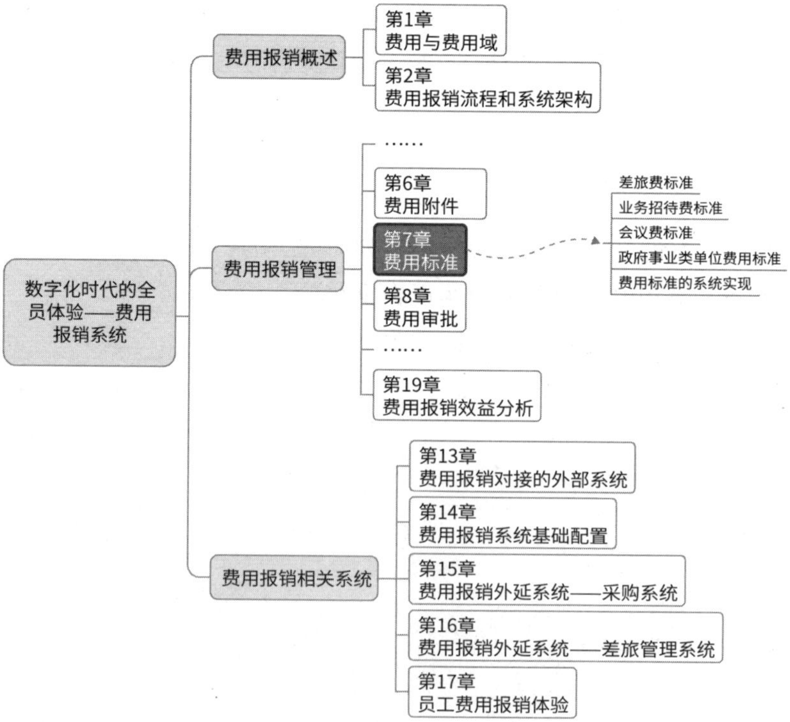


图 7－1　第 7 章框架导图

## 7.1 差旅费标准

差旅费是指员工临时到常驻地以外地区公务出差，所发生的城市间交通费、住宿费、伙食补助费和市内交通费，差旅标准即是对员工发生的差旅费用进行金额上的管控。制定差旅标准能够加强企业费用开支管理、有效避免铺张浪费、控制企业成本。企业可以根据业务需要制定不同的差旅标准方案；可以根据城市级别制定城市间交通费、住宿费、补贴的标准；出差城市为旅游城市，还可根据淡旺季分别制定差旅标准。表7－1和表7－2分别为A企业和B企业差旅标准。

**表7－1　　A企业差旅标准**

| 项目<br>级别 | 报销标准 | | | | 交通工具 | 说明 |
|---|---|---|---|---|---|---|
| | 住宿费（人/天） | | 餐费（人/天） | | | |
| | 一般地区 | 直辖市、经济特区、省会 | 一般地区 | 直辖市、经济特区、省会 | | |
| 总裁级 | 实报 | 实报 | 实报 | 实报 | 飞机头等舱、高铁商务/一等座、火车软卧铺、出租车 | |
| 总经理级 | ≤350元 | ≤520元 | ≤230元 | ≤300元 | 飞机商务舱、高铁一等座、火车软卧铺、出租车 | 1. 沿海省份可根据实际情况，按一般地区标准上浮20%内执行<br>2. 主任级以下人员经主管总经理批准，可乘坐飞机 |
| 经理级 | ≤300元 | ≤450元 | ≤180元 | ≤230元 | 飞机经济舱、高铁一等座、火车软卧铺、出租车等 | |
| 主任级 | ≤250元 | ≤350元 | ≤150元 | ≤200元 | 飞机经济舱、高铁二等座、火车硬卧铺、出租车等 | |
| 职员 | ≤220元 | ≤320元 | ≤120元 | ≤170元 | 飞机经济舱、高铁二等座、火车硬卧铺、出租车等 | |

表 7-2　　B 企业差旅标准

<table>
<tr><td colspan="4" rowspan="4">费用项目</td><td colspan="4">适用人员</td></tr>
<tr><td rowspan="3">一、二层管理干部</td><td>三、四层管理干部</td><td rowspan="3">其他职员、职工</td><td rowspan="3">外籍员工</td></tr>
<tr><td>高级业务职务</td></tr>
<tr><td>高级技术职务</td></tr>
<tr><td rowspan="8">市外出差</td><td colspan="3">长途交通费</td><td colspan="4">实报</td></tr>
<tr><td colspan="3">公杂费</td><td colspan="4">实报</td></tr>
<tr><td rowspan="4">住宿费</td><td rowspan="3">标准内实报</td><td>第一类地区</td><td>实报</td><td>300 元/天</td><td colspan="2">250 元/天</td></tr>
<tr><td>第二类地区</td><td>实报</td><td rowspan="2">250 元/天</td><td colspan="2">200 元/天</td></tr>
<tr><td>第三类地区</td><td>实报</td><td colspan="2">150 元/天</td></tr>
<tr><td>包干标准</td><td></td><td>无</td><td colspan="3">40 元/天</td></tr>
<tr><td colspan="3">伙食补贴（包干）</td><td colspan="4">50 元/天</td></tr>
<tr><td colspan="3">交通补贴（包干）</td><td>实报</td><td colspan="3">30 元/天</td></tr>
<tr><td>市内出差</td><td colspan="3">市内交通费（额度内实报）</td><td>实报</td><td colspan="3">参见 3.2</td></tr>
<tr><td>其他</td><td colspan="7">1. 司机公里补贴：专职司机市外出差享受 0.1 元/公里的公里补贴<br>2. 客户接待人员（包括司机），在不能与客户共进晚餐时，可申请补贴 20 元/人，随当次客户接待费用报销<br>3. 在西藏、青海高原缺氧地区出差，增加伙食补贴 20 元/天</td></tr>
</table>

## 7.2 业务招待费标准

业务招待费是指企业为业务经营的合理需要而支付的招待费用。业务招待费标准是对招待费用所设置的金额标准。制定业务招待费标准可以加强公司业务招待费管理，控制业务招待费超支、避免铺张浪费，实现降本增效。

企业可以参考反商反贿赂相关条款，根据业务类型制定不同的招待标准方案，此外，企业招待的时候还可能需要对参与人员制定不同的标准。

## 7.3 会议费标准

会议费开支范围包括会议住宿费、伙食费、会议室租金、交通费等方面。会议标准是对会议费相关开支金额的控制。制定会议费标准可帮助企业进一步加强和规范会议费管理，节约会议经费开支。

企业可以根据业务需要制定不同的会议标准方案，分别控制会议场租、住宿、食杂费的标准；比如某集团会议报销要求各项会议、培训、活动及其他的内部就餐原则上应安排在单位饭堂，如确需在外就餐的，餐费控制在×××元/桌以内。

## 7.4 政府事业类单位费用标准

除了上述费用标准外，政府事业单位因其管控力度和费用事项性质，在费用标准制定上存在特殊之处。除了常见费用标准管控外，政府单位还会对因公出国、外事接待、国际会议等特殊费用进行管控。

以某行政事业单位费用管控类型及细则为例，具体要求如下：

➢ 会议费

各级党政机关一律不得到八达岭－十三陵、承德避暑山庄外八庙、五台山、太湖、普陀山、黄山、九华山、武夷山、庐山、泰山、嵩山、武当山、武陵源（张家界）、白云山、桂林漓江、三亚热带海滨、峨眉山－乐山大佛、九寨沟－黄龙、黄果树、西双版纳、华山等21个风景名胜区召开会议。

➢ 专家咨询费（见表7－3）

表7－3 专家咨询费费用标准

| | |
|---|---|
| 高级专业技术职称人员 | 1500～2400元（税后） |
| 其他专业人员 | 900～1500元（税后） |
| 院士、全国知名专家 | 高级专业技术职称人员标准上浮50%执行 |

备注：不同组织形式，专家咨询费有所不同

会期半天，按照60%标准；会期≤2天，100%标准；会期＞2天，前两天100%，其余按照50%标准

➢ 外事接待费

无互惠对等原则及外事交流协议的，招待天数不得超过5天（含抵、离境当天）；

确因工作需要并经接待单位领导批准，外方主宾的重要随行人员可随主宾乘坐相应舱位；

赠礼对象仅为外方团长夫妇，必要时可包括主要陪同人员，原则上由接

待单位赠礼1次；

外宾5人（含）以内的，中外人数原则上在1:1以内安排；外宾超过5人的，超过部分中外人数原则上在1:2以内安排；

中央单位的接待工作人员在接待活动期间，确因工作需要不能按时用餐的，经接待单位领导批准，可以领取误餐补助，标准为每人每次50元。

➢ 差旅费（见表7－4）

表7－4　　政府事业类单位差旅费用标准

| 人员级别 | 火车（含高铁、动车、全列软席列车） | 轮船（不含旅游船） | 飞机 |
|---|---|---|---|
| 部级及相当职务人员 | 火车软席（软座、软卧），高铁/动车商务座，全列软席列车一等软座 | 一等舱 | 头等舱 |
| 司局级及相当职务人员 | 火车软席（软座、软卧），高铁/动车一等座，全列软席列车一等软座 | 二等舱 | 经济舱 |
| 其余人员 | 火车硬席（硬座、硬卧），高铁/动车二等座，全列软席列车二等软座 | 三等舱 | 经济舱 |

## 7.5　费用标准的系统实现

在费用报销系统中预设费用管控标准，并设置管控方式，系统可以基于配置实现自动化费用标准管控，提高财务审核效率，降低财务审核差错。

费用报销系统支持内嵌差旅标准、招待费标准、会议费标准等企业内控管理要求的规则，对于差旅费、会议费、培训费、因公出国、专家咨询、外事接待等费用，系统支持按照员工职级、出差城市、会议类别、讲师/专家职称等分别制定不同标准，在提单或者审批环节严格控制住宿、交通工具、舱位、参会/参训人数等。

如果提单内容不合标准，系统根据预设的“禁止”“通过”“警告”等方式进行控制。如果设置“禁止”规则，超标时领导无法审批通过；如果设置“通过”规则，各审批环节单据可以正常通过，如果设置“警告”规则，员工提单或领导审批时，系统会自动提示该单据超过费用标准。如图7－2所示。

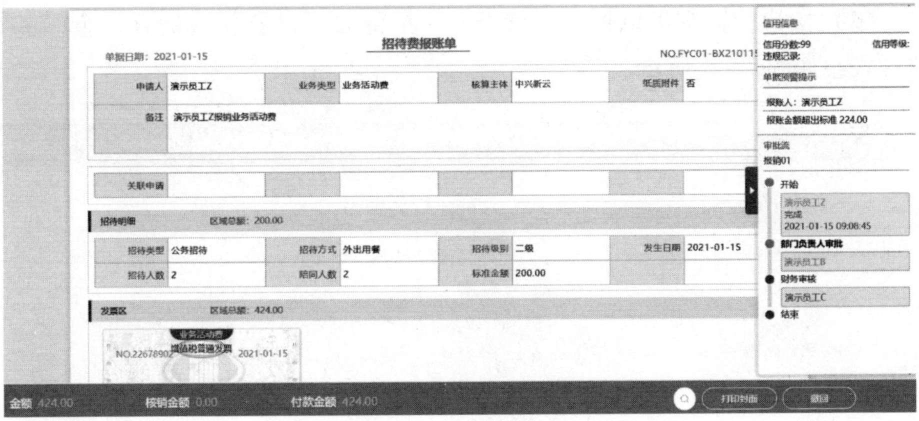


图 7 -2　费用超标提示

为了实现以上功能，配置人员需要完成差旅标准、会议费标准、招待费标准的配置，具体配置步骤如下：

(1) 差旅标准可以进行员工出差交通工具标准的配置，如图 7 -3、图 7 -4 所示。

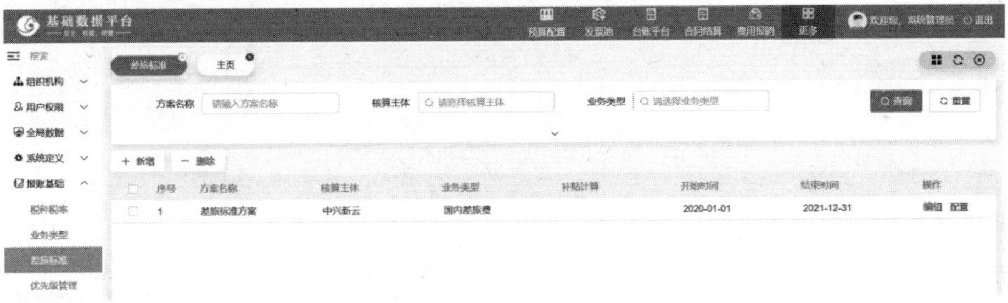


图 7 -3　新建差旅标准方案

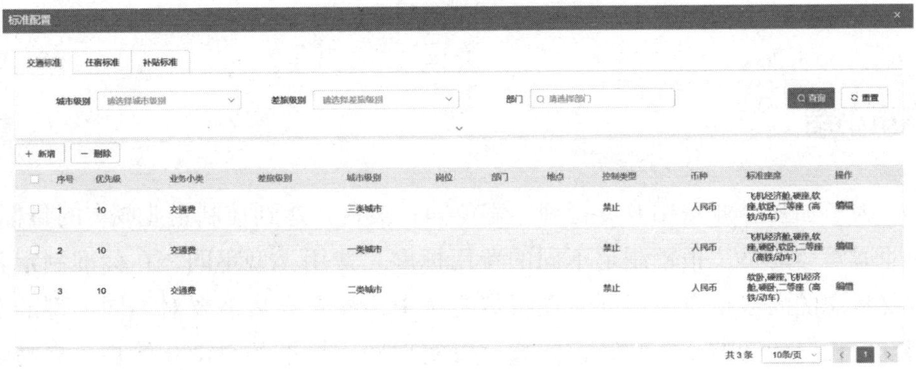


图 7 -4　交通标准配置

数字化时代的全员体验——费用报销系统

（2）招待费标准可以根据招待类型、招待方式设置相应的管控金额和管控方式，如图 7－5 所示。

**图 7－5　招待费标准配置**

（3）会议费标准可以根据会议级别设置相应的管控金额和管控方式，如图 7－6 所示。

**图 7－6　会议费标准配置**

## 本章小结

为了加强企业费用开支管理，避免铺张浪费，达到控制企业成本的目标，企业通常会对员工报销制定不同的费用标准。费用类型不同，在标准制定时需要考虑的内容也有所不同。在报销系统中，配置人员需要对不同类型的费用设置相应的管控金额和管控方式，以实现费用标准的自动化管控，提高财务审核的效率。

本章关键词

费用标准　差旅费标准　业务招待费标准　会议费标准

## 本章练习题

### 一、选择题

1. 下列选项中，关于费用标准制定正确的是（　　）。

A. 企业可以参考反商反贿赂相关条款，根据业务类型制定不同的招待标准方案

B. 可以根据业务需要制定不同的会议标准方案，分别控制会议场租、住宿、食杂费的标准

C. 政府事业类单位的费用标准管控内容与企业费用标准管控完全一致

D. 政府事业类单位的费用标准管控除常见费用标准管控外，存在特殊费用管控

2. 下列（　　）因素会影响企业差旅标准的制定。

A. 城市级别　　B. 出差时间

C. 业务类型　　D. 员工级别

3. 在系统中设置费用管控方式，可以通过预设（　　）字段进行控制。

A. 禁止　　B. 通过

C. 警告　　D. 不通过

4. 在招待费标准设置中，可能出现以下（　　）字段。

A. 招待级别　　B. 招待类型

C. 优先级　　D. 标准金额

5. 在会议费标准设置中，不会出现以下（　　）字段。

A. 开支类型　　B. 陪同标准

C. 地点　　D. 城市级别

### 二、判断题

1. 会议标准是对会议费相关金额的控制，制定会议费标准可以帮助企业

节约会议经费开支。 （ ）

2. 制定差旅标准主要是为了控制普通员工的差旅开支，企业管理层一般不需要遵守差旅标准。 （ ）

3. 在系统中预设费用管控标准和管控方式，系统基于配置实现自动化费用管控，能够提高财务审核效率，降低财务审核差错。 （ ）

4. 除了常见费用标准管控外，政府单位还会对因公出国、外事接待、国际会议标准等特殊费用进行管控。 （ ）

5. 差旅标准配置的具体内容包括但不限于交通标准、住宿标准、补贴标准。 （ ）

### 三、思考题

1. 企业制定差旅标准时，需要考虑哪些要素？
2. 企业的费用标准管控与政府、事业单位有什么区别？
3. 如何在系统中实现费用标准的管控？

# 第 8 章　费用审批

## 本章学习目标

本章首先介绍了审批权限和审批流的概念，在审批流部分详细解释了审批流程设计、单据审批以及特殊审批流程；其次展示了如何使用系统设置审批权限及审批流。

通过本章的学习，应掌握：

◇　审批权限的概念及分类

◇　审批流的分类

## 本章知识结构图（见图 8－1）

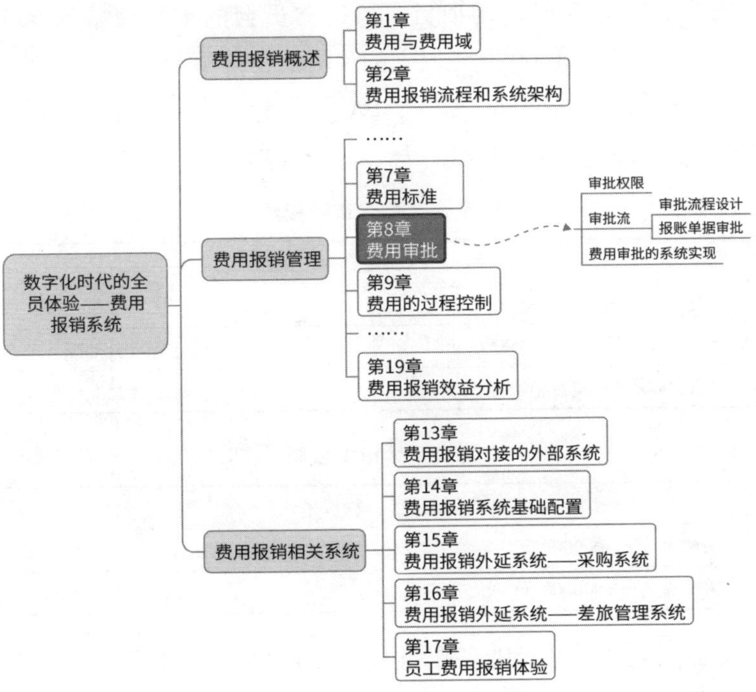


图 8－1　第 8 章框架导图

## 8.1 审批权限

“申请、审批”是费用审批体系的实现过程。申请是指具有相关业务需求的岗位，为实现企业业务目标，提出拟实施的事项；审批是指申请人的所属领导，从自身岗位职责出发，对该决策事项进行分析，排除该事项可能带来的风险。从内部控制的角度来看，申请与审批彼此是不相容职责，不得由同一人实施，否则无法防范舞弊风险或决策失误。



审批权限，是企业为了保证管理者有效履行其职责，对不同层级管理者赋予的对财务事项进行决策的范围。合理的审批权限的制定可以保障日常管理流程顺畅，达到控制费用、降低成本的目标，防止和杜绝弄虚作假、徇私舞弊和流失浪费。

审批权限通常会根据费用类型、部门等维度进行划分，以某企业审批权限设置为例：

（1）按费用类型划分。某企业的审批权限设定根据费用类型进行划分，以固定资产构建与一般物资采购为例。针对固定资产构建，CEO 或执行董事的审批权限为 500 万元以内的项目，执行委员会的审批权限为 500 万元至 1000 万元之间的项目，1000 万元以上的项目需由董事会批准；针对一般物资采购，CEO 或执行董事的审批权限为 100 万元以内的项目，100 万元以上的项目需由执行委员会审批。如表 8－1、表 8－2 所示。

**表 8－1　　固定资产构建审批权限**

| 费用类型 1：固定资产构建 | |
|---|---|
| 0 < 项目金额≤5000000 元 | CEO 或执行董事批准 |
| 5000000 元 < 项目金额≤10000000 元 | 执行委员会批准 |
| 10000000 元 < 项目金额 | 董事会批准 |

**表 8－2　　物资采购审批权限**

| 费用类型 2：物资采购 | |
|---|---|
| 采购金额≤1000000 元 | 采购部主管批准 |
| 采购金额 > 1000000 元 | CEO 或执行董事批准 |

（2）按部门划分。某企业的审批权限设定根据费用发生部门进行划分，例如费用发生部门为营业部，部门主管的审批权限为 5 万元以内的项目，销

售总监的审批权限为5万元至50万元的项目，CEO或执行董事需要审批50万元以上的项目；当费用发生部门为其他部门时，部门主管的审批权限不变，但部门总监的审批权限为5万元至10万元的项目，10万元以上的项目需由CEO或执行董事审批。如表8-3、表8-4所示。

**表8-3　营业部审批权限设置**

| 部门1：营业部 | |
|---|---|
| 金额≤50000元 | 部门主管批准 |
| 50000元<金额≤500000元 | 销售总监批准 |
| 500000元>金额 | CEO或执行董事批准 |

**表8-4　其他部门审批权限设置**

| 部门2：其他部门 | |
|---|---|
| 金额≤50000元 | 部门主管批准 |
| 50000元<金额≤100000元 | 部门总监批准 |
| 100000元<金额 | CEO或执行董事批准 |

## 8.2　审批流

### 8.2.1　审批流程设计

由上节可知审批即指费用报销流程中，员工提单之后、财务审核之前，事项经过有关业务主管或领导审核批示的过程，审批流即领导审批次序的安排。审批流程的设计包括审批节点、判断条件、审批路径、审批角色等。用系统中的自动化审批流替代原本的纸质申请和审批，可以达到提高审批效率、规范费用管理、审批动作留痕可追溯等目的。

审批流需要根据企业实际业务需求进行设计，在审批节点、流程、判断条件的设置上可能存在很大差异，此处以某企业的审批流程设计作为示例。

（1）日常费用及差旅报账审批流程（示例）。普通员工的日常费用及差旅报账要先由部门负责人审批，之后再由财务人员审核（共享审核）；部门负责人的单据直接由总裁审批；总裁的单据直接由财务人员审核。如图8-2所示。

数字化时代的全员体验——费用报销系统

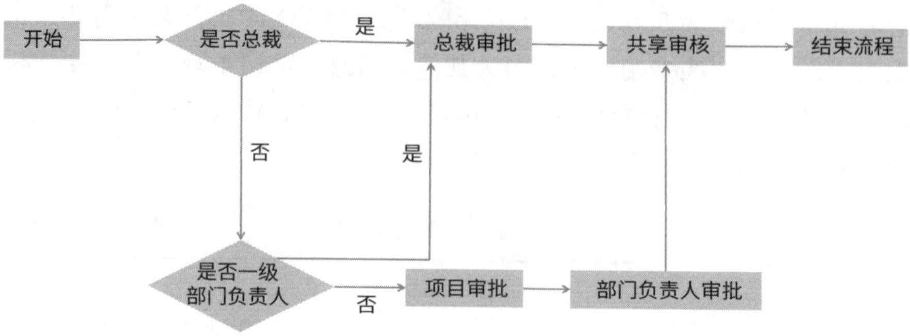


**图 8－2　日常费用及差旅报账审批流程**

（2）借款审批流程（示例）。借款报账审批流程的设置可以根据金额进行判断，报账金额大于 1 万元小于 10 万元的单据需经副总裁审批，报账金额大于 10 万元的单据须经总裁审批。如图 8－3 所示。

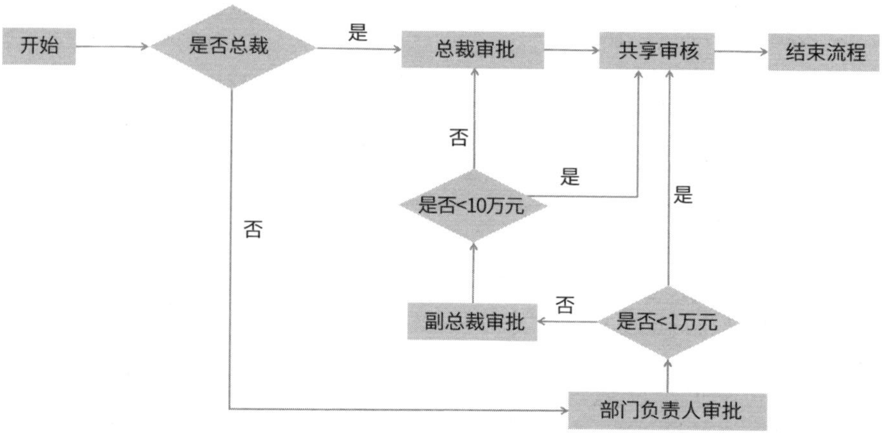


**图 8－3　借款审批流程**

企业组织架构和管理要求存在差异，实际情况中会存在特殊的审批流设置要求，此处列示部分场景：

（1）财务审核通过后再进行业务领导审批；

（2）为部分人员设置单独的流程分支，例如公司高管在 HR 组织结构中没有统一的部门，也没有统一的岗位，但是高管的单据需要直接流转至董事长进行审批；

（3）业务审批之前需要增加业务财务审核。

### 8.2.2　报账单据审批

在审批的过程中，审批人（除财务人员以外的业务领导）可以对单据进行同意、转交、加签、驳回、挂起等操作。

（1）同意。审批人确认报销事项无误点击同意，单据流转至下一审批节点。

（2）转交。审批人由于某些原因不能对该事项进行决策（例如出差在外，无法和相关人员核实该事项具体情况），将单据转给其他人代为审批，即为转交。

（3）加签。审批人可以在审批时临时增加签核人员，即为加签。例如，审批流程通常由业务部门领导决策即可，但某些特例，业务领导觉得自己难以决策的，可使用加签，临时增加财务总监进行决策。

（4）会签。会签是指某一企业重大事项、需要多个部门领导决策，或矩阵式管理中需要多个干系人进行决策的情况下，在同一个审批节点设置多个审批人，多位审批人全部同意之后，审批才可到下一个审批节点。

（5）驳回。审批人对单据内容暂时不予同意，允许提单人修改部分信息后重新审批，此时可以驳回单据。为了让发起人知道如何修改，驳回原因一般需要设定成必填项，否则发起人或上一个审批环节的人不知道为何被驳回以及要如何修改。驳回修改可根据业务需要，在以下逻辑中选择：驳回到发起人、驳回上一环节、驳回到选定的某个审批环节。

（6）挂起。单据挂起，指审批人暂时未获得充分信息来给出该事项决策意见，需要一段较长的时间进行定断，因此暂不进行同意或驳回等操作，挂起后单据处于暂停处理的状态。

## 8.3　费用审批的系统实现

员工在费用报销系统中提交报销单据后，系统通过审批流引擎将单据推送至各个业务领导和对应的财务审核人员（组）进行审批。企业可根据费用类型、报账单据类型设置不同的审批流模板。如图 8－4 所示。

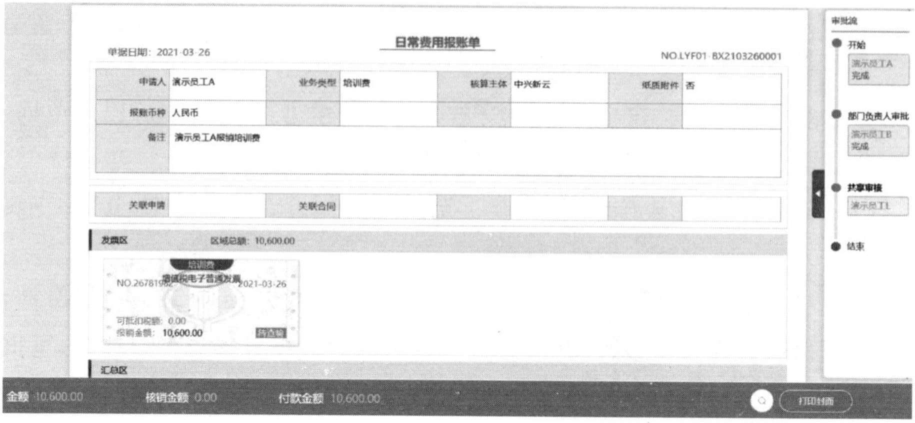


图 8-4　日常费用报账单审批流

在系统配置过程中，配置人员在流程系统中根据业务需要绘制审批流程模板（具体内容详见 8.2.1 审批流程设计），包括从提单到业务领导审批、财务审核节点的整个单据流转过程中审批节点的设置，最后将该流程模板分配给对应的业务类型、单据类型。具体如下：

（1）在流程系统绘制审批流模板。如图 8-5 所示。

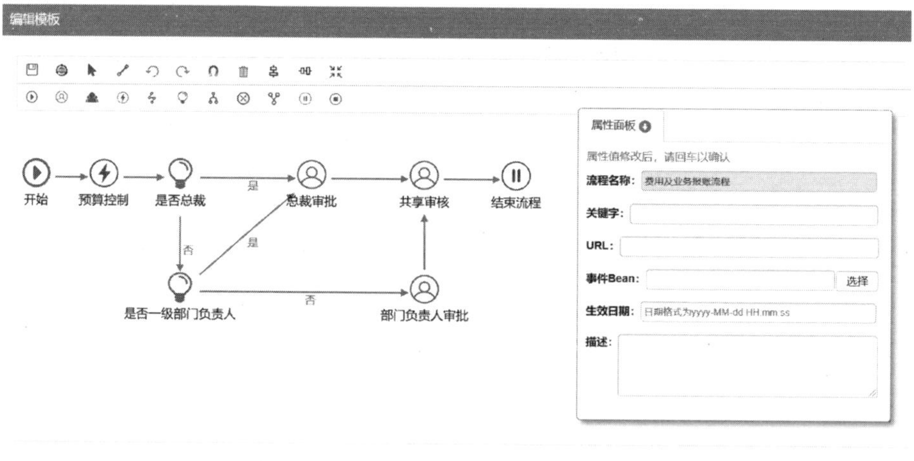


图 8-5　绘制审批流模板

（2）将流程模板分配给对应的业务类型、单据类型、适用组织。如图 8-6 所示。



数字化时代的全员体验——费用报销系统

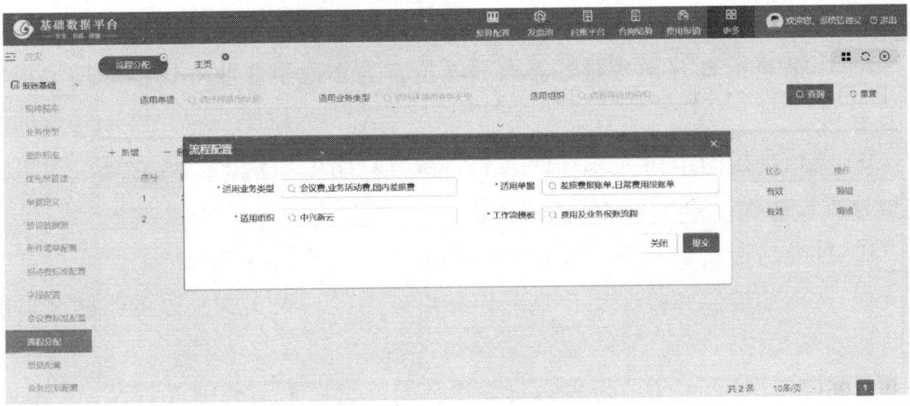


图 8－6　审批流程模板分配

## 本章小结

为了保证管理者能够有效履行其职责，企业会对不同层级的管理者制定合理的审批权限，通常根据费用类型、金额、部门进行划分。此外，在报销流程中，需要设计不同业务的审批流程，安排审批次序。在审批过程中，领导可以对单据进行同意、转交、加签、驳回、挂起等操作。配置人员根据设计的审批流在系统中绘制流程模板，最后将模板分配给对应的业务类型和单据类型。

### 本章关键词

审批权限　审批流程　加签　驳回　挂起　会签　授权审批

## 本章练习题

### 一、选择题

1. 企业的审批权限可以根据（　　）进行划分。

A. 费用类型　　B. 金额

C. 部门　　D. 成本中心

2. 下列选项中，有关“申请、审核与批准”的说法正确的是（　　）。

A. 申请是指具有相关业务需求的岗位，为实现企业业务目标，提出拟实施的事项

B. 审核是指由申请人之外的人员，从自身岗位职责出发，对该决策事项进行分析，排除该事项可能带来的风险

C. 批准是指具有权限的岗位最终决定该事项的实施与否

D. 从内部控制角度来看申请与审核可以由同一人实施，以此来防范舞弊风险或决策失误

3. 企业根据业务情况进行审批流设计时，需要考虑的因素有（　　）。

A. 审批节点　　B. 判断条件

C. 审批流逻辑　　D. 审批权限

4. 下列关于领导在审批过程中对单据进行的几种操作，描述正确的是（　　）。

A. 处理者可以在审批时临时增加签核人员，即为加签

B. 会签指在同一个审批节点设置多个审批人，多位审批人全部同意之后，审批才可到下一个审批节点

C. 在进行驳回操作时，驳回原因一般需要设定成必填项

D. 单据挂起，指审批人暂时未获得充分信息来给出该事项决策意见，因此暂不进行同意或驳回等操作，挂起后单据将由其他人代为审批

5. 系统的自动化审批代替原本的纸质申请和审批，可以实现的目标有（　　）。

A. 提高审批效率　　B. 减少审批节点

C. 规范费用管理　　D. 审批动作留痕

**二、判断题**

1. 在单据审批过程的财务审核节点，业务领导可以对单据进行同意、转交、挂起等操作。（　　）

2. 如果提单内容不合标准，在设置“警告”的前提下，系统会在员工提单或领导审批环节自动提示该单据超过费用标准。（　　）

3. 当领导执行“驳回”操作时，可根据业务需要驳回到选定的之前任意某个审批环节。（　　）

4. 从内控的角度来看，授权审批属于一种事前控制。（　　）

5. 会签是指某一企业重大事项需要多个干系人进行决策，并需半数以上审批人同意，才可进入到下一审批点的过程。 （　　）

## 三、思考题

1. 审批权限通常的划分依据有哪些？除本书所举示例外，还可能存在哪些划分依据？

2. 从内部控制的角度来看，设定审批权限时需要注意哪些方面？

3. 在审批过程中，业务领导可以对单据进行哪些操作？

# 第 9 章　费用的过程控制

数字化时代的全员体验——费用报销系统

## 本章学习目标

本章介绍预算控制、项目管理、合同关联、核销管控、合规管控、额度管控、时限管控七种费用管控维度，其中每一个维度都从基本含义和系统实现两方面展开了详细的阐述。

通过本章的学习，应掌握：

◇　费用管控七个维度的基本含义

◇　费用管控七个维度的系统配置

## 本章知识结构图（见图 9－1）

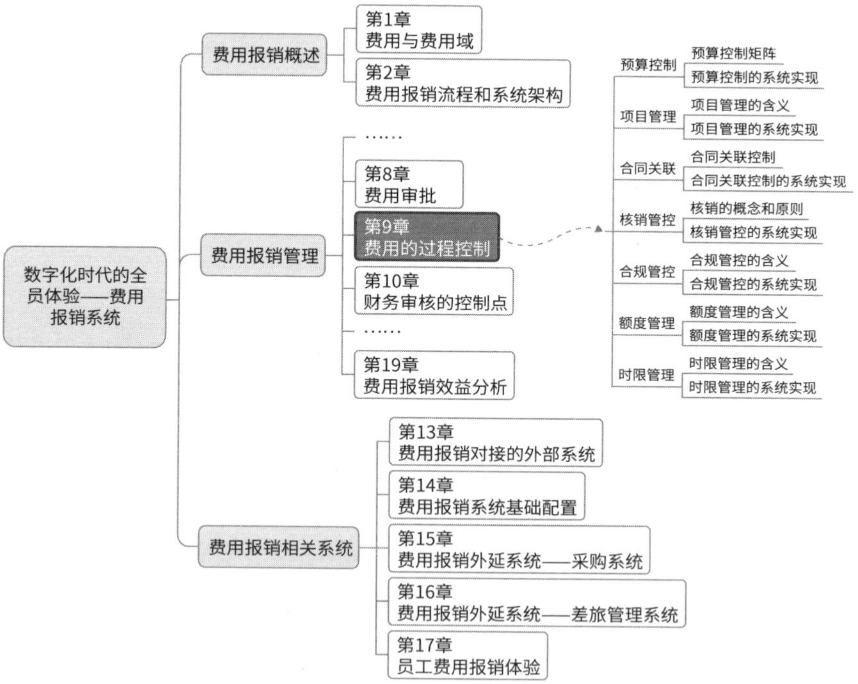


图 9－1　第 9 章框架导图

# 9.1　预算控制

## 9.1.1　预算控制矩阵

预算是通过对企业内外部环境的分析，在科学的生产经营预测与决策基础上，用价值和实物等多种形态反映企业未来一定时期的投资、生产经营及财务成果等一系列费用开支的计划和规划。一个预算就是一种定量计划，用来帮助协调和控制给定时期内资源的获得、配置和使用。预算控制是企业根据预算规定的收入与支出标准监督各个部门生产经营活动的控制，其是企业管理控制中使用最广泛的一种控制方法。预算控制矩阵是指采用矩阵的方式，多维度分析预算控制各方面内容，包括预算维度、预算环节、预算周期、控制口径、控制方式、控制策略。如图9－2所示。

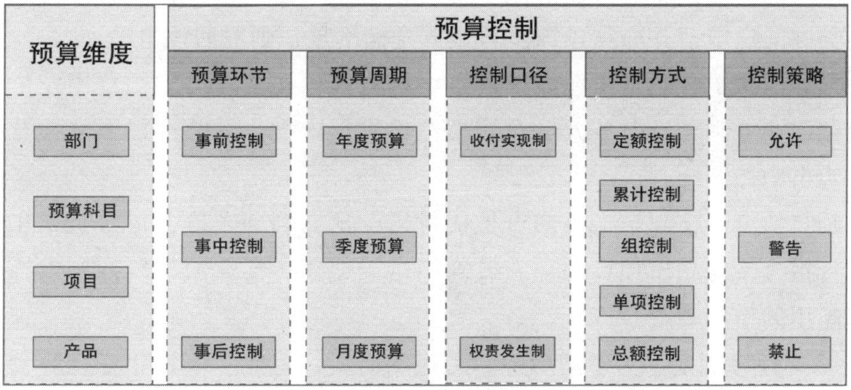


**图9－2　预算控制矩阵**

（1）预算科目。企业的预算维度一般包含部门、预算科目、产品和项目等。

以部门维度进行预算控制，指将预算细化到部门层级，使用金额不允许超出所在部门预算。这种控制方式便于预算执行的监督和控制，避免资金的挤占、挪用、截留甚至虚列支出等情况，有利于分清各部门的职责，明确各项经费的管理权限，使责权相匹配，便于各部门的预算绩效评价，使公司各部门各司其职，形成一个有机整体。

预算科目指预算资源类别或者费用类别，是根据其性质和预算管理的要求对预算收入和预算支出的具体内容所作的分类，可在集团预算科目框架下设立子科目，实现分层分级管理，如按照具体费用分类，将管理费用分为差旅费、办公费、招待费等。

产品预算，一般关注的是产品销售费用，该维度核算企业销售商品和材料、提供劳务的过程中发生的各种费用，是将生产预算、材料预算、人工预算、制造费用预算、销售预算等费用汇总编制的维度。

项目预算指以项目为对象，按分配于各项目上的总成本编制的预算。这样可将真正的成本显示出来，易于分清经济责任。项目预算虽然主要适用于政府部门和事业单位，但对企业尤其是大型企业也同样适用，企业如果按照项目独立管理运作，则会进行项目维度的预算控制。

（2）预算环节。预算控制可能发生在企业经济业务发生到预算执行报表发布过程中的任何节点，根据发生节点的不同，可以将其分为事前、事中、事后控制。

预算的事前控制是指在费用申请时，对该申请进行预算校验。若预算余额足够则同意申请并冻结预算；若预算余额不足，则驳回该申请。

预算的事中控制是指在报销过程中进行预算控制。员工在费用发生后提单报销，业务领导及财务人员对该报销单进行审批，在此过程中的预算控制都称为事中控制。

预算的事后控制是指报销审批通过后，预算管理人员在每月月末生成预算执行报告，对超出预算的个人或部门给予惩罚。预算的事后控制发挥阻断预算超出的作用有限。

（3）预算周期。为了适应经营管理的需要，企业一般将年度预算划分为月度预算、季度预算或年度预算。预算期间的长短是由预算种类、预算性质，以及企业的管理需求所决定。不同的费用类型往往也会使用不同的预算控制期间，例如房屋租赁费一般按照年度进行预算控制，而差旅费则更适合按照月度控制。

（4）控制口径。预算的控制口径包括权责发生制和收付实现制。

在权责发生制的预算控制下，预算编制的依据是企业的利润表，控制的目标为实现一定数额的净利润。权责发生制预算控制即按照费用入账的节点来进行预算控制，凡在当前预算期间发生应从当前预算期间收入中获得补偿的费用，不论是否在当前预算期间已实际支付，都应占用当前预算期间的预算余额。这种预算控制方式由于更关注利润的实现而非企业当前现金流，因此往往被应用在资金风险较低的行业。

与权责发生制不同，收付实现制预算控制下的预算编制依据是现金流量表，这种预算控制方式的目标与着眼点为资金是否充足。收付实现制预算控制即按照资金实际流出节点来进行预算控制，凡在本预算期间内涉及收到或付出的一切款项，无论其发生时间早晚或是否为本预算期间内该承担的费用，均应占用当前预算期间的预算余额。收付实现制关注的问题为是否有资金流中断的风险，因此多应用于传统制造业企业等利润率较低、有资金风险的企业。

（5）控制方式。企业可以采用的预算控制方式包括总额控制、单项控制、组合控制、累计控制和定额控制。总额控制只关注某综合预算项的费用是否超出总金额，所有费用发生时都占用总体预算。单项控制指对单个科目、部门、项目或产品等单独做预算控制。组合控制指将多个科目或部门合并，作为一个整体来进行预算控制。累计控制是指当预算期间为月度、季度或年度时，之前预算期间的剩余预算可以累计到本预算区间，与一般控制方式的本质区别是后台计算公式的不同。定额控制即按人数控制预算，如某些公司对公杂费、通信费进行预算控制时，有设定人均公杂费、人均通信费预算额度的诉求。

（6）控制策略。控制策略指系统监测到预算使用超标时，会采取的具体控制方式，控制方式按照控制强度分为“允许”“警告”“禁止”。

允许是指费用超过预算时系统没有提示，直接提交至相应的领导审批。这种情况是因为事项的突发性较强，无法准确预估发生的金额，事项发生时不做强制控制。

警告是指超过预算的额度系统提示预设的警告信息，同时报销单提交至相应的领导审批，警告后处理流程分两种情况：一种是超预算后原审批流程不变；另一种是超预算后加强审批的控制，需要更多的审批岗位审批。

禁止是指超过预算的额度系统禁止提交报销单据，是最严格的控制策略，此类情况下必须完成预算的追加或调整，才可再次提交。

### 9.1.2　预算控制的系统实现

员工费用报销提单及审批流中，系统根据预设规则进行预算控制。例如，如果系统预设通过“部门＋预算科目”进行控制，并设置预算控制策略为禁止，那么如果员工所在部门该预算科目的汇总金额已经超标，则无法成功提单。

为了实现预算控制的功能，配置人员需要完成：

（1）在全局数据中新建“预算科目”，根据企业实际设置维护预算科目信息。预算科目和会计科目紧密联系，在预算管理和会计核算中起不同的作用。前者是按预算收支内容进行的分类，是为了实现企业预算管理的要求，后者则是为了实现会计核算的要求。如图 9－3 所示。

**图 9－3　建立预算维度**

（2）给业务类型配置预算科目，可以通过建立预算科目和业务类型的关联关系，进行预算管控。如图 9－4 所示。

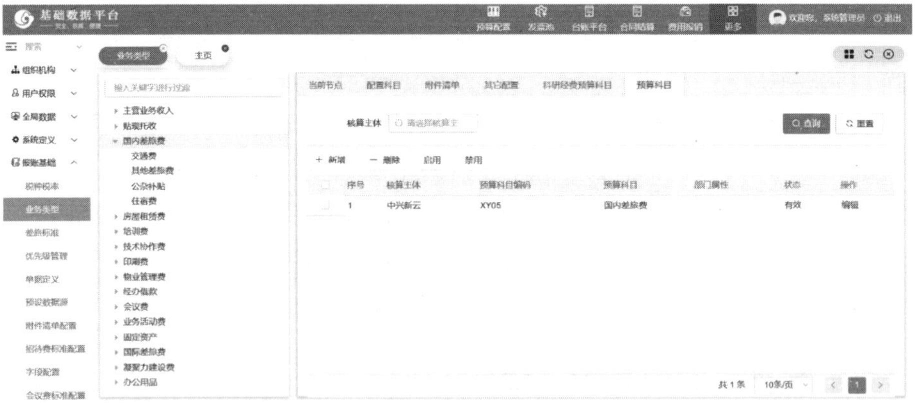


**图 9－4　给业务类型配置预算科目**

（3）为单据配置预算模板，需要建立单据与预算模板的关联关系。如图 9－5 所示。

图 9－5　为单据配置预算

单据预算配置需要调用预算控制系统中预设的预算模板，预算模板在预算控制系统进行配置，系统会根据预算模板进行不同预算维度和时间期间的预算管控：模板中定义预算控制的维度组合，例如“部门＋预算科目”“项目＋预算科目”；系统还会定义预算控制的期间，包括“月度”“季度”“年度”等。

（4）设置预算控制类型。设置单据预算控制的类型，包括“不控制”“按不含税金额控制”“按含税金额控制”等。如图 9－6 所示。

图 9－6　预算控制类型

【延伸阅读】

## 费用分类、预算科目、会计科目在费用报销系统中如何实现关联?

费用类型反映发生事项的实质，每个费用类型都有对应的预算科目和会计科目，预算科目用来归集费用进行预算管控。预算科目与会计科目密切相关，但预算编制者无须深入了解财务科目的结构和用处，只需要按预算建立分类和对应的明细项。如图9－7所示。

| 预算科目 | 申请项 | 费用报销项 | 核算科目 |
|---|---|---|---|
| 业务推广费 | 渠道推广费 | 差旅费用 | 销售费用——差旅费 |
| | | 会议费用 | 销售费用——会议费 |
| | | 办公费用 | 销售费用——办公费 |
| | | …… | …… |
| | 终端推广费 | 差旅费用 | 销售费用——差旅费 |
| | | 会议费用 | 销售费用——会议费 |
| | | 办公费用 | 销售费用——办公费 |
| | | …… | …… |

图9－7 费用类型、预算科目、会计科目关联关系

在系统中，可以通过业务类型（即费用类型），建立业务类型跟预算科目、会计科目的映射关系。如图9－8所示。

图9－8 给业务类型配置预算科目

## 9.2　项目管理

### 9.2.1　项目管理的含义

广义的项目管理，指的是项目的管理者，在有限的资源约束下，运用系统的观点、方法和理论，对项目涉及的全部工作进行有效的管理，即从项目的投资决策开始到项目结束的全过程进行计划、组织、指挥、协调、控制和评价，以实现项目的目标。项目财务管理是项目管理中的一项基本内容，缺乏科学专业的项目会计核算处理，会导致资金管理无序、账目混乱，从而影响项目运作。项目管理中财务对项目资金的跟踪，一直以来都是财务中的重大难题，特别是一些特殊款项。在具体的项目管理中，企业需要根据具体项目的规模和情况，在财务环节制定不同的管理跟进机制，以此来对费用的发生做出一定的有效管理。

本书中的项目管理，仅指按照项目维度进行费用报销事项的领导审批、预算控制和核算入账的管理，从而达到在项目实施过程中有效管控员工费用支出的目的。

### 9.2.2　项目管理的系统实现

在费用报销系统中，员工提单时根据实际情况选择的项目提单报账人和项目，是后续实现项目审批、项目预算控制、项目核算的基础。员工提单后，系统会根据审批流、项目预算管控、项目辅助核算等配置实现企业按照项目维度进行审批、预算控制、核算的管理需求。

为了实现以上功能，配置人员需要完成项目信息、审批流程、预算维度、辅助核算的配置，具体配置步骤如下：

（1）项目信息。如果企业项目费用管理要求较高，也可以设置独立的项目费用管理系统，比如科研经费管理系统。科研经费管理系统采用项目资金全生命周期管理思路，即实现从预算、收入、执行、核算到决算的全流程管理。科研经费管理系统能够嵌入项目预算合理精细、项目额度自动控制、报销单据自动生成核算凭证、专家咨询劳务计税自动化、项目收支自动统计，实时生成各类预算执行和决算报表等系统功能帮助企业规范流程和管理，是实现项目资金的事前、事中控制、建立全员参与资金管理以及财务信息自主

数字化时代的全员体验——费用报销系统

查询的统一管理平台。如图 9－9 所示。

**图 9－9　维护项目信息**

（2）项目审批。系统可根据企业管理需求，在流程模板中通过流程设计实现项目审批，具体包括项目审批节点、审批人的设置。如图 9－10 所示。

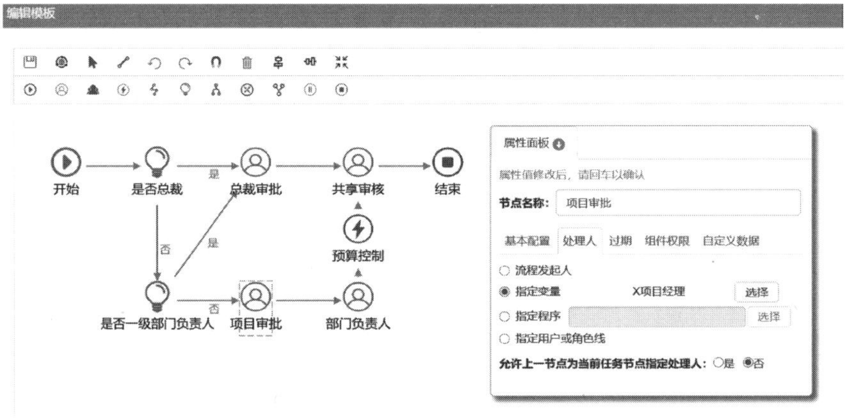


**图 9－10　配置项目审批节点**

（3）项目预算。添加“项目”预算维度，预算控制时以项目为维度进行管控。如图 9－11 所示。

**图 9－11　建立项目预算额度**

(4) 项目核算。在系统中添加“项目”辅助核算维度，生成会计凭证时系统自动带出项目作为辅助核算项。如图 9－12 所示。

**图 9－12　建立辅助核算维度**

## 9.3　合同关联

### 9.3.1　合同关联控制

合同关联控制可以实现合同执行进度的实时管控、合同收付款进度的可视化，降低合同执行风险、提高合同执行效率、保证企业资金安全、确保合同核算准确。

合同关联，是企业通过合同结算系统，对合同从登记到关闭的全过程实施的全周期管控。企业进行合同登记时，系统会自动提取合同关键条款及字段，将合同信息电子化并存储在系统中。员工可以进行合同录入、收付款计划、合同执行等信息的查询。在录入阶段，可选择手工录入或系统同步方式；

在收付款阶段，能够在合同系统中查看付款计划的当前执行情况，并发起合同相关的预付款、结算款、质保金等付款业务；在合同执行阶段，能够查询相关往来款的余额、收票开票情况，并获取所有金额的明细。管理全程透明化，系统配置人性化，切实提高员工合同结算的满意度。如图 9－13 所示。

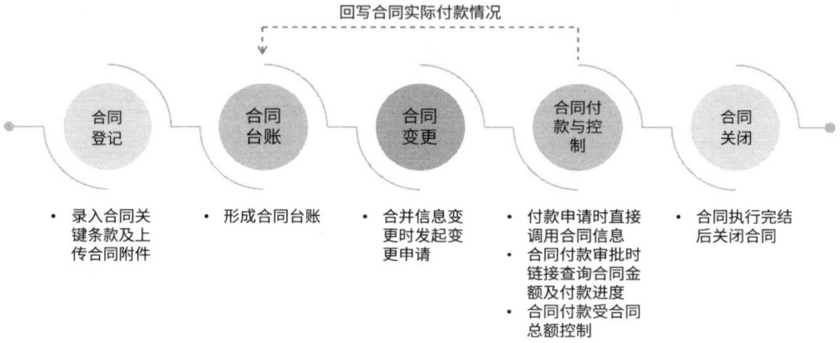


**图 9－13　基于财务管理用途的合同全生命周期管理**

数字化时代的全员体验——费用报销系统

### 9.3.2　合同关联控制的系统实现

合同管理人员可以在合同结算系统录入合同信息及其收付款计划。进行费用报销时，在费用报销提单页面关联已录入的合同信息，并按照合同收付款计划进行支付、挂账等处理，实现合同收支管控与核算入账的全过程自动管控。如图 9－14 所示。

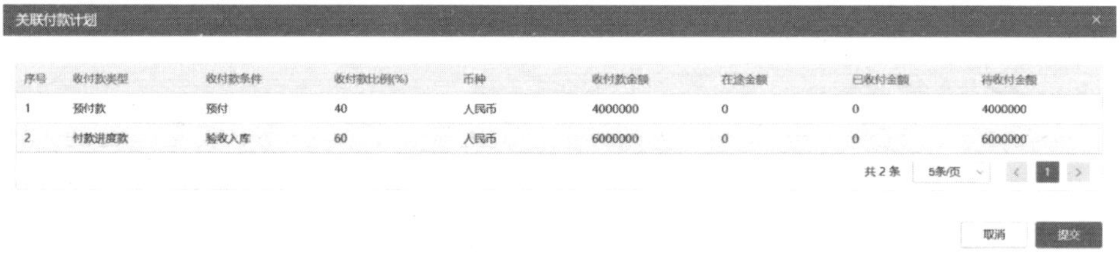


**图 9－14　合同付款进度**

## 9.4　核销管控

### 9.4.1　核销的概念和原则

核销，即员工因公出差或因业务需要代垫付款时，可向公司申请借款或预付款，获取发票等票据后进行报销的过程。为加强公司内部管理，企业会根据实际状况制定核销相关的管理制度，从而规范员工借款行为、合理管控费用支出。

（1）预付款核销。预付款是指单位按照购货合同，预先支付给供应单位的定金或部分货款。在按合同付出时应该做如下会计处理：借：预付账款，贷：银行存款；当企业收到所购物品或服务，应在验收后按发票核销预付账款：借：固定资产——应交税金——应交增值税（进项税额）；贷：预付账款。员工提单支付预付款后，资金直接转入供应商账户。企业按付出的预付账款检查对方应该按合同给付多少原材料或收到多少相应的发票，从而保证资金安全。如果对方未发货，就应该有业务员通知对方退回余款。而如果对方发货超过了预付账款的金额，就应该补给不足金额。

（2）借款核销。企业中发生员工差旅等需要借支款项的经济业务时，员工按照企业制度向财务提出借支申请，经审批后财务借出款项。

业务结束后，员工按照实际发生费用，根据公司制度填写报销单据并附上相应发票等票据，经审批后财务进行销账。借：销售费用，贷：其他应收款，完成核销。

## 9.4.2 核销管控的系统实现

系统支持通过设置不同的核销规则实现核销管控，例如企业可根据不同的费用事件或报销单类型进行报销规则的自定义维护，颗粒度可细分至公司、城市、部门、成本中心、级别、项目等；企业也可以根据不同的费用类型设置不同的管控力度，区分强管控与弱管控。

企业通过系统进行核销管控规则的设置，可以对借款进行三方面的管控：

（1）强制核销。员工在提单报销时，若该费用类型之前存在未还借款，则要求员工必须先核销借款，否则无法提交该费用类型的报销单据。如图9-15所示。

（2）超期核销。超期核销是在强制核销的基础上增加宽限期限，若超过借款宽限期限，则系统执行强制核销规则。

（3）不允许多笔借款。员工借款时若存在前期未核销借款，则无法借款，也称“前款不清后款不借”。如图9-16所示。

图 9－15　强制核销提示页面

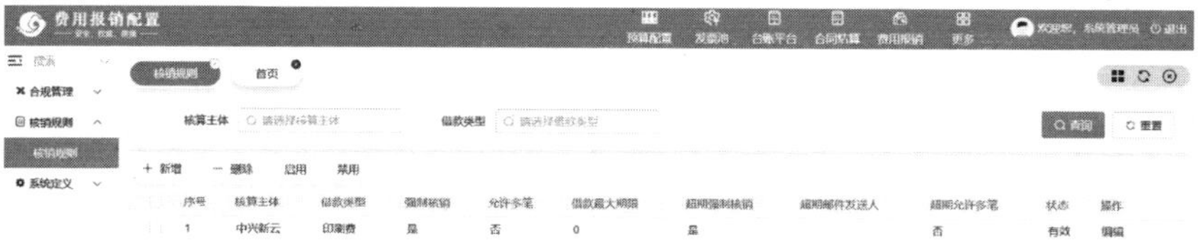

图 9－16　核销规则配置页面



# 9.5　合规管控

## 9.5.1　合规管控的含义

费用域的合规管控，指为了确保员工费用报销事项符合公司内部管理规定和有关部门相关法律法规的要求，企业需要一套完善的财务审核控制点在财务审核环节把控费用报销的合规性，从而规避风险。合规管控的内容主要包括对单据合规和发票合规的管控，管控点包括单据或发票中的敏感字段、发票的开票时间等。企业出现合规问题，会导致被法律制裁、被采取监管措施、遭受财产损失或声誉损失等风险。而做好报销过程中的合规检查和管控，可以帮助企业应对外部监查、防范资金风险、建立风险防控长效机制。

## 9.5.2　合规管控的系统实现

目前系统可通过流程设置、系统规则嵌入等方式对单据或发票的敏感字进行自动识别，同时在审批页面进行合规提示，进行及时预警或阻断，同时确保信息留痕。如图9－17所示。

图9－17　不合规单据禁止提单

为了实现以上功能，配置人员需要完成单据和发票合规敏感字校验配置，具体配置步骤如下：

（1）单据敏感字校验。系统支持内嵌八项规定，在发票采集、提单等环节，系统支持对所有文本区域进行监控、识别。若报销单据中存在违反中央八项规定的报销事项，如贺年卡、烟花爆竹、烟酒、门票、花卉、土特产、桑拿，以及21个国家规定的风景名胜区等字段，则禁止提交单据，可以根据企业管理需要新增、修改或者删除相关合规校验规则。如图9－18所示。

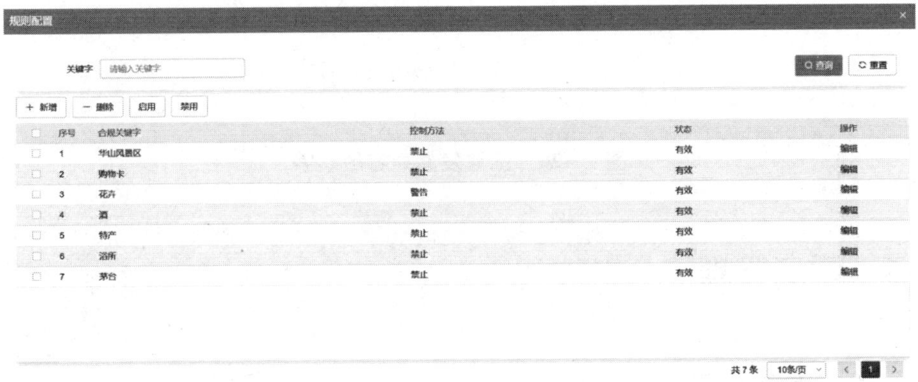


图9－18　配置单据合规字段

数字化时代的全员体验——费用报销系统

系统也可以内嵌差旅标准、招待费标准、会议费标准等企业内控管理要求的规则（具体内容详见第7章费用标准）。

（2）发票敏感字校验。通过校验销售方信息判断购买产品或服务是否违规（如开票单位名称出现健身、会所、洗浴中心等敏感关键词，则系统进行禁止/警告），如图9－19所示。

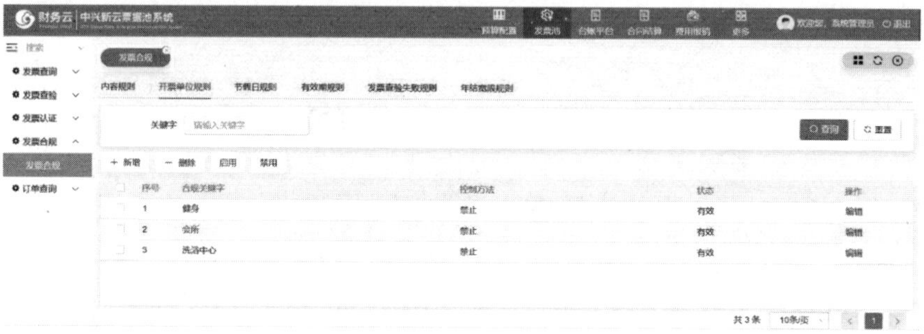


**图9－19　配置开票单位敏感字**

通过开票内容校验是否存在违规项目（如出现烟酒、购物卡、土特产等敏感关键词，则系统进行禁止/警告），如图9－20所示。

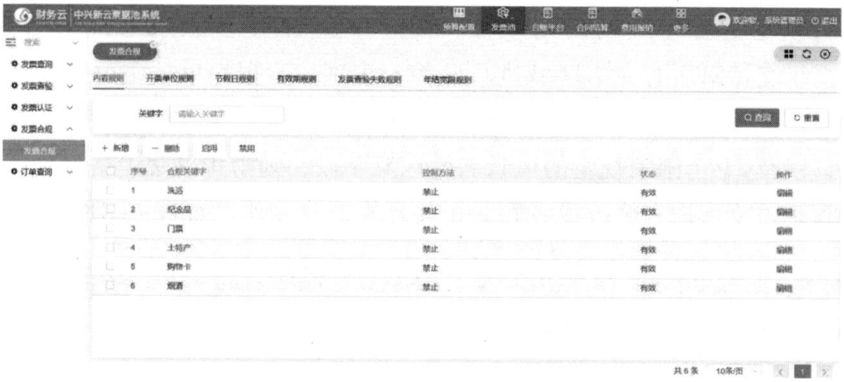


**图9－20　配置发票内容敏感字**

## 9.6　额度管理

### 9.6.1　额度管理的含义

报销额度管理，其本质是对费用进行预算控制。企业不仅可以对不同部门制定不同的预算指标，也可以对不同级别的员工设置不同的报销额度，以保证对预算控制的严格遵从。报销额度可以从成本中心、部门、项目、核算主体、员工等多个维度进行管理。

以员工维度管理为例，通常情况下，部门员工只要不超过部门限额，就能连续报销，但可能造成部门预算的浪费和对其他员工报销额度的占用。中兴新云通过费用报销系统，进行报销额度的管理，自定义员工个人费用报销的模板，在占用部门预算的同时占用个人预算，保证员工实现自身正常报销的同时，不多占用部门的预算额度。企业可以利用数字化、智能化的财务管控模式，实现对费用报销的精确管理，降低企业成本。

## 9.6.2　额度管理的系统实现

额度管理主要在预算控制系统中实现。通过定义预算控制模板，可进行成本中心、部门、项目、核算主体、员工等多个维度的额度管理。图 9－21 为按照部门进行预算导入。

图 9－21　按照部门进行预算导入

为了实现上述功能，配置人员需要在预算控制系统中完成以下配置步骤：

（1）创建预算控制规则。如图 9－22 所示。

数字化时代的全员体验——费用报销系统

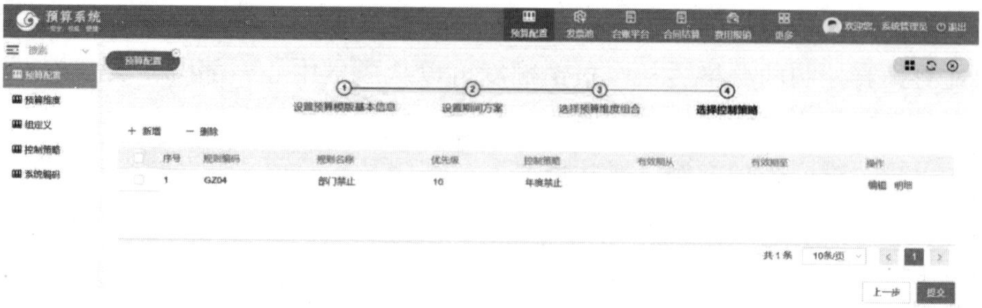


**图 9－22　预算控制规则配置页面**

（2）配置具体规则明细。如图 9－23 所示。

**图 9－23　预算控制模板配置界面**

## 9.7　时限管理

### 9.7.1　时限管理的含义

企业对于费用报销设置时限，一方面是内部管控的需要，包括费用的及时报销、发票的及时进账、减少企业挂账，从而使成本费用的核算更加及时准确，报表更加真实可靠；另一方面是发票有效期管理的需要，国家税务总局规定，增值税一般纳税人开具的增值税专用发票，应自开具之日起 360 日内认证或者登录增值税发票选择确认平台进行确认，超出时限的发票不予抵扣。

企业对发票的严格管理，其目的在于准确地进行进项税额的抵扣，并进行企业所得税的汇算清缴，从而保证公司的正常经营。费用报销系统能够根据预先设置的天数，督促员工及时报销，从而加强对发票的合规管控。

## 9.7.2　时限管理的系统实现

报销时限管理主要是通过对发票报销的有效期进行管控。票联系统通过 OCR 技术提取发票的开票时间。如果员工报销时间点超过有效期，系统可进行警告或禁止等操作。

为了实现上述功能，配置人员需要在费用报销配置模块进行发票合规的有效期规则配置，针对不同发票类型配置有效期、年结宽限日期、控制方法等。如图 9－24 所示。

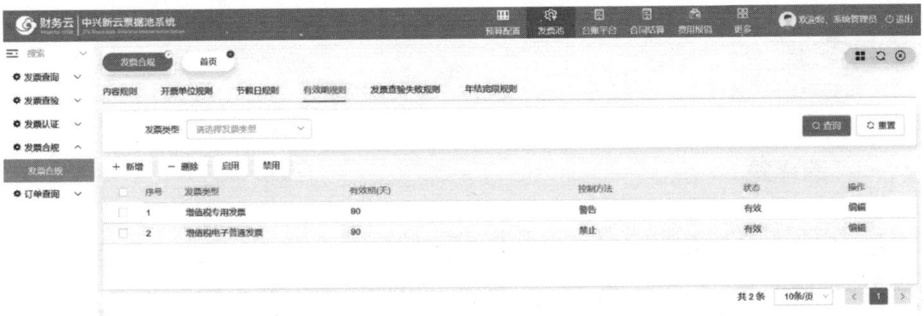


**图 9－24　发票有效期规则配置页面**

## 本章小结

费用报销需要企业进行全过程的控制，本章主要介绍费用报销的过程管控方式，包括预算管控、项目管理、合同关联、核销管控、合规管控、额度管理、时限管理七个方面。

预算控制是预算的事中控制，是一种协调、限制差异的行动，包括预算控制的节点、控制期间、控制策略；项目管理是按照项目维度进行费用报销事项的领导审批、预算控制和核算入账的管理，从而达到在项目实施过程中有效管控员工费用支出的目的；合同关联是合同管理的功能之一，可以实现合同执行进度的实时管控，合同收付款进度的可视化，降低合同执行风险、提高合同执行效率、保证企业资金安全、确保合同核算准确；核销管控是企业制定借款和预付款的核销规则；合规管控主要包括对单据合规和发票合规的管控，管控点包括单据或发票中的敏感字段、发票的开票时间等。额度管理是指企业对不同部门制定不同的预算指标，或针对不同级别的员工设置不同的报销额度，以保证对预算控制的严格遵从。时限管理是指企业对于费用报销设置时限，从而准确地进行进项税额的抵扣，并进行企业所得税的汇算清缴，保证公司的正常经营。

### 本章关键词

预算管控　项目管理　合同关联　核销管控　合规管控　额度管理　时限管理

## 本章练习题

### 一、选择题

1. 在预算控制矩阵中，实行预算控制的方式有（　　）。

A. 总额控制　　B. 单项控制

C. 组合控制　　D. 科目控制

2. 下列选项中，哪些属于费用过程控制的内容（　　）。

A. 合同关联　　B. 额度管理

C. 核销管控　　D. 审批流控制

3. 下列选项中，哪些属于预算控制系统中的控制策略（　　）。

A. 禁止　　B. 警告

C. 提示　　D. 允许

4. 下列选项中，不属于系统对借款核销的管控方式的有（　　）。

A. 强制核销　　B. 超期核销

C. 不允许多笔借款　　D. 预付款核销

5. 做好报销过程中的合规检查和管控，可以帮助企业（　　）。

A. 杜绝报销舞弊　　B. 应对外部监查

C. 防范资金风险　　D. 建立风险防控长效机制

## 二、判断题

1. 预算控制可能发生在企业经济业务发生到预算执行报表发布过程中的任何节点。（　　）

2. 企业预算的控制口径为权责发生制。（　　）

3. “员工在提单报销时，若该费用类型之前存在未还借款，则要求员工必须先核销借款，否则无法提交该费用类型的报销单据”，这一规定主要体现的是核销管控中的“不允许多笔借款”。（　　）

4. 当系统检测到预算使用超标时，采取警告方式后，仍可能进行原有审批流程。（　　）

5. 企业使用合同结算系统，可以在合同执行阶段，能够查询相关往来款的余额，开票情况，获取金额明细。（　　）

## 三、思考题

1. 企业通过在系统中完成哪些配置，可以实现预算控制？
2. 合同管理控制的全生命周期包含哪些方面？
3. 核销管控的方式有哪些？
4. 合规管控的主要控制手段包括哪些？

# 第 10 章　财务审核的控制点

## 本章学习目标

本章首先介绍了财务审核控制点的各个方面，并详细从报销规范性、票据合理性两个维度分析了各类费用的主要控制点，其次阐述了企业如何通过智能审核或人工审核实现费用控制，最后介绍了常见的费用报销舞弊类型及控制措施。

通过本章的学习，应掌握：

◇　不同费用涉及的报销规范性、票据合理性规定

◇　财务审核控制点的系统配置

◇　智能审核与人工审核的业务流程

## 本章知识结构图（见图 10－1）

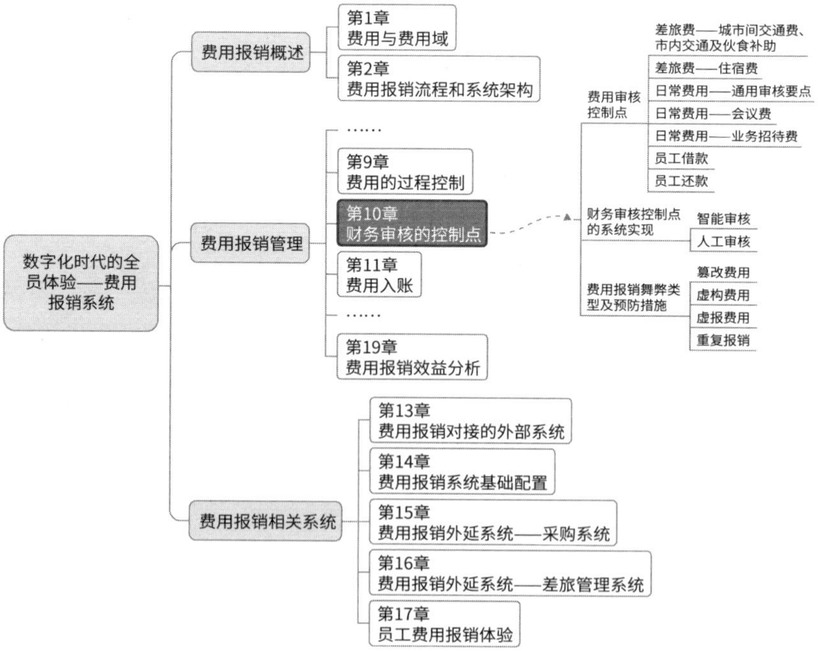


图 10－1　第 10 章框架导图

# 10.1　费用审核控制点

财务审核是企业内部控制的重要组成部分，具体是指企业的财务人员对业务人员提交的报账信息进行核对。

财务审核控制点可以分为报销规范性、票据合规性、付款合规性、金额合理性、合同合规性、流程规范性和凭证规范性七个方面。报销规范性是指单据填写完整、信息正确且符合企业报销制度；票据合规性是指报账人提交的票据应该符合真实有效、发票抬头正确等要求；付款合规性是指付款账户、付款金额等信息必须保持正确；金额合理性是指报账人提单的每笔费用金额都应当符合制度规定；合同合规性是指合同内容及重要信息应当真实有效，符合法律和企业相关制度的规定；流程规范性是指流程设置应当符合企业内部控制的要求，审批流中的各个节点应由不同的人员负责，即不相容职务应当分离；凭证规范性是指根据业务生成的会计凭证应当符合业务的真实情况，并且记录完整的信息；附件完整性是指员工提交的、与报账单匹配的附件数量应当是完整的。如图 10－2 所示。

**图 10－2　财务审核控制点**

不同企业对于财务控制点的要求有不同侧重，本书以不同类型的费用为例，主要从报销规范性和票据合规性两个角度列举了一些企业常见费用类型的财务控制点，以供参考。

## 10.1.1　差旅费——城市间交通费、市内交通及伙食补助

（1）报销规范性。

➢ 时间、地点、交通工具类型、金额等是否填列完整并与原始票据保持一致；

➢ 出差天数是否填列正确，补助金额填列是否正确；

➢ 乘坐交通工具等级不得超过员工职级对应的标准，否则予以核减金额；

➢ 是否填写备注信息，可能需要根据备注信息重新计算确认稽核金额。

（2）票据合规性。

➢ 报销发票必须真实合法，并加盖国家统一格式的发票专用章，住宿发票应为增值税专用发票，确实无法取得增值税专用发票的，说明原因可以报销增值税普通发票；

➢ 票据信息是否存在逻辑错误；

➢ 市内交通费票据仅指机场大巴、机场地铁等合理合规的交通票据，不包括出租车票据；

➢ 发票单据需整齐靠左下方平铺粘贴在单据粘贴单上，票据须完整无损，内容填列齐全，金额、数量需填写准确无误，不得涂改。



## 10.1.2 差旅费——住宿费

（1）报销规范性。

➢ 住宿费发生时间和地点与出差情况应吻合；

➢ 关注是否涉及外出参加会议、学习培训，按照相关规定判断是否可以报销超标住宿费；如企业员工外出参加会议、培训等，交纳了会议费、会务费、培训费的，或者由于主办方统一安排住宿导致住宿费超标准的，报销时需提交会议、培训通知作为附件；会议、培训通知涉密的，需注明文件号及会议费、培训费、住宿费相关的内容情况；

➢ 超过员工职级对应的住宿费费用上限，并且非会议培训类可进行特别审批的情况，超支部分予以核减，不予报销。

（2）票据合规性。

➢ 报销的住宿费票据必须是合法的、真实的，票据须完整无损，发票抬头及税号必须准确无误，应有开票时间、住宿金额、开票单位签章，内容填列齐全，不得涂改，否则不予报销；

➢ 发票开具日期是否在出差期间，特殊情况下需填写合理的备注信息，稽核人员酌情判断；

➢ 住宿明细应包含入住人姓名、抵店及离店时间、金额（若明细中显示有餐费金额，应予以扣除）。

## 10.1.3 日常费用——通用审核要点

通用审核要点是指除城市间交通费、市内交通及伙食补助、住宿费等费用之外的其他费用类型的审核要点。

（1）报销规范性。

➢ 基本信息填写完整、符合要求：摘要根据实际发生的事项进行说明；业务类型必须据实选择正确的业务大类及业务小类，选择错误的话驳回；费用明细要写明费用性质、金额、税率、税额等信息；

➢ 报账单信息与附件所载一致，包括业务类型、摘要、金额、附件张数等；

➢ 金额符合报销规定，是否在报销标准内，如不符，需修改稽核金额；

➢ 涉及付款的须关注付款方式选择是否合理，审核会计有修改付款方式的权限。

（2）票据合规性。

➢ 增值税专用发票：抬头信息必须填写完整，包括公司名称、纳税人识别号或统一社会信用代码、地址、电话、开户行，发票一式两联，包括发票联及抵扣联，且专用发票不得超过抵扣期；

➢ 增值税普通发票：抬头信息包括公司名称、纳税人识别号或统一社会信用代码、地址、电话、开户行；

➢ 盖章及金额：报销发票必须是税务部门开具的正式发票，同时加盖发票专用章，大小写金额相符，如发现原始发票金额有误时，应及时重开。发票盖章不规范、盖章位置不对、盖章模糊、未加盖“发票专用章”、发票打印出格等问题发票不予报销；

➢ 票据需完整无损、内容填列齐全、不得涂改、否则不予报销；

➢ 票据丢失时应持对方单位留存的发票第三联的复印件并加盖发票专用章，同时附发票丢失的情况说明并经相关领导审批后方可报销。

## 10.1.4 日常费用——会议费

（1）报销规范性。

➢ 重点关注通用审核要点；

➢ 关注费用预算是否经过相关领导审批、各项费用是否超出预算、各项费用之间不得调剂使用预算；

➢ 关注会议费开支范围和开支标准是否符合规定；

➢ 关注会议会期、规模、会议地点是否符合规定；

➢ 关注是否存在在会议费中列支公务接待费问题；

➢ 关注是否存在使用会议费购置电脑、复印机、打印机、传真机等固定资产以及开支与本次会议无关的其他费用的情况；

➢ 关注是否存在组织会议代表旅游和与会议无关的参观的情况；

➢ 关注是否存在组织高消费娱乐、健身活动的情况；

➢ 关注是否存在发放纪念品的情况；

➢ 会议代表参加会议发生的城市间交通费，按照差旅费管理办法的规定回单位报销。

（2）票据合规性。重点关注通用审核要点。

### 10.1.5 日常费用——业务招待费

（1）报销规范性。

➢ 申请日期应早于接待日期；

➢ 接待日期应与水单日期一致；

➢ 招待地点应和发票、水单一致，禁止在景区、私人会所、KTV、健身房、高尔夫球场、娱乐场所招待；

➢ 应标注招待类型；

➢ 来访单位如果是内部单位（总部各单位、分公司、全资子公司、控股子公司），只能按接待单位员工工作午餐标准，在食堂招待；

➢ 陪同人数应符合规定标准；

➢ 用餐标准应符合规定标准；

➢ 赠送纪念品应符合规定标准，不允许赠送购物卡、消费卡、商业预付卡等有价证券、支付凭证、贵重物品，如赠送给个人，应提供身份证号、收入、税额等信息，以便代扣代缴个人所得税；

➢ 预计金额应大于或等于发票及水单金额；

➢ 不同团组的多次来访禁止提请一次审批。

（2）票据合规性。

➢ 发票审核：发票信息应齐全、准确；发票开具日期应在接待日期当天，如发票开具日期晚于接待日期，应由经办人提供说明并签字；发票金额应与水单一致；

➢ 水单审核：不允许提供香烟，鱼翅、燕窝、野生保护动物制作的菜肴，以及茅台、五粮液等高档酒水；不允许有专场文艺演出、高尔夫球等娱乐活动。

### 10.1.6　员工借款

（1）报销规范性。

➢ 员工借款需填写清楚借款用途、借款金额等信息；

➢ 不同类型的借款需要根据表单填写完整的明细信息；

➢ 借款需要经过相关领导审批；

➢ 员工有未清借款，不允许再次提交借款申请，如有特殊情况，需提交经过相关领导审批的情况说明。

### 10.1.7　员工还款

（1）报销规范性。

➢ 如果是费用报销核销借款，核销的对应原借款单的相关信息（借款用途、借款类型等）需要与费用报销单相关信息相匹配，包括合同、发票相关基本信息；

➢ 如果是员工归还多余借款，提交的还款申请单中未核销借款金额与已核销借款金额加总需要与该笔借款总金额一致；

➢ 关注实际收到金额与填写金额是否相符；实际收款方式是否与报账单填写一致。

## 10.2　财务审核控制点的系统实现

### 10.2.1　智能审核

在传统的人工审核过程中，所有的审核任务是由不同的审核人员完成的，而不同的审核人员对审核尺度的把握不完全一致，导致企业内部审核标准不统一；同时人工审核错误率较高，影响审核效率。而智能审核的应用能够在一定程度上代替人工审核，智能审核在统一审核规则的同时提高了审核效率，辅助人工审核的进行。

智能审核，即通过智能识别技术获取结构化数据后，根据系统预设的审核规则进行全方位智能审核，以智能审核辅助业务领导、审核会计完成单据审核，并在审核结束后，将审核结果同步至共享运营系统中，根据会计引擎自动生成会计凭证，实现从报账申请到支付、记账的全流程智能处理。

整体来说，智能审核流程分为两步。一是通过报账系统接口、智能采集系统接口、税局接口、智能审核系统预设等信息渠道获取单据数据、影像数据、外来电子数据、管控数据等，形成数据库。二是系统根据规则引擎中内置的审核规则（即上述的通用规则、类型规则和特殊规则）对相应数据进行智能审核，得出审核通过或审核异常的智能判断结果。对于少部分的异常数据，可以通过人工方式进行进一步的补充审核。如图 10－3 所示。

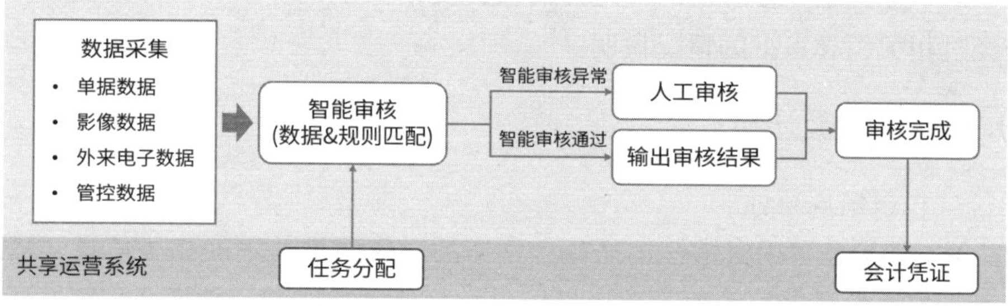


图 10－3　智能化财务审核流程

具体来说，业务流程的第一步是进行结构化数据采集。在数据采集环节，系统主要采集三类结构化数据：单据数据、影像数据及外来电子数据。其中，影像数据通过电子影像系统的采集模块获取。除此之外，还有一类管控数据参与智能审核系统的校验，通过系统后台预先配置数据进行管控。

第二步是在对应规则库下的智能化财务审核，主要包括三个子步骤：

➢ 共享运营系统生成待财务审核任务，并按照分配规则进行任务分配，分配完成的单据同步至智能审核模块。

➢ 智能审核依据明确的审核规则，进行数据与规则的校验，完成智能审核。

➢ 对于审核异常及无法判定特殊情况，系统会自动提示，此时由审核人员对异常单据进行人工复核。

第三步，如果单据通过智能审核系统校验，共享运营系统将根据报账单据的业务类型自动生成会计凭证信息，推送至会计核算系统完成账务的处理。

**规则引擎**

在系统中对报账单据进行初始化、提交、撤回、审批等操作时，都需遵循一定的规则，如单据提交前对其进行岗位、部门等字段校验，提交后将单据信息写入台账等，这些规则的调用需要触发规则引擎。以提交动作为例：报账中提交方法启动流程代码前，调用报账单对应的提交前规则引擎方法（校验）；在启动流程代码后，调用报账单对应的提交后规则引擎方法。

规则引擎实现了业务规则与业务逻辑的分离，实现了业务规则的集中管理，不需要修改代码、发包等，即可实现动态修改规则，快速响应需求变更，使业务人员也可以参与规则维护，同时规则引擎有决策表、决策树、决策流、评分卡等多种配置规则的方式，使用人员可以根据自身的业务场景选择合适的方式，从而简化和可视化业务规则的配置。

## 10.2.2　人工审核

企业若没有使用智能审核功能模块，则可以将财务审核的控制点内嵌在共享运营系统中，由共享运营系统对部分审核点进行自动审核，共享运营系统无法审核的控制点，由人工进行审核，即采用半自动半人工的审核模式。财务审核人员在进行人工审核时，系统会显示该单据的审核要点，审核人员可以参照该报销业务类型对应的审核要点进行审核。如图 10－4 所示。

**图 10－4　人工审核系统界面**

不同费用的控制点是各不相同的，例如系统可以控制差旅费的交通工具类型、住宿金额、补贴标准；控制会议举办的费用上限、会议级别、城市级别；控制招待费用的类型、招待方式、招待标准、陪同人员标准。

为了实现以上功能，配置人员需要完成不同控制点在系统中的配置，具体配置步骤如下：

在系统配置时，一般情况下的财务审核控制点需要根据业务类型进行分类配置。在基础数据平台选择业务类型，并配置该业务类型的审核要点。如图 10－5 所示。

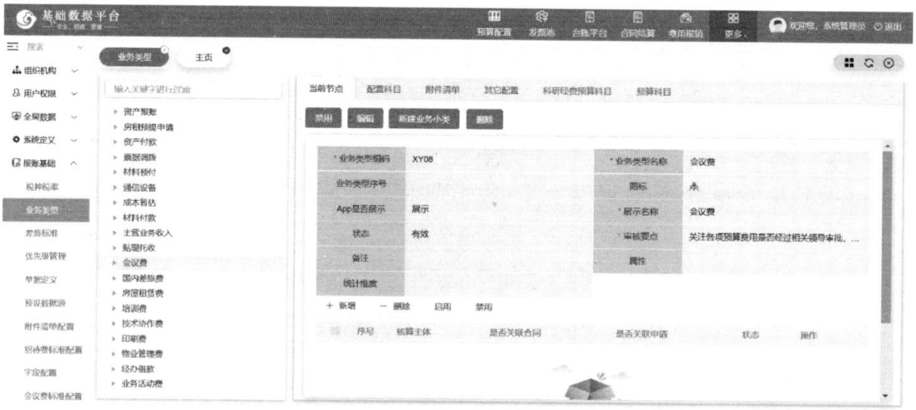


图 10－5　业务类型审核要点系统配置页面

针对差旅费、会议费、业务招待费的具体管控需要在基础数据平台单独配置（具体内容详见第 7 章费用标准）。如图 10－6 所示。

图 10－6　差旅费标准配置页面

## 10.3　费用报销舞弊类型及预防措施[①]

费用报销舞弊普遍存在于内控管理不规范的企业中。根据《ACFE 2020年全球舞弊调查报告》显示，常见的费用报销舞弊有四种类型，包括篡改费用、虚构费用、虚报费用及重复报销。

### 10.3.1　篡改费用

篡改费用主要包含三种方式或场景：一是支票篡改，例如篡改收款人信息等；二是将个人旅行费用列为差旅费用；三是报销与朋友、家人一起吃饭等费用。使用篡改费用的方法进行费用报销舞弊的通常是高层雇员或官员，此类报销舞弊的特点是缺乏详细的费用支出单据。

关于篡改费用进行费用舞弊，可以通过以下四个方面的措施进行防范：一是建立并实施有效的内控管理制度；二是要求报销人员提供详细的费用报销原件；三是定期对所有差旅和娱乐费用进行直接监督和审查；四是制定明确的费用报销制度，明确规定哪些费用可以报销，哪些费用不能报销。

### 10.3.2　虚构费用

虚构费用主要包含三种方式：一是制作虚假发票、收据；二是从供应商处获取空白收据；三是报销他人费用。

关于虚构费用进行费用报销舞弊，可以通过关注相关信息进行防范，例如重点关注大金额现金支付项目；关注持续被四舍五入的费用，特别是以“0”或“5”结尾的费用；关注报销相同金额的费用；关注始终低于或刚好低于报销限额的报销请求；关注看上去不专业或缺少供应商信息的收据。

### 10.3.3　虚报费用

虚报费用主要包含五种方式，一是发票舞弊，例如申请为不存在的采购付款；二是工资单舞弊，例如行政负责招聘、薪资核算、公章管理和代办工资卡时进行舞弊；三是登记支付舞弊，例如出纳身兼多职；四是过度采购；五是虚报其他员工的费用。

---

① ACFE. 2020年全球舞弊调查报告［R］. 美国：ACFE，2020。

防范以虚报费用方式进行的报销舞弊，可以从以下五个方面开展：一是要求报销员工提供所有费用报销的原始单据；二是如果员工提交了单据复印件，财务人员需要独立核实费用；三是要求员工报销航空和铁路旅行的费用时，必须提供原始票根；四是比较同类员工的开支报告，查找差异；五是定期抽查与客户相关的费用报告。

### 10.3.4 重复报销

重复报销主要是指多次提交相同的费用进行报销或者向不同的预算提交相同的费用报销申请。

防范以重复报销方式进行的报销舞弊，可以通过以下五个方面开展：一是实行禁止提交、禁止接收复印件的政策；二是明确可接收的支持报销附件类型；三是仔细审查由非申请人直接主管批准的费用报告；四是要求员工提交的报销申请先通过直接主管的审批；五是制定相关制度，规定员工发生的费用必须在规定时限内报销，过期不予报销。



## 本章小结

单据的财务审核主要对报销规范性、票据合规性、付款合规性、金额合理性、合同合规性、流程规范性进行审核，不同单据类型和业务类型审核要点不同。本章主要阐述差旅费用的交通费、住宿费和补助的审核要点，日常费用通用审核要点，会议费和招待的审核要点，员工借还款的审核要点。

本章关键词

财务审核　报销规范性　票据合规性　付款合规性　金额合理性　合同合规性　流程规范性　凭证规范性　智能审核

## 本章练习题

### 一、选择题

1. 下列选项中，属于差旅费中票据合规性要求的是（　　）。

A. 出差天数是否填列正确，补助金额填列是否正确

B. 报销发票必须真实合法，加盖国家统一格式的发票专用章，住宿发票应为增值税专用发票，确实无法取得增值税专用发票的，说明原因可以报销增值税普通发票

C. 是否填写备注信息，可能需要根据备注信息重新计算确认稽核金额

D. 发票单据需整齐靠左下方平铺粘贴在单据粘贴单上，票据须完整无损，内容填列齐全，金额．数量需填写准确无误，不得涂改，否则不予报销

2. 下列属于在日常费用报销财务审核控制点中“报销规范性”的是（　　）。

A. 按照审核要求，提供全面附件资料

B. 报账单信息与附件所载一致，包括业务类型、摘要、金额、附件张数等

C. 金额符合报账规定，是否在报销标准内，如不符，需修改稽核金额

D. 票据需完整无损，内容填列齐全，不得涂改，否则不予报销

3. 下列属于在日常费用业务招待费控制点中“报销规范性”的是（　　）。

A. 陪同人数应符合规定标准　　B. 应标注招待类型

C. 用餐标准应符合规定　　D. 预计金额不应小于实际发生金额

4. 下列有关员工借还款报销规范性说法正确的有（　　）。

A. 借款时员工借款需填写清楚借款用途、借款金额等信息

B. 借款时员工有未清借款，不允许再次提交借款申请，如有特殊情况，需提交经过相关领导审批的情况说明

C. 还款时如果是费用报销核销借款，核销的对应原借款单的相关信息（借款用途、借款类型等）需要与费用报销单相关信息相匹配，包括合同、发票相关基本信息

D. 还款时关注实际收到金额与填写金额是否相符；实际收款方式是否与报账单填写一致

5. 下列选项中，属于费用报销舞弊中虚构费用的有（　　）。

A. 制作虚假发票、收据　　B. 从供应商处获取空白收据

C. 申请不存在的采购付款　　D. 篡改收款人信息

## 二、判断题

1. 在进行业务招待费报销时应注意“申请日期早于接待日期”，这属于财务审核控制点中的“票据合规性”。（　）

2. 报销发票必须真实合法，加盖国家统一格式的发票专用章。一般情况下，住宿发票应为增值税专用发票。（　）

3. 日常费用审核时，需审查金额是否符合报账规定，以及是否在报销标准内。如不符合，则直接退回不再重新稽核。（　）

4. 审核差旅费中住宿费，“住宿费发生时间和地点与出差情况应逻辑吻合”符合“票据合规性”的要求。（　）

5. 采取关注持续被四舍五入的特别是以“0”或“5”结尾的费用可有效查处虚构费用。（　）

## 三、思考题

1. 财务审核有哪些审核要点？

2. 不同类型费用报销舞弊对应的预防措施分别是什么？

# 第 11 章　费用入账

## 本章学习目标

本章首先介绍了核算体系的四个方面，包括会计科目、辅助核算、会计结构和账套；其次阐述了会计凭证的基础知识；最后介绍了不同费用的账务处理以及如何通过系统配置实现费用入账。

通过本章的学习，应掌握：

◇　核算体系的概念及系统配置

◇　会计凭证的基础知识

◇　不同费用的账务处理流程

◇　费用入账的系统实现方式

## 本章知识结构图（见图 11 -1）

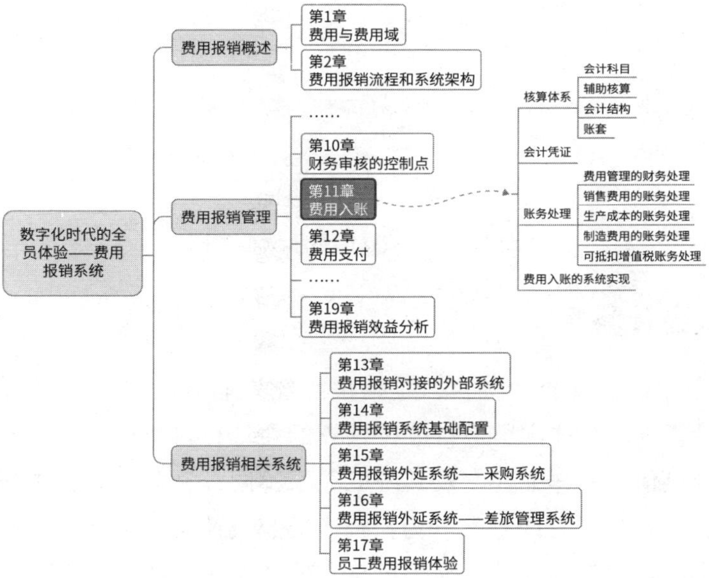


**图 11 -1　第 11 章框架导图**

## 11.1 核算体系

会计核算方法是对会计对象的经济业务进行完整、连续、系统的记录和计算，为经营管理提供必要信息所采用的方法，一般包括设置会计科目、复式记账、填制和审核凭证、登记账簿、成本计算、财产清查、编制会计报表七个方面。这七个方面相互联系、密切配合，构成了一个完整的方法体系。

在业务中，一个完整的核算流程包括以下环节：当经济业务发生后，经办人员填制或取得相关凭证，财务人员并据以登记账簿，对于生产经营过程中的各项费用进行成本计算，对于账簿中的各种记录进行财产清查核实，并最终在账实相符的基础上，定期编制会计报表。

在系统中，核算体系的配置模块包括会计科目、辅助核算、核算主体、成本中心、会计结构、账套六部分内容，员工进行的业务活动将借助事前配置好的规则，自动归集到相关的会计科目及主体上，免去了繁杂的填写手续。具体如图 11－2 所示。

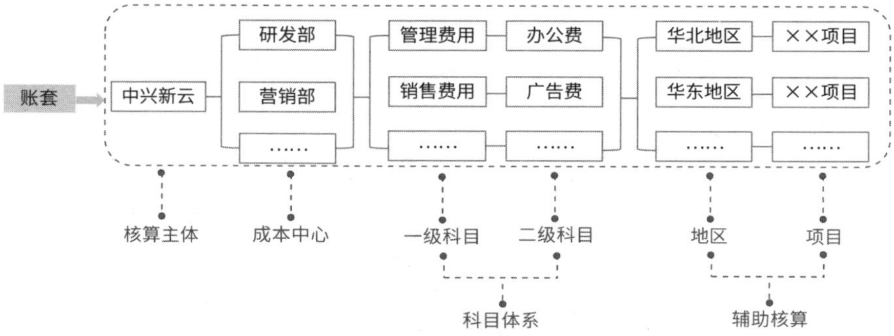


**图 11－2 核算体系示例框架图**

### 11.1.1 会计科目

（1）会计科目。会计科目，是指按照经济业务的内容和经济管理的要求，对会计要素的具体内容进行分类核算的会计科目所构成的集合。会计科目按其所提供信息的详细程度及其统驭关系不同，又分为总分类科目和明细分类科目；按照归属会计要素分为：资产类、负债类、共同类、所有者权益类、成本类、损益类六大类。为了核算方便，企业往往会在一级科目的基础上进行细分，生产成明细科目。如表 11－1 所示。

表11－1　　　　　　　　企业常用会计科目表

| 企业常用会计科目表 | | | | | | | | |
|---|---|---|---|---|---|---|---|---|
| | | 编号 | 一　资产类　借：＋　贷：－ | | | 编号 | 二　负债类　借：－　贷：＋ | |
| | 1 | 1001 | 库存现金 | 货币资产 | 1 | 2001 | 短期借款 | 流动负债 |
| | 2 | 1002 | 银行存款 | | 2 | 2201 | 应付票据 | |
| | 3 | 1012 | 其他货币资金 | | 3 | 2202 | 应付账款 | |
| | 4 | 1101 | 交易性金融资产 | | 4 | 2203 | 预收账款 | |
| | 5 | 1121 | 应收票据 | | 5 | 2211 | 应付职工薪酬 | |
| | 6 | 1122 | 应收账款 | | 6 | 2221 | 应交税费 | |
| | 7 | 1123 | 预付款项 | 债权 | 7 | 2231 | 应付利息 | |
| | 8 | 1131 | 应收股利 | | 8 | 2232 | 应付股利 | |
| | 9 | 1132 | 应收利息 | | 9 | 2241 | 其他应付款 | |
| | 10 | 1221 | 其他应收款 | | 10 | 2501 | 长期借款 | 长期或非流动负债 |
| 流动资产 | 11 | 1231 | 坏账准备 | 备抵科目 | 11 | 2502 | 应付债券 | |
| | 12 | 1401 | 材料采购 | | 12 | 2701 | 长期应付款 | |
| | 13 | 1402 | 在途物资 | | 13 | 2711 | 转向应付款 | |
| | 14 | 1403 | 原材料 | | 14 | 2801 | 预计负债 | |
| | 15 | 1404 | 材料成本差异 | | 15 | 2901 | 递延所得税负债 | |
| | 16 | 1405 | 库存商品 | 存货 | | | | |
| | 17 | 1406 | 发出商品 | | | 编号 | 三　共同类 | |
| | 18 | 1407 | 商品进销差价 | | 1 | 3101 | 衍生工具 | |
| | 19 | 1408 | 委托加工物资 | | 2 | 3201 | 套期工具 | |
| | 20 | 1471 | 存货跌价准备 | | 3 | 3202 | 被套期项目 | |
| | 21 | 1501 | 持有至到期投资 | | | 编号 | 四　所有者权益类　借：－　贷：＋ | |
| | 22 | 1502 | 持有至到期投资减值准备 | | 1 | 4001 | 实收资本 | |
| | 23 | 1503 | 可供出售金融资产 | | 2 | 4002 | 资本公积 | |
| | 24 | 1511 | 长期股权投资 | | 3 | 4101 | 盈余公积 | |
| | 25 | 1512 | 长期股权投资减值准备 | | 4 | 4103 | 本年利润 | |
| | 26 | 1521 | 投资性住房 | | 5 | 4104 | 利润分配 | |
| | 27 | 1531 | 长期应收款 | | | 编号 | 五　成本类　借：＋　贷：－ | |
| | 28 | 1601 | 固定资产 | | 1 | 5001 | 生产成本 | |
| | 29 | 1602 | 累计折旧 | | 2 | 5101 | 制造费用 | |
| | 30 | 1603 | 固定资产减值准备 | | 3 | 5201 | 劳务成本 | |
| 非流动资产 | 31 | 1604 | 在建工程 | | 4 | 5301 | 研发支出 | |
| | 32 | 1605 | 工程物资 | | | 编号 | 六　损益类（影响利润） | |
| | 33 | 1606 | 固定资产清理 | | 1 | 6001 | 主营业务收入 | 收入类　借：－　贷：＋ |
| | 34 | 1701 | 无形资产 | | 2 | 6051 | 其他业务收入 | |
| | 35 | 1702 | 累计摊销 | | 3 | 6101 | 公允价值变动损益 | |
| | 36 | 1703 | 无形资产减值准备 | | 4 | 6111 | 投资收益 | |
| | 37 | 1711 | 商誉 | | 5 | 6301 | 营业外收入（利得） | |
| | 38 | 1801 | 长期待摊费用 | | 6 | 6401 | 主营业务成本 | 费用支出类　借：＋　贷：－ |
| | 39 | 1811 | 递延所得税资产 | | 7 | 6402 | 其他业务成本 | |
| | 40 | 1901 | 待处理财产损溢 | | 8 | 6403 | 营业税金及附加 | |
| 费用 | 营业成本：主营业务成本、其他业务成本<br>期间费用：销售费用、管理费用、财务费用 | | | | 9 | 6601 | 销售费用 | |
| | | | | | 10 | 6602 | 管理费用 | |
| 利润 | 营业利润、利润总额、净利润 | | | | 11 | 6603 | 财务费用 | |
| | 借增贷减是资产，权益和它正相反。<br>成本资产总相同，细细记牢莫弄乱。<br>损益账户要分清，费用收入不一般。<br>收入增加贷方看，减少借方来结转。 | | | | 12 | 6701 | 资产减值损失 | |
| | | | | | 13 | 6711 | 营业外支出（损失） | |
| | | | | | 14 | 6801 | 所得税费用 | |
| | | | | | 15 | 6901 | 以前年度损益调整 | |

注意：本书中所提到的费用主要计入损益类的“管理费用”“销售费用”，以及成本类会计科目。管理部门的相关费用计入“管理费用”，销售部门的相关费用计入“销售费用”，生产部门的相关费用计入“生产成本”“制造费用”等会计科目。

（2）会计科目体系。一个核算单位的科目设置构成了其会计科目体系，不同行业由于各自的业务特性，往往拥有不同的科目体系，比如银行的科目体系中就设置了存放中央银行存款、存放同业等银行专用科目。同理，企业作为营利性组织，与行政或者事业单位科目体系存在明显差异。

(3) 业务类型与会计科目映射。在费用报销系统中，业务类型与会计科目之间并不是一一对应的关系。一个业务类型可以配置多个借方科目和贷方科目。

一个业务类型配置多个借方科目：企业配置差旅费用的会计科目，业务类型—差旅费的借方科目会根据费用产生的部门分为“管理费用——差旅费”“销售费用——差旅费”“生产成本——差旅费”，贷方科目为“银行存款”。

一个业务类型配置多个贷方科目：管理部门的员工报销业务活动费时，选择现金和网银转账两种支付方式，则借方科目为“管理费用”，贷方科目为“库存现金”和“银行存款”。



## 11.1.2 辅助核算

实务中，除了以会计科目进行核算外，企事业单位通常还将在其他维度进行辅助核算，以满足日常管理的需要。辅助核算包括数量核算、外币核算、部门核算、项目核算等。例如，管理费用科目下设二级明细，办公费、差旅费、招待费等。如果企业期望以部门维度核算费用成本，这时可采用辅助核算项——部门。

那么，辅助核算和明细科目有什么区别？辅助核算是明细科目的一个辅助分类，把明细科目不能包含的部门、成本中心、职员、项目、产品等信息展示出来。明细科目是在会计科目下直接下设明细，而辅助核算只要修改会计科目属性即可，不用按照编码规则去增加。例如管理费下有办公费和差旅费，想知道每个部门和员工的具体费用，明细科目就是直接在办公费和差旅费下设三级部门，部门下再设四级员工，也就是说每个费用都需要设置会计科目为管理费用——××费用——××部门——××员工。辅助核算只需要修改办公费和差旅费相关配置，增加核算部门和员工，然后录入部门和员工的资料录入即可。

随着企业规模的扩大，各种业务核算对象越来越多，传统的核算方法已不适应治理的要求。会计信息系统为了加强对各种信息的治理，更好地处理越来越多的核算对象，普遍采用了辅助核算的方法。如图 11－3 所示。

## 11.1.3 会计结构

(1) 核算主体。一般而言，每一个可以独立核算盈亏的组织就是一个核

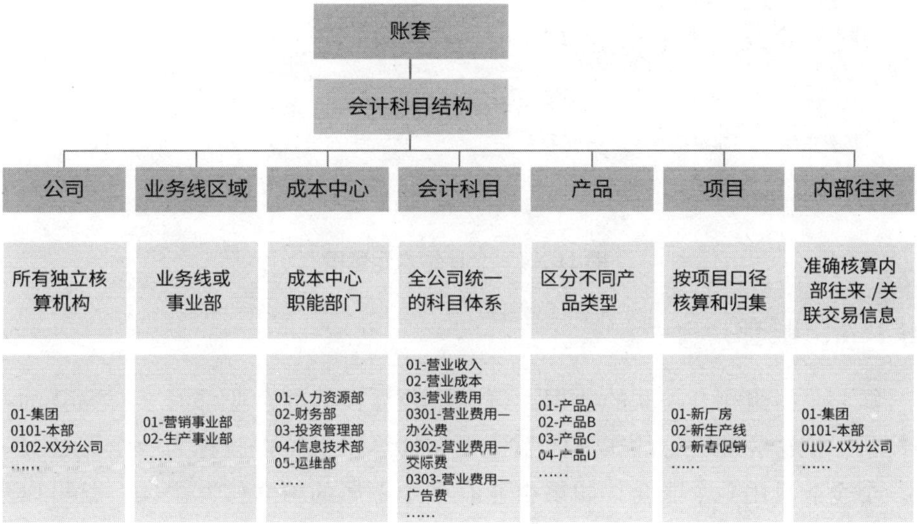


**图 11－3　辅助核算体系**

算主体。因此，核算主体可以是一个企业，也可以是一个企业内部的某个单位，还可以是多个企业组成的企业集团。一般来说，每个独立法人都是一个核算主体，具体需要根据企业实际情况进行划分。

（2）成本中心。成本中心是对成本和费用承担控制、考核责任的中心，是对费用进行归集、分配，对成本加以控制、考核的责任单位，即对成本具有可控性的责任单位。一个企业里如果各个部门的成本单独核算，则成本中心的划分与企业部门划分一致。例如一个企业里下设财务部、销售部、综合管理部、总裁办、采购部、生产部六大部门，则系统中有 6 个成本中心。如果存在两个部门成本联合核算，比如综合管理部与总裁办的成本联合管控，则这两个部门合并成为一个成本中心，该企业共有 5 个成本中心。

（3）会计结构。会计结构，即在凭证借贷方分录生成结果中，核算主体、成本中心、科目体系、辅助核算的搭配方式。会计结构配置目的是筛选出企业辅助核算所需维度，进而配置凭证生成规则。该部分信息根据企业的凭证生成需求确定，辅助核算是会计结构的子级，也就是说企业可以根据不同会计科目的核算要求，灵活组合会计结构中的核算维度字段，从而形成不同科目的辅助核算。会计结构是为了更好地定义辅助核算，未来系统可以将会计结构与辅助核算合并，只设辅助核算一个层级，以便简化在系统中配置核算体系的步骤。如图 11－4 所示。

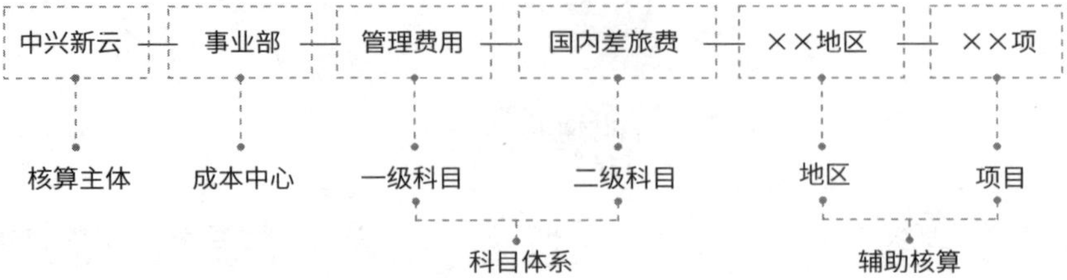


图 11－4　会计结构示意图

### 11.1.4　账套

账套是一组相互关联的数据，每一个独立核算的企业都有一套完整的账簿体系，把这一套完整的账簿体系建立在计算机系统中就称为一个账套。一般一个企业只用一个账套，如果企业有多个下属的独立核算主体，就可以建多个账套。账套之间是相对独立的，也就是说建立、删除或修改一个账套中的数据，不会对其他账套产生任何影响。

一个账套中包括一套科目体系、辅助核算和汇率方案，三者缺一不可。一个账套下可建立多个核算主体，不同的核算主体均会被分配到同一科目体系和会计结构中。如图 11－5 所示。

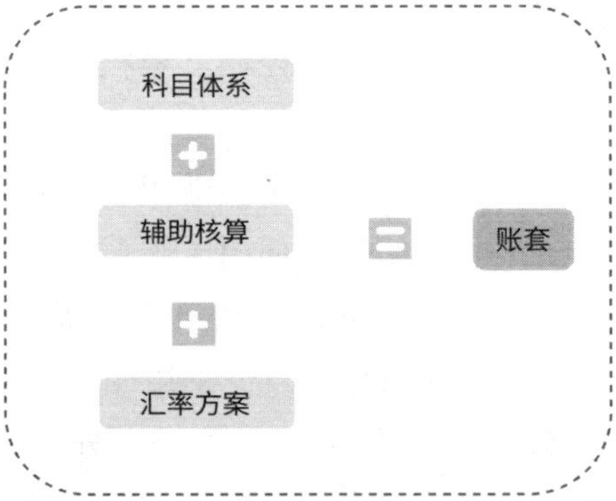


图 11－5　账套框架图

## 11.2　会计凭证

会计凭证是记录经济业务、明确经济责任、按一定格式编制的据以登记会计账簿的书面证明。会计凭证按其编制程序和用途的不同，分为原始凭证和记账凭证。

原始凭证又称单据，是在经济业务最初发生之时即行填制的原始书面证明，如销货发票、款项收据等。

记账凭证是以审核无误的原始凭证为依据，按照经济业务的事项的内容加以归类，并据以确定会计分录后所填制的会计凭证。它是登入账簿的直接依据，常用的记账凭证有收款凭证、付款凭证、转账凭证等。

在费用报销系统中，会计凭证特指记账凭证。在系统中，记账凭证可分为实付凭证、付款凭证以及应付凭证三类。

若生成一笔凭证，则贷方使用支付方式中配置的会计科目作为贷方科目，在凭证类别中，选择实付凭证；实付凭证的优势在于凭证数量少，缺点在于记账不及时，容易导致账实不符。

若生成两笔凭证，则使用中转科目，中转科目为业务大类的贷方科目，在凭证类别中，需要选择两条类别，一条为应付凭证，一条为付款凭证。生成两笔凭证的优势在于记账及时，但是凭证数量会比较多。

下面以企业发生的办公费用为例，解释这三类记账凭证的含义。

（1）如果配置的是一笔凭证——实付凭证，则产生会计科目：

借：管理费用——办公费

　　贷：银行存款——××账户

（2）如果配置的是两笔凭证——应付凭证与付款凭证，则产生会计科目：

借：管理费用——办公费
　　贷：应付账款
} 应付凭证

借：应付账款
　　贷：银行存款——××账户
} 付款凭证

凭证的创建环节可选择财务初审、审核完成或付款成功等节点。财务初审表示初审时凭证即可生成，审核完成表示单据审批流完成时凭证生成，付款成功表示在系统付款成功时凭证生成。

一般情况下，实付凭证在单据审批结束/付款成功时生成并导入会计核算系统；应付凭证在财务审核环节生成凭证（借：费用；贷：应付科目），审核结束后导入会计核算系统；付款凭证在支付成功时生成凭证（借：应付；贷：银行存款），生成后即导入会计核算系统。

## 11.3　账务处理

在1.1费用章节我们辨析了“管理费用”“销售费用”“生产成本”“制

造费用”四个会计科目概念。在第3章费用类型中我们列举了企业常见的费用类型。这些费用类型最终将根据费用发生的部门、性质等分别计入“管理费用”“销售费用”“生产成本”“制造费用”等。

## 11.3.1 管理费用的账务处理

“管理费用”用于核算管理部门发生的员工费用报销费用。

企业应设置“管理费用”科目，本科目核算企业为组织和管理企业生产经营所发生的管理费用。企业管理费用不多的，可不设置本科目，本科目的核算内容可并入“销售费用”科目核算。企业生产车间（部门）和行政管理部门等发生的固定资产修理费用等后续支出也在本科目核算。

费用域的管理费用账务处理如下：

➢ 企业在筹建期间内发生的开办费，包括人员工资、办公费、培训费、差旅费、印刷费、注册登记费以及不计入固定资产成本的借款费用等，在实际发生时，借记本科目，贷记“银行存款”等科目。

➢ 发生的办公费、水电费、业务招待费、聘请中介机构费、咨询费、诉讼费、技术转让费、研究费用，借记本科目，贷记“银行存款”“研发支出”等科目。

➢ 期末，应将本科目的余额转入“本年利润”科目，结转后本科目无余额。

注意：行政管理部门人员的职工薪酬计算属于薪酬报账域，按规定计算确定的应交矿产资源补偿费、房产税、车船税、土地使用税、印花税属于发票税金域，在此不进行详细说明。

## 11.3.2 销售费用的账务处理

“销售费用”用于核算企业因销售过程产生的员工费用报销费用。

企业应设置“销售费用”科目，本科目核算企业销售商品和材料、提供劳务的过程中发生的各种费用。企业发生的与专设销售机构相关的固定资产修理费用等后续支出，也在本科目核算。

销售费用的账务处理如下：

➢ 企业在销售商品过程中发生的包装费、保险费、展览费和广告费、运输费、装卸费等费用，借记本科目，贷记“库存现金”“银行存款”等科目。

➢ 期末，应将本科目余额转入“本年利润”科目，结转后本科目无余额。

注意：发生的为销售本企业商品而专设的销售机构的职工薪酬、业务费等经营费用属于薪酬报账域，在此不进行详细说明。

### 11.3.3　生产成本的账务处理

“生产成本”用于核算生产部门产生的，可直接计入某项产品成本的员工费用报销费用。

“生产成本”账户是成本计算类账户。借方登记生产经营过程中某阶段所发生的应计入成本的全部费用，贷方登记转出已结束生产经营某个阶段的实际成本。本科目期末余额在借方，反映企业尚未加工完成的在产品成本或尚未收获的农产品成本。

生产成本的账务处理如下：

➢ 企业发生的各项直接生产成本，借记本科目（基本生产成本、辅助生产成本），贷记“原材料”“库存现金”“银行存款”等科目。

➢ 辅助生产车间为基本生产车间提供的劳务和产品，期（月）末按照一定的分配标准分配给各受益对象，借记本科目（基本生产成本），贷记本科目（辅助生产成本）。

➢ 企业已经生产完成并已验收入库的产成品以及入库的自制半成品，应于期（月）末，借记“库存商品”等科目，贷记本科目（基本生产成本）。

### 11.3.4　制造费用的账务处理

间接用于产品生产的员工费用报销类型计入“制造费用”，比如车间管理用的照明费、水费、取暖费、劳动保护费、设计制图费、试验检验费、差旅费、办公费。

为了核算企业为生产产品和提供劳务而发生的各项间接费用，企业应当设置“制造费用”科目。该科目的借方反映企业发生的各项间接费用，贷方反映企业分配的各项间接费用，除季节性生产性企业外，期末一般无余额。

制造费用的账务处理如下：

➢ 生产车间支付的办公费、水电费等，借记本科目，贷记“银行存款”等科目。

➢ 生产车间发生的机物料消耗，借记本科目，贷记“原材料”等科目。

➢ 将制造费用分配计入有关的成本核算对象，借记“生产成本（基本生产成本、辅助生产成本）”等科目，贷记本科目。

### 11.3.5 可抵扣增值税账务处理

费用发生后，企业获得可用于增值税税前抵扣的凭证，按照税法规定抵扣进项税额时，需将税额部分计入“应交税费——应交增值税（进项税额）”，该笔业务记录如下：

借：应交税费——应交增值税（进项税额）

　　贷：银行存款/现金

**【延伸阅读】**

**差旅费的账务处理**

（1）差旅费中涉及的增值税问题。

①交通费（含市内交通费、杂费）。根据《财政部 税务总局 海关总署关于深化增值税改革有关政策的公告》（财政部 税务总局海关总署公告2019年第39号，以下简称39号公告）规定，从2019年4月1日起，纳税人购进国内旅客运输服务，其进项税额允许从销项税额中抵扣。

考虑到国内旅客运输服务多数情况下提供的是车票、船票、机票等，而不是增值税专用发票，39号公告同时补充规定，纳税人未取得增值税专用发票的，暂按照以下规定确定进项税额：

➢ 取得增值税电子普通发票的，为发票上注明的税额；

➢ 取得注明旅客身份信息的航空运输电子客票行程单的，为按照下列公式计算进项税额：航空旅客运输进项税额 =（票价 + 燃油附加费）÷（1 + 9%）×9%；

➢ 取得注明旅客身份信息的铁路车票的，为按照下列公式计算的进项税额：铁路旅客运输进项税额 = 票面金额 ÷（1 +9%）×9%；

➢ 取得注明旅客身份信息的公路、水路等其他客票的，按照下列公式计算进项税额：公路、水路等其他旅客运输进项税额 = 票面金额 ÷（1 + 3%）×3%。

并不是所有差旅费中的国内旅客运输服务都可以抵扣进项税额，《国家税务总局关于国内旅客运输服务进项税抵扣等增值税征管问题的公告》（国家税务总局公告2019年第31号，以下简称31号公告）第一条“关于国内旅客运输服务进项税抵扣”中就做出了限制性规定：

➢ 员工范围的限制。31号公告规定，39号报告第六条所称“国内旅客运输服务”，限于与本单位签订了劳动合同的员工，以及本单位作为用工单位接受的劳务派遣员工发生的国内旅客运输服务。也就是说，企业报销的外单位员工差旅费，不能抵扣进项税额。

➢ 开票信息要求的限制。31号公告规定，纳税人购进国内旅客运输服务，以取得的增值税电子普通发票上注明的税额为进项税额的，增值税电子普通发票上注明的购买方“名称”“纳税人识别号”等信息，应当与实际抵扣税款的纳税人一致，否则不予抵扣。国内旅客运输服务，开具的增值税电子普通发票，一般出现在包车的情况下。这时，就需要正确开具发票，该填写的信息必须要求完整而正确的填写，只能填写企业的信息，而不能填写为员工个人的信息。

➢ 抵扣开始时间的限制。31号公告规定，纳税人允许抵扣的国内旅客运输服务进项税额，是指纳税人2019年4月1日及以后实际发生，并取得合法有效增值税扣税凭证注明的或依据其计算的增值税税额。以增值税专用发票或增值税电子普通发票为增值税扣税凭证的，为2019年4月1日及以后开具的增值税专用发票或增值税电子普通发票。在一些单位存在差旅费延后报销的问题，需要特别检查票据上的时间，避免出现不该抵扣进项税额也抵扣了。

②车辆费用。在出差时自驾车必然要发生一系列与车辆有关的费用。

如果出差驾驶车辆属于企业所有的，那就比较简单，出差途中发生的车辆费用，直接按规定抵扣进项税额就行，此处不赘述。如果是租用租车公司的汽车，租赁费和按租赁合同约定承担的费用，直接按规定抵扣进项税额即可。如果属于“私车公用”的情况，则比较麻烦，因为税法没有这方面的专门规定，各地在具体执行标准也是不同的。

因此，企业财务人员首先要了解并掌握当地的具体情况，避免把不该抵扣的进项税额给抵扣了。

③住宿费。“营改增”后住宿费可以抵扣进项税额，企业财务人员主要需要关注住宿费发票的开具是否正确。

虽然差旅费中的住宿费在形式上满足了税法关于进项税额抵扣的规定，但是如果存在以下情况依然不能抵扣进项税额：

➢ 属于职工福利性质范畴的，比如报销的员工旅游、探亲等情况下的住宿费；

➢ 员工或股东个人消费的；

➢ 属于交际应酬给予客户等报销的；

➢ 企业免税项目或简易计税项目编制人员出差发生的等。

鉴于此，可能存在税务争议情况有：

➢ 住宿费的发生时间是否集中发生在节假日，如春节、“五一”、国庆节等；消费的酒店是否集中在景点、旅游区；

➢ 结合企业的福利制度，是否存在返乡、旅游等福利项目；

➢ 企业本地发生的住宿费（考虑有接待消费的可能）；

➢ 员工因公差旅发生住宿费报销，是否有注明事由的单位出差审批表以及其他证明，如航空客运行程单、登机牌、道路客运发票、保险发票等；

➢ 企业内部选择适用简易计税方法以及免征增值税的项目在内部人员编制、费用预（核）算、报销等方面是否进行了分别核算。

（2）差旅费的会计处理和企业所得税处理。对于差旅费的账务处理，会计准则并无具体规定，仅在会计科目“管理费用”的使用说明时提到一点。根据差旅费报销人员性质不一样，按照会计原则，实务中的差旅费报销主要计入“管理费用——差旅费”和“销售费用（营业费用）——差旅费”两个会计科目。对于一些特殊情况的差旅费，需要分析后，在遵循会计基本原则的基础上确定计入的会计科目。

对于差旅费的会计处理和税务处理，需要分不同情形进行处理。

①可直接税前扣除的。对于管理部门或后勤部门人员出差计入“管理费用——差旅费”；企业独立董事为行使其独立董事的职责而发生的差旅费，计入“管理费用——董事会经费”；销售部门或营销部门为销售产品、市场推广等发生的费用计入“销售费用（营业费用）——差旅费”；对于这些费用支出，税法没有限制性规定，只要在票据等方面符合规定就可以直接扣除。

②需要计入资产计税基础，不能直接税前扣除。

➢ 通过“制造费用”计入存货的

比如，制造型企业产品加工过程中，有一个环节需要委外加工，但是企业又不放心受托加工方的质量控制，决定安排生产技术人员到受托方生产现场进行技术指导和现场质量控制。发生的差旅费应先计入“制造费用”，而后按规定计入存货的成本（计税基础）。

➢ 通过“在建工程”计入固定资产的

企业基建部门为施工建设而发生的差旅费，应先计入“在建工程”，然后按规定计入固定资产原值（计税基础）。

➢ 通过“研发支出”计入无形资产的

企业研发人员为研发新技术、新工艺、新产品等而发生的差旅费。属于费用化支出的，在当期按规定进行加计扣除；属于资本化支出的，按规定的进入“无形资产”计税基础。

➢ 其他按规定应计入资产成本（计税基础）的。

③只能限额扣除的。

企业为达到宣传的效果，邀请消费者或客户到公司参观等活动发生的费用应计入“业务宣传费”，按税法规定限额扣除。

企业因交际应酬等发生的差旅费，应计入“业务招待费”，按税法规定限额扣除。

企业报销的属于员工福利性质或福利部门人员出差费用的，应计入“职工福利费”，按税法规定限额扣除。

（3）差旅费中的差旅费津贴、误餐补助的涉税问题。差旅费津贴、误餐补助涉及个人所得税和企业所得税问题。

①个人所得税方面。

关于员工薪资补贴。《征收个人所得税若干问题的规定》（国税发〔1994〕089号）规定：下列不属于工资、薪金性质的补贴、津贴或者不属于纳税人本人工资、薪金所得项目的收入，不征税：独生子女补贴；执行公务员工资制度未纳入基本工资总额的补贴、津贴差额和家属成员的副食品补贴；托儿补助费；差旅费津贴、误餐补助。

关于误餐补助。国税发〔1994〕089号文件规定不征税的误餐补助，是指个人因公在城区、郊区工作，不能在工作单位或返回就餐，确实需要在外就餐的，根据实际就餐顿数，按规定的标准领取的误餐费。一些单位以误餐补助名义发给职工的补贴、津贴，应当并入工资、薪金所得计征个人所得税。

关于通信费补贴。如果所在省市地方税务局报经省级人民政府批准后，规定了通信费免税标准的，可以不征收个人所得税。如果所在省市未规定通信费免税标准，单位发放此项津贴，应予以征收个人所得税。

出差补助报销需提醒的是，对个人取得的按照出差天数、路程等取得现金差旅费津贴在纳税申报时，应由纳税人提供出差的交通费、住宿费凭证或企业安排出差的有关计划，符合规定标准的免税。超过标准的部分，要并入当月的工资薪金所得征收个税。尽管很多地方是参照上述《中央和国家机关差旅费管理办法》文件执行的，但由于经济发达程度不同，各地的标准也可能不尽相同，也是要看当地有没有具体规定。

企业应建立规范的差旅费报销制度，明确规定出差补助标准，如果当地税务机关要求备案的应按规定进行备案。

②企业所得税方面。企业所得税方面，出差补助在实务中主要问题是出差补助是否需要发票以及报销标准。目前各省市对差旅补助的规定不一致，有的省市参照行政事业单位的标准，有的省市政策有较明确规定，有的省市可以由企业自行制定合理的差旅费管理办法，报主管税务机关备案，有的省市要求提供票据。建议企业具体参照各省市税务机关的政策规定。

在国家税务总局发布《企业所得税税前扣除凭证管理办法》（国家税务总局公告2018年第28号）前，企业承担了外单位人员的差旅费，能否税前扣除曾经是一个有争议的问题，各地税务机关执行口径不一致。但是，自《企业所得税税前扣除凭证管理办法》发布后，就不再是争议问题了，因为该办法第十八条规定，在相关协议中约定了差旅费承担方式或比例，就可以进行税前扣除。



【延伸阅读】

## 业务招待费账务处理

业务招待费几乎是每一个企业都会存在的费用科目，也是税务机关最常检查的一个纳税调整项目。

（1）并非所有餐费都是业务招待费。会计在核算时，要避免一个误区，就是把所有的餐费都当作业务招待费。实际上不同的餐费应该根据实际用途，记入不同的会计科目。

- 因业务开展的需要，招待客户就餐，会计核算上列“招待费”；
- 员工食堂就餐、活动聚餐、加班聚餐，会计核算上列“职工福利费”；
- 员工出差就餐，在标准内的餐费，会计核算上列“差旅费”；
- 企业组织员工职业培训，培训期间就餐，会计核算上列“职工教育经费”；

➢ 公司在酒店召开会议，会议期间就餐，会计核算上列“会议费”；

➢ 公司筹建期间发生的餐费，会计核算上列“开办费”；

➢ 以现金形式发放的员工餐费补贴，会计核算上列“工资薪金”；

➢ 企业召开董事会，董事会期间发生的餐费，会计核算上列“董事会费”；

➢ 工会组织员工活动，活动期间发生的餐费，会计核算上列“工会经费”。

（2）业务招待费基数。业务招待费税前扣除基数是营业收入。营业收入包括主营业务收入、其他业务收入和视同销售收入，不包括营业外收入。

企业需要充分重视视同销售收入。企业所得税规定的很多视同销售行为，在会计核算中更多地体现在费用支付项目中。比如，用于市场推广或销售的资产，一般计入销售费用；用于对外捐赠的资产，计入营业外支出；用于职工奖励或福利的资产，计入应付职工薪酬等。企业在汇算清缴申报时正确足额将这些项目调整到视同销售收入中，就可作为业务招待费的计提基数。

股息红利及股权转让收入也可作为基数，根据《国家税务总局关于贯彻落实企业所得税法若干税收问题的通知》（国税函〔2010〕79号）第八条的规定，对从事股权投资业务的企业（包括集团公司总部、创业投资企业等），其从被投资企业所分配的股息、红利以及股权转让收入，可以按规定的比例计算业务招待费扣除限额。注意：从事股权投资业务的企业包括从事股权投资业务的各类企业，不仅指专门从事股权投资业务的企业。

企业在筹建期间无收入也可以扣除业务招待费。根据《国家税务总局关于企业所得税应纳税所得额若干税务处理问题的公告》（国家税务总局公告2012年第15号）第五条规定：企业在筹建期间，发生的与筹办活动有关的业务招待费支出，可按实际发生额的60%计入企业筹办费，并按有关规定在税前扣除。

（3）业务招待费扣除比例和最佳金额。根据《中华人民共和国企业所得税法实施条例》（中华人民共和国国务院令第512号）第四十三条规定：“企业发生的与生产经营活动有关的业务招待费支出，按照发生额的60%扣除，但最高不得超过当年销售（营业）收入的5‰。”

比如A公司当年销售收入为3000万元，当年的企业招待费为30万元，那么计算方法如下：3000×5‰=15（万元）；30×60%=18（万元）；18万元>15万元；则只可在税前扣除15万元。

因为业务招待费属于双限额扣除，实际中可以计算出企业最佳业务招待费发生金额，用足限额。

设企业当期列支业务招待费为Y；设企业当期销售（营业）收入为X；按照规定当期允许税前扣除的业务招待费金额为Y×60%与X×5‰，即Y×60%≤X×5‰，通过推算得出Y≤8.3‰X，也就是说，在当期列支的业务招待费等于销售（营业）收入的8.3‰这个临界点时，企业就可能充分使用了业务招待费的扣除限额。

（4）准确划分业务招待费和业务宣传费。按照税法规定，业务宣传费的扣除限额为销售（营业）收入的15%（特定行业为30%），是业务招待费的30倍（特定行业的60倍），具有更大的限额空间。

业务招待费的目的是通过开展必要的招待活动，以达到维护企业与客户的关系与形象，从而促进销售，而业务宣传费也具有与此类似的动机。

企业在实践中如果能够有效搭配业务招待费与业务宣传费之间的开支，将会起到很好的节税作用。例如，企业经常向客户赠送烟酒、茶叶、土特产等礼品，这部分开支应纳入业务招待费的范畴。但如果企业改为赠送自行生产或委托加工的产品，则这些礼品起到了推广宣传的作用，可作为业务宣传费列支。

（5）业务招待费能否抵扣进项税。业务招待费能否抵扣，不能一概而论，需要具体看项目。根据《中华人民共和国增值税暂行条例》第十条：用于非增值税应税项目、免征增值税项目、集体福利或者个人消费的购进货物或者应税劳务，进项税额不得从销项税额中抵扣。

所以购进餐饮服务的进项税额不得从销项税额中抵扣，如果发生招待费属于个人消费，同样无法抵扣。

但如果列支的业务招待费是“委托外单位审计人员开展审计业务，合同约定由企业报销审计人员的住宿费”的支出，只要取得了增值税专用发票，是可以抵扣进项税的。

## 11.4 费用入账的系统实现

财务人员在进行审核时，共享运营系统通过会计引擎可以自动生成记账凭证信息。单据审核通过后，系统会将记账凭证信息推送至会计核算系统，自动完成账务的处理。如图11-6所示。

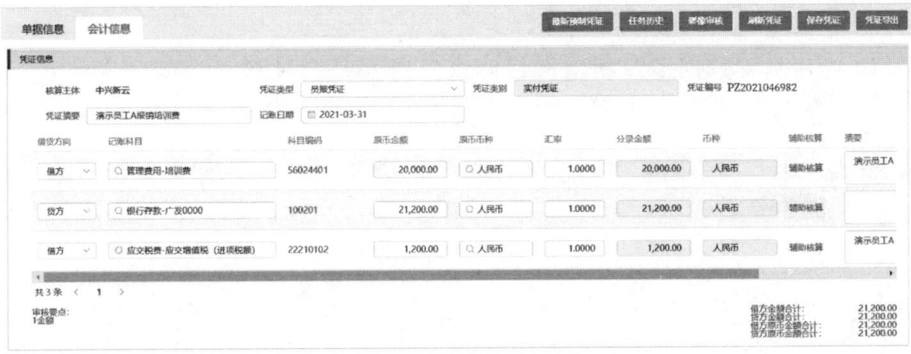


图 11－6　会计凭证信息系统页面

整体来说，费用入账需要在基础数据平台配置核算基础，并建立业务类型与会计科目的对应关系。核算基础包括会计科目、会计结构、辅助核算、汇率方案、财务组织（核算主体与成本中心）的配置，这些基础信息之间存在勾稽关系，支持系统按照业务需要自动生成凭证信息。科目体系、辅助核算、汇率方案形成一个完整的账套，账套是生成一项业务的核算凭证的基础，将账套配置给核算主体，核算主体下的用户提交单据就后可以自动生成凭证。出于操作便捷性的考虑，核算基础的设计逻辑是先配置账套（包括科目体系、辅助核算和汇率方案），再确定每个账套下的核算主体。如图 11－7 所示。

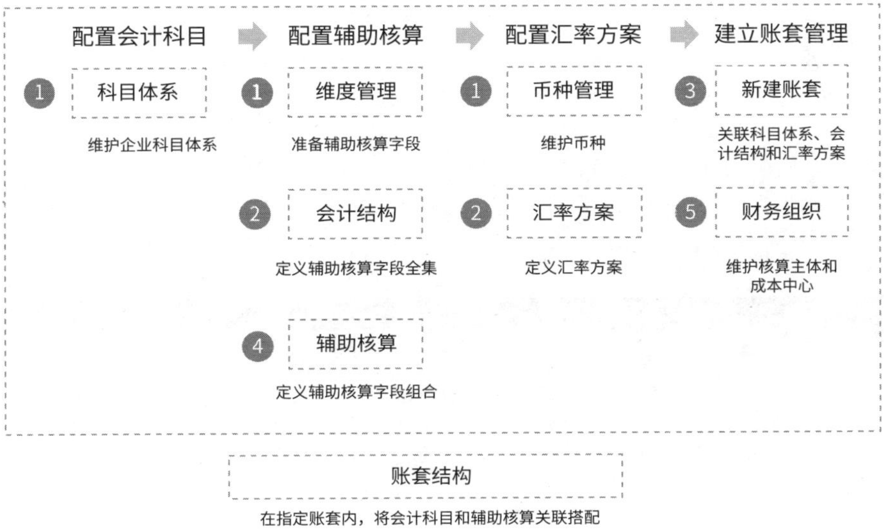


图 11－7　费用入账配置步骤

数字化时代的全员体验——费用报销系统

根据系统配置逻辑，具体配置步骤如下：

（1）在基础数据平台新增科目体系，也就是会计科目。如图 11－8、图 11－9 所示。

**图 11－8　科目体系配置页面（1）**

**图 11－9　科目体系配置页面（2）**

（2）在基础数据平台配置核算体系的会计结构和辅助核算。如果业务辅助核算字段系统中没有，还需要新增该辅助核算的维度（维度管理）。如图 11－10、图 11－11 所示。

**图 11－10　会计结构系统配置页面**

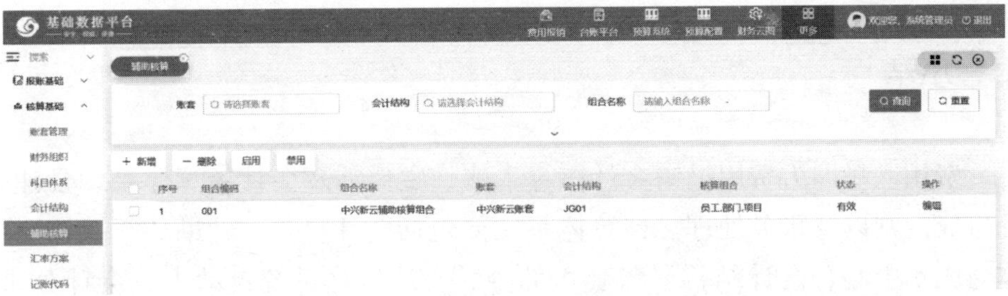


图 11 – 11　辅助核算系统配置页面

（3）汇率方案，如果企业涉及用外币进行支付的业务，则需要新增外币和汇率方案。如图 11 – 12 所示。

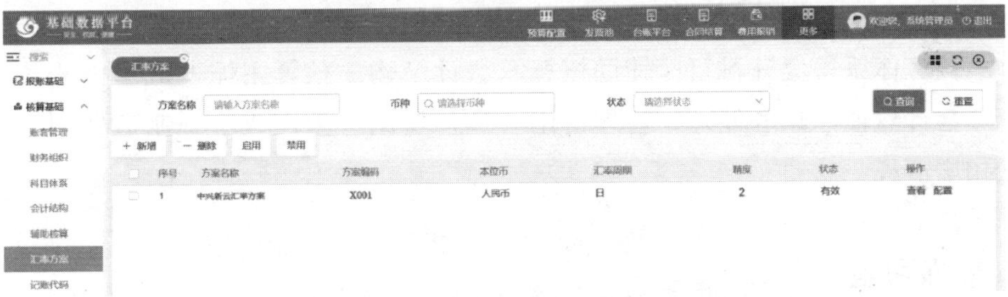


图 11 – 12　汇率方案系统配置页面

（4）新建账套，关联会计科目体系、汇率方案、会计结构。如图 11 – 13 所示。

图 11 – 13　账套系统配置页面

## 本章小结

费用入账即为费用报销会计核算入账，主要涉及会计核算体系、会计凭证生成规则以及账务处理。核算体系主要包括会计科目、辅助核算、核算主体与成本中心、会计结构、账套六部分。会计核算系统自动生成会计分录。会计凭证可分为实付凭证、付款凭证以及应付凭证三类。账务处理涉及管理费用、销售费用、生产成本、制造费用、可抵扣增值税的账务处理。

### 本章关键词

核算体系　会计科目　辅助核算　会计结构　核算主体　成本中心　账套　会计凭证　账务处理　管理费用　销售费用　生产成本　制造费用　可抵扣增值税

## 本章练习题

### 一、选择题

1. 下列选择中，关于会计核算体系和会计凭证的说法正确的是（　　）。

A. 核算体系主要包括会计科目、辅助核算、核算主体、成本中心、会计结构、账套六部分

B. 会计科目按照归属会计要素分为：资产类、负债类、所有者权益类、成本类、损益类五大类

C. 核算主体可以是一个企业，也可以是一个企业内部的某个单位，还可以是多个企业组成的企业集团

D. 会计凭证按其编制程序和用途的不同，分为原始凭证和记账凭证

2. 下列选项中，关于账套的说法错误的是（　　）。

A. 账套是一组相互关联的数据，每一个独立核算的企业都有一套完整的账簿体系

B. 一般一个企业只用一个账套，如果企业有多个下属的独立核算主体，就可以建多个账套

C. 一个账套中包括科目体系、辅助核算和汇率方案，三者缺一不可

D. 一个账套下一般只可建立一个核算主体

3. 下列有关会计信息系统生成“办公费报销”业务的会计凭证说法正确的有（　　）。

A. 生成一笔凭证，借：管理费用，贷：银行存款

B. 生成两笔凭证，借：管理费用，贷：应付账款 ；借：应付账款，贷：银行存款

C. 凭证创建必须在财务初审后建立

D. 凭证生成后一般情况下会导入会计核算系统

4. 下列有关于管理费用的说法正确的是（　　）。

A. 企业在筹建期间内发生的开办费，包括人员工资、办公费、培训费、差旅费、印刷费、注册登记费等属于管理费用

B. 发生的办公费、水电费、业务招待费、聘请中介机构费、咨询费、诉讼费、技术转让费、研究费用属于管理费用

C. 期末，应将管理费用科目的余额转入“本年利润”科目，结转后本科目无余额

D. 行政管理部门人员的职工薪酬不属于管理费用

5. 在费用报销系统中，会计凭证特指记账凭证，系统中的记账凭证可以分为（　　）。

A. 实付凭证　　　　B. 收款凭证

C. 付款凭证　　　　D. 应付凭证

## 二、判断题

1. 辅助核算和二级科目的区别在于二级科目只需要修改会计科目属性即可，不用按照编码规则去增加明细。（　　）

2. 在费用报销信息系统中，若生成两笔凭证，则使用中转科目，中转科目为业务大类的借方科目，在凭证类别中，需要选择两条类别，一条为应付凭证，一条为付款凭证。（　　）

3. 一个账套中主要包括科目体系、辅助核算和汇率方案三个部分，其中辅助核算不是必要的。（　　）

4. 一般情况下，实付凭证在单据审批结束/付款成功生成；应付凭证在财务审核环节生成；付款凭证在支付成功后生成。（　　）

5. 出于操作便捷性的考虑，核算基础的设计逻辑是先确定核算主体，再配置账套（包括科目体系、辅助核算和汇率方案）。 （ ）

## 三、思考题

1. 核算体系主要包括哪些内容？
2. 业务类型与会计科目之间的关系是怎样的？
3. 系统中的一笔凭证和两笔凭证分别指什么，有什么特点？
4. 费用入账的系统配置包含哪些步骤？

# 第 12 章　费用支付



## 本章学习目标

本章首先介绍了现金、网银转账、银企直联、票据等企业中常见的费用支付方式，其次说明了企业如何通过信息系统实现费用的支付。

通过本章的学习，应掌握：

◇　不同支付方式的基本概念和特点

◇　费用支付的系统实现方式

## 本章知识结构图（见图 12－1）

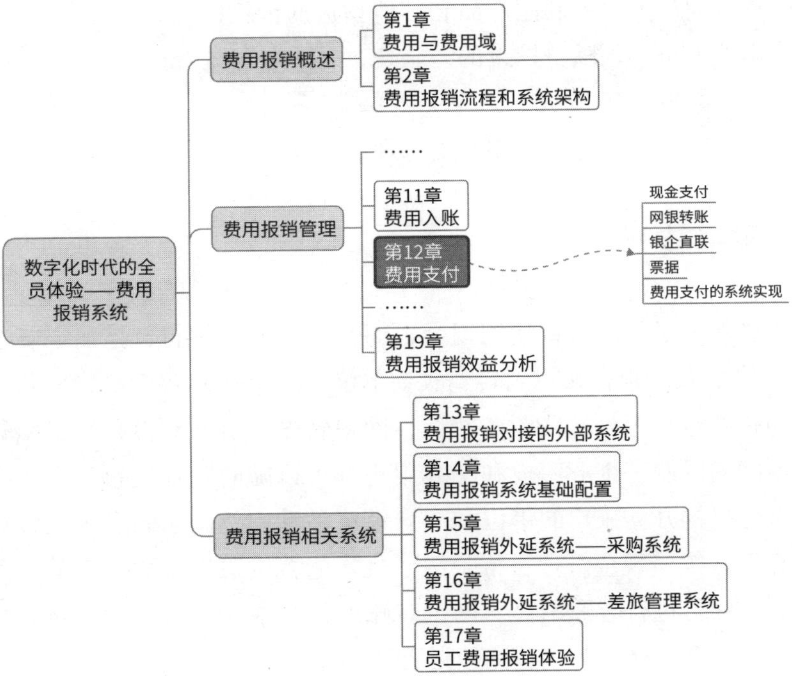


**图 12－1　第 12 章框架导图**

报账单据财务审核结束之后，系统自动进入付款流程，即费用支付，费用支付是交易的重要环节，指一方通过不同的支付方式将约定的价款支付给另一方的动作。常见的企业费用支付的方式有现金支付、网银转账、银企直联和票据支付。

## 12.1 现金支付

现金支付是一种传统的价款支付方式，随着互联网的高速发展和电子支付方式的普及，企业使用现金的情况逐渐减少。依照国务院颁布的《现金管理暂行条例》，企业在以下的特殊情况中，能够使用现金进行支付：

- 支付职工个人的工资、奖金、津贴；
- 支付职工的抚恤金、丧葬补助费以及各种劳保、福利，国家规定的对个人的其他支出；
- 支付个人劳务报酬；
- 根据国家规定发给个人的科学技术、文化艺术、体育等各种奖金；
- 支付向个人收购农副产品和其他物资的价款；
- 出差人员必须随身携带的差旅费；
- 结算起点（1000 元）以下的零星支出；
- 经中国人民银行确定需要支付现金的其他支出①。

## 12.2 网银转账

网银转账，是指不直接使用现金，而是通过网上银行，把账户资金由付款单位（或个人）银行账户划转到收款单位（或个人）银行账户的货币结算方式。与传统银行柜台转账业务相比，网银转账具有便利性，网上银行突破时间和空间的限制，企业用户和个人用户都可以随时随地进行交易。在银行或其他金融机构开立账户的单位和个人经济活动中，国家鼓励采用转账方式进行结算，除按《现金管理暂行条例》规定的范围可以使用现金外，其余应当通过开户银行进行转账结算。网银转账的优势在于能够实现批量处理，快速进行多笔资金流转，为企业高效运行提供支持。

① 国务院．现金管理暂行条例［Z］．北京：国务院，2020。

## 12.3 银企直联

银企直联是一种新的网上银行系统与企业的财务软件系统在线直接联接的接入方式。银企直联通过因特网或专线连接方式，实现了银行和企业信息系统的有机融合和平滑对接。企业通过财务系统的界面就可直接完成对银行账户以及资金的管理和调度，进行信息查询、转账支付等各项业务操作。

银企直联适合所有开通网上银行的企业，特别是希望实现资金集中管理，对企业财务信息与银行账户信息的实时一致性要求较高，注重财务工作效率，且具有 ERP 系统或财务软件系统的大型集团企业（部队、公共事业企业、大型集团公司、财务公司、结算中心）。

## 12.4 票据

票据的概念有广义和狭义之分。

广义上的票据一般是指商业上由出票人签发，无条件约定自己或要求他人支付一定金额，可流通转让的有价证券，持有人具有一定权力的凭证。如提单、股票、债券等。

狭义上的票据，也是通常所说的票据，即我国《票据法》中规定的“票据”，包括汇票、本票和支票，是指由出票人签发的、约定自己或者委托付款人在见票时或指定的日期向收款人或持票人无条件支付一定金额的有价证券。根据出票人不同，汇票分为银行汇票和商业汇票。其中商业汇票根据承兑人不同，又分为银行承兑汇票和商业承兑汇票。

在实际费用支付时，企业经常使用票据进行付款，常见票据形式有银行承兑汇票、商业承兑汇票、银行本票、支票。

银行承兑汇票是由付款人委托银行开据的一种延期支付票据，票据到期银行具有见票即付的义务；银行承兑汇票是企业用来推迟支付的一种手段，可缓解企业资金压力。

商业承兑汇票是出票人签发的，委托付款人在指定日期无条件支付确定的金额给收款人或者持票人的票据。商业承兑汇票不由银行信用产生，而是由购货方的商业信用产生的，是依托于购货方的商业信用，直接向销货方进行延期付款的方式。商业承兑汇票手续简便，无须在银行柜台办理出票，也无须向银行缴纳手续费及保证金，不仅可以延迟其支付货款的时间，降低资金的流动性风险，还能节约资金使用的费用，有效提高资金使用效率。

支票是出票人签发的，委托办理支票存款业务的银行或者其他金融机构在见票时无条件支付确定的金额给收款人或者持票人的票据。支票携带方便，相对现金支付也更加安全。支票具有两大特征，一是支票付款人比较特殊，必须是有支票存款业务资格的银行或非银行金融机构；二是支票无承兑制度。

银行本票是申请人将款项交存银行，由银行签发的承诺自己在见票时无条件支付确定的金额给收款人或者持票人的票据。银行本票也是企业用来延期支付的一种手段，提高企业资金使用效率。

## 12.5 费用支付的系统实现

员工在费用报销系统填写报销单据时，可以在单据页面选择费用支付的方式（网银转账、挂账、代扣代缴）、收款的账户信息（员工个人、外部供应商）。如图 12 – 2 所示。

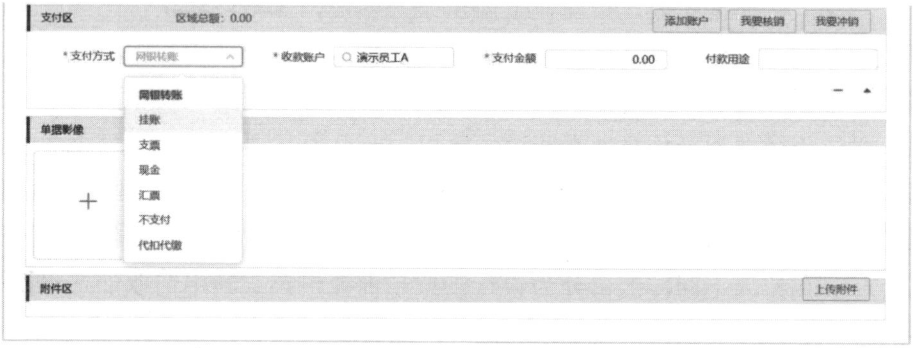


**图 12 – 2　不同费用支付方式的系统实现页面**

为了实现以上功能，配置人员需要在基础数据平台配置所有银行的银联号、公司的收付款银行账号、支付方式、员工银行账户信息，具体配置步骤如下：

（1）维护银行银联号。系统已经预设了 12 万条左右的银行数据，基本涵盖了中国的所有银行。如图 12 – 3 所示。

（2）配置公司收付款账号，并将其分配给对应的核算主体、单据类型、业务类型。如图 12 – 4、图 12 – 5 所示。

（3）配置系统支付方式，并将其分配给适用的组织、单据等。如图 12 – 6 所示。

图 12－3　银联账号系统配置页面

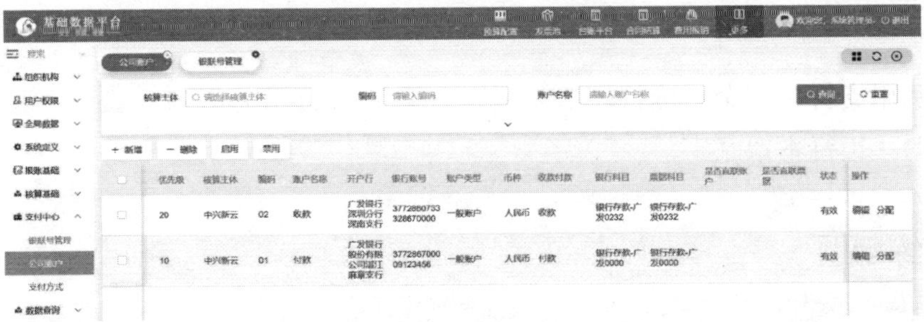

图 12－4　新建公司银行账户页面

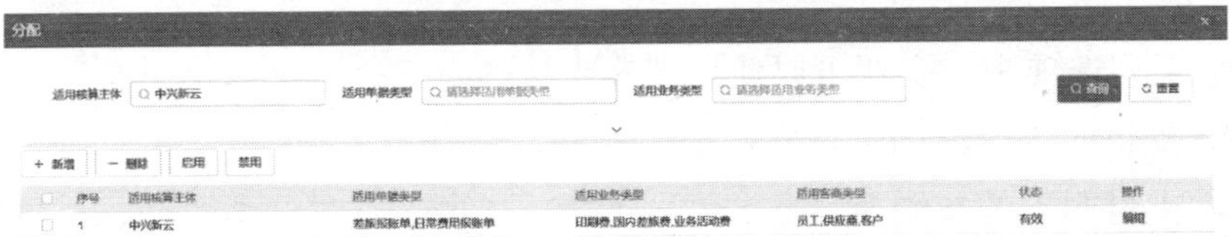

图 12－5　分配公司银行账户页面

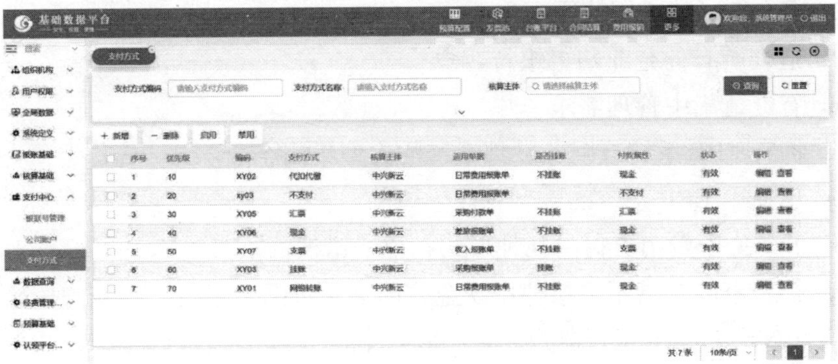

图 12－6　支付方式的系统配置页

## 本章小结

随着时代的发展，企业之间、个人之间的支付方式发生了巨大的变化。企业常见的支付方式包括现金、网银转账、银企直联、票据四种。现金是最简便的支付方式，网银转账的使用频率较高，银企直联是一种新的网上银行系统与企业的财务软件系统在线直接联接的接入方式。票据支付包括银行承兑汇票、商业承兑汇票、银行本票、支票。

### 本章关键词

费用支付　现金　网银转账　银企直联　银行承兑汇票　支票　商业承兑汇票　银行本票

## 本章练习题

### 一、选择题

1. 下列选项中，企业可以使用现金支付的有（　　）。

A. 支付职工个人的工资、奖金、津贴

B. 支付职工的抚恤金

C. 支付个人劳务报酬

D. 结算起点（1000 元）以上的零星支出

2. 银企直联的适用范围不包括（　　）。

A. 适合所有的企业网上银行客户

B. 有资金集中管理需求

C. 拥有 ERP 系统或财务软件系统的大型集团企业

D. 不使用 ERP 系统的微型企业

3. 下列关于费用支付的几种形式，说法错误的是（　　）。

A. 银企直联是指不直接使用现金，而是通过网上银行，把账户资金由付款单位（或个人）的银行账户划转到收款单位（或个人）的银行账户的货币结算方式

B. 银企直联适合所有的企业网上银行客户，特别是希望实现资金集中管理，对企业财务信息与银行账户信息的实时一致性要求较高的大型集团企业

C. 商业承兑汇票是由依托于银行信用产生的，直接向销货方进行延期付款的方式

D. 银行本票是申请人将款项交存银行，由银行签发的承诺自己在见票时无条件支付的一种支付方式

4. 以下各类票据中，具有见票即付特征的票据类型有（　　）。

A. 支票　　B. 银行本票

C. 商业承兑汇票　　D. 银行承兑汇票

5. 下列支付方式中，具有延期支付效果的有（　　）。

A. 银行承兑汇票　　B. 商业承兑汇票

C. 支票　　D. 银行本票

## 二、判断题

1. 网银转账是指不直接使用现金，而是通过网上银行把账户资金由付款单位银行账户划转至收款单位银行账户的货币结算方式。（　　）

2. 广义上的票据包括汇票、本票和支票。（　　）

3. 银行承兑汇票是企业用来推迟支付的一种手段，可以缓解企业的资金压力。（　　）

4. 支票具有两大特征：一是支票付款人比较特殊，必须是有支票存款业务资格的银行或非银行金融机构；二是支票有承兑制度。（　　）

5. 通过提高人员素质、加强内控管理、完善银行支付系统等措施都可以有效防范票据风险。（　　）

## 三、思考题

1. 企业中常见的费用支付方式有哪些，分别有什么特点？

2. 为了实现不同方式的线上支付，需要在系统中完成哪些配置？

# 第 13 章　费用报销对接的外部系统



## 本章学习目标

本章主要介绍了费用报销处理需要对接的外部系统，包括统一门户、OA 系统、HR 系统等，并详细阐述了各个接口的作用。

通过本章的学习，应掌握：

◇　费用报销系统对接的外部系统

◇　费用报销系统对接系统接口功能

## 本章知识结构图（见图 13－1）

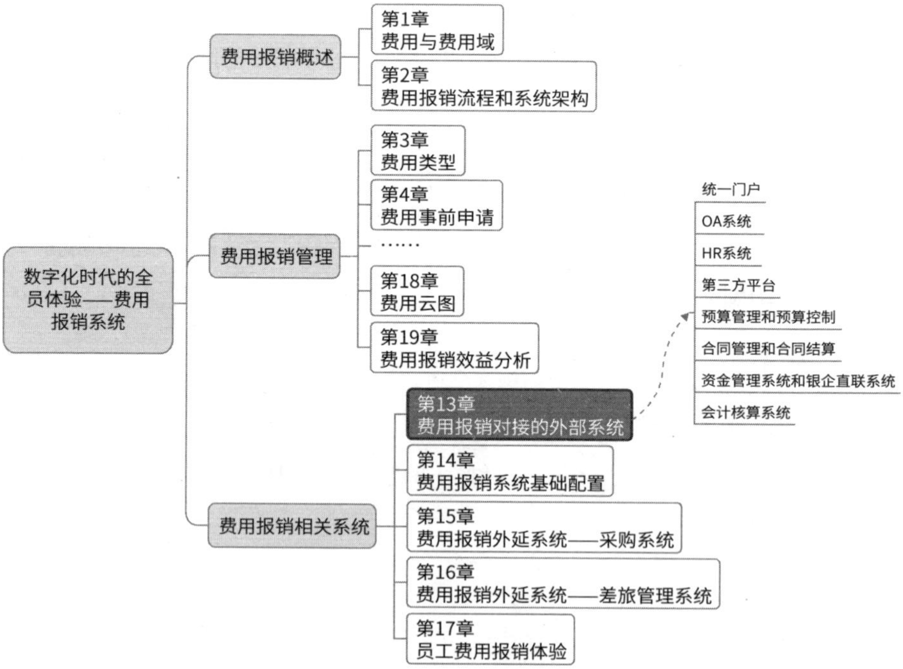


**图 13－1　第 13 章框架导图**

报账系统的费用报销模块（系统）需要与多个信息系统进行对接，从其他系统接收信息或将信息传递至其他系统，从而打破信息壁垒，形成费用报销的线上闭环。图 13－2 展示了费用报销对接的常见接口，统一门户、OA 系统和 HR 系统属于信息管理的范畴，差旅出行和采购系统属于第三方平台的范畴，电子凭证系统则是会计核算系统的主要构件，网上银行和信用卡则是属于银企直联的范畴。

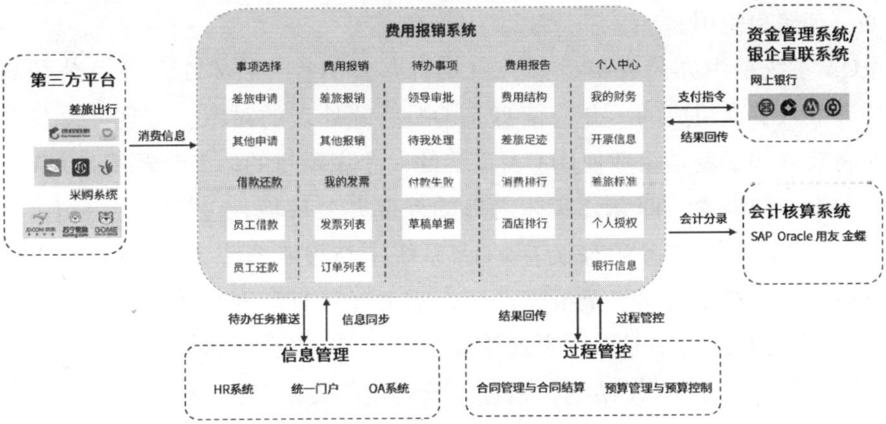


**图 13－2　费用报销对接外部系统**

## 13.1　统一门户

统一门户，是一个集成了企业应用系统、数据资源、网络资源的信息管理平台。不同的企业通过个性化的入口来为用户提供企业信息和服务，从而实现企业信息交流的实时共享和双向沟通。统一门户既是一个展示企业的窗口，又是一个处理相关业务的平台。企业在统一门户上发布内外部所需的各类信息，为员工提供工作所需的各类应用、报表和工具。企业未使用统一门户时，员工登录每一个应用都需要输入账号和密码，使用者登录统一门户后，使用其他应用系统时就无须再次登录，便于操作。

大型企业集团一般会建立统一的信息系统门户，以便于员工通过门户方便快捷地登录到各业务系统（包括报账系统），统一门户与报账系统对接的接口有：

（1）用户信息同步接口：报账系统需要跟统一门户系统进行用户信息同步，以便门户系统判断该用户是否有权限登录系统。

（2）单点登录接口：为了支持用户可以从门户系统登录到报账系统，需要做单点登录接口。

## 13.2 OA 系统

办公自动化系统，简称 OA 系统，是实现办公室内事务性业务自动化的工具。OA 系统基于工作流的概念，以信息技术为中心，采用一系列现代化的办公设备和先进的通信技术，广泛、全面、迅速地对信息进行收集、整理、加工、存储和使用。

OA 系统是由办公人员、办公机构、办公例程、技术工具、办公信息和办公环节六要素组成的。办公信息是 OA 系统处理的对象，实现办公信息快速和高效的共享就是企业使用 OA 系统的一个主要目的。办公环境是 OA 系统支撑和制约的因素，即办公实体之外的外部办公环境，包括社会组织、上下级部门、服务与被服务的对象等。OA 系统未与报账系统集成之前，OA 系统的申请单等资料无法同步至报账系统，需要经过打印和扫描，才能流转至报账系统。OA 系统与报账系统实现集成之后，员工在报账时可以点击关联 OA 申请单，无须打印。OA 系统与报账系统对接的接口有：

（1）待办任务同步接口：为保证领导能在 OA 系统看到报账系统的待审批单据，报账系统需要推送待办任务到 OA 系统。

（2）单点登录接口：为支持领导从 OA 系统点击待审批单据进行审批，需支持 OA 系统直接单点登录报账系统。

## 13.3 HR 系统

HR 系统是先进的人力资源管理解决方案，主要功能包括人事管理、组织管理、薪酬保险管理、时间管理、培训管理等功能模块。HR 系统包含企业各种机构、岗位、人员等信息，支持人力资源管理人员处理各项日常业务，满足企业决策管理的各种需求，为实现企业的战略目标提供有力支撑。HR 系统为员工提供一站式的人力资源相关业务办理服务，覆盖从入职到离职的全生命周期管理，服务范围涉及人事基础业务、社保与公积金管理、福利申报、人才引进与户口管理、薪酬管理、人员异动管理、员工档案管理等。

HR 系统作为企业统一的人事管理系统，管理着企业的组织架构及人员信息，HR 系统与报账系统对接的接口有：

（1）组织信息同步接口：为保证信息一致，报账系统需要从 HR 系统同步组织信息。

（2）员工信息同步接口：为保证信息一致并实现用户的自动开通及关闭，报账系统需要从 HR 系统同步员工信息。

## 13.4　第三方平台

第三方平台是指促成买方和卖方交易的中间平台，主要类型包括打车平台、订餐平台和采购平台等，例如滴滴打车、美团、天猫商城等。费用报销与市场上主流的第三方平台进行对接，方便员工报账的同时也简化了企业的财务处理。员工报销相关费用时，可以直接从第三方平台导入消费流水，保证了消费数据的真实性；员工可以不使用发票，而是借助消费流水进行费用报销，后期由企业与第三方平台进行统一结算，开具一张大额发票，这不仅能够简化员工的报销动作，还提升了企业的财务处理效率。第三方平台与报账系统对接的接口有：

（1）单点登录接口：为了保证员工体验，一般支持在报账系统单点登录到第三方平台。

（2）信息同步接口：员工差旅消费订单同步到报账系统，实现关联报销。

## 13.5　预算管理和预算控制

预算管理是一种系统方法，用来分配企业的财务、实物和人力资源，以实现企业既定的战略目标。预算管理系统是实施预算管理的技术支撑平台，它在应用过程中实现了预算与战略规划的衔接、预算编制、预算控制、预算调整、预算分析及预算考核全过程的管理。预算管理系统与其他财务信息系统紧密结合，为企业的事前计划、事中控制、事后分析提供了有效的工具，充分体现了预算管理在财务管理中的重要核心作用。如图 13－3 所示。

预算控制是预算管理的重要一环，是对企业实际运营发生的业务活动及资金支出进行控制，收集预算执行信息。在传统模式下，企业一般采取手工编制、电子表格编制或者利用初级的财务软件进行预算管理，容易造成管控过程中大量数据难以处理，进行实际的预算控制非常困难，具体表现在以下几个方面：预算编制效率低下、缺乏统一的数据平台、实施执行监控难度较大、频繁变更降低预算监管效果、无法建立有效的预算分析评价体系。

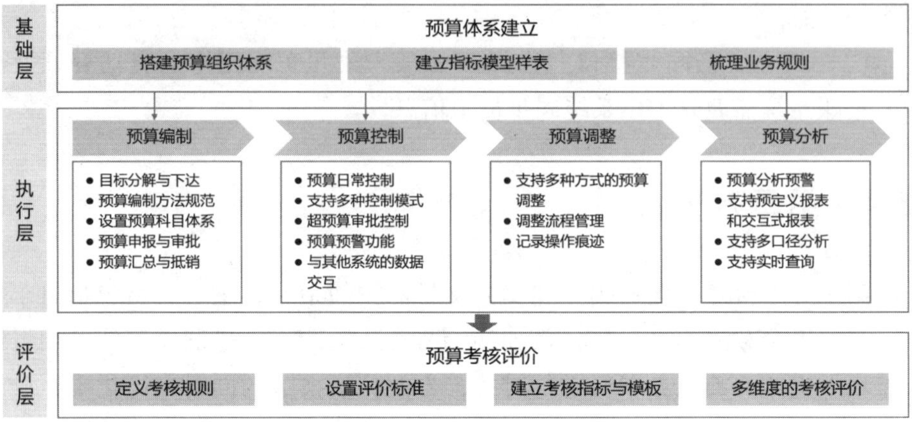


**图 13－3　预算管理系统功能架构**

预算控制系统以季度滚动预算、月度资金计划控制为核心，按季度、月度实施，过程监控报告在执行和目标出现重要偏差的时候，通过预警机制，及时向管理层反馈，如图 13－4 所示，系统的主要功能有：

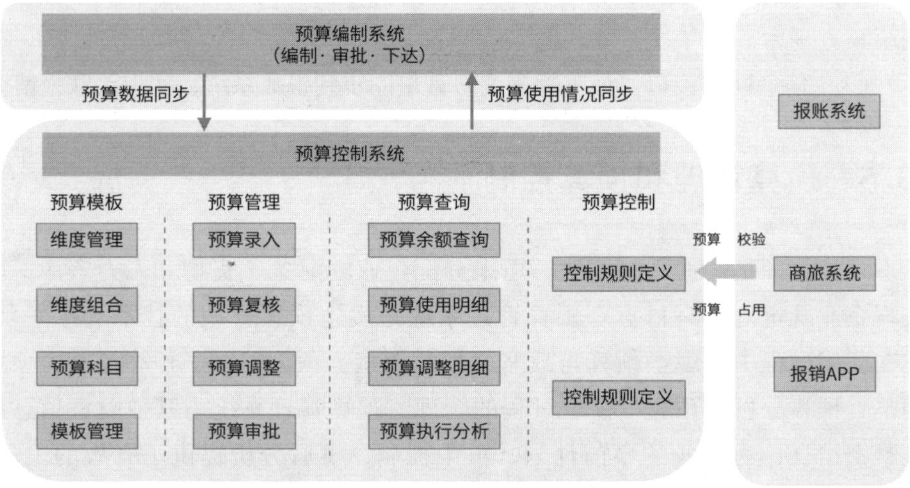


**图 13－4　预算控制系统功能架构**

➢ 预算模板：系统支持自定义预算模板，系统进行预算控制时直接使用模板。系统可对预算进行维度管理、科目管理，支持对预算维度进行不同组合，用于对预算进行描述、统计和辅助控制。系统能够维护预算模板对应的期间，包括月度期间、季度期间和年度期间，用户也可以自定义期间方案，为不同年度配置预算控制期间。

➢ 预算管理：预算录入是指系统在预算期初根据预设的预算模板导入预算申请单，支持手工录入和批量导入，支持预算复核，审核导入的预算数据。预算复核是指预算复核人员可查看预算录入/调整申请单详情，进行同意/拒绝审批操作。系统支持发起预算调整申请，选择该预算相同模板并输入相同属性信息，审批通过后自动调整预算。

➢ 预算查询：系统支持查询预算余额，依据预算余额确定可否继续提交申请；系统支持查询预算调整明细，确保与预算复核结果相同；系统支持查看预算的使用明细；系统可通过自动分析预算的执行情况，为管理者进行预算编制提供参考。用户可查看所负责部门预算详情，选择模板，按预算维度层级清晰展示部门预算执行情况。

## 13.6　合同管理和合同结算

企业合同管理是落实企业风险管理和内部控制的一项核心管理业务，传统的合同管理模式已严重制约了合同管理工作向纵深发展，给企业管理工作带来了诸多难题。因此，对合同事务加强管理和监督，借助网络信息技术，加强合同的动态控制管理、提高履约率已成为企业合同管理工作的当务之急。合同管理系统的出现解决了这一业务痛点，系统支持合同文本起草、审批、登记、归档、废止等一系列的管理活动，系统的目标就是通过基于合同条款与合同模板等信息组织方式实现合同的快速起草，降低合同编制对于业务部门人员能力的要求，同时完成合同文本全周期的管理、控制。

合同结算是合同管理的重要一环，是企业合同及合同执行情况的统一管理平台，实时监控企业合同结算情况。合同结算集中企业所有的合同台账数据，处理合同履行环节的业务，与业务系统紧密关联，数据实时交互，形成对合同执行的有效监控。合同结算支持合同收付款计划统一管理，实时全面监控合同执行阶段的收支情况、发票进度等，关联合同数据与业务数据，帮助企业高效安排收支计划，防范资金管控风险。如图 13－5 所示。

合同结算主要包含个人合同管理和合同执行管理两大功能模块：

➢ 个人合同管理：按合同类型展示当前用户权限范围内合同基本信息，实时跟踪合同状态，统计当前状态合同总数、合同总金额、已完成合同的数量、未完成合同的数量、未结算金额，可查看详情，清晰展示合同总体情况，方便员工查询。

**图 13－5　合同结算系统功能架构**

➢ 合同执行管理：该模块可以生成合同的收付款台账，便于企业进行收付款管理；同时提供合同复核、合同查询、票据管理和质保金管理等功能，贯穿合同的完整生命周期，提升企业的合同管理水平。

## 13.7　资金管理系统和银企直联系统

（1）资金管理系统。企业资金管理流程会随着企业规模的壮大而逐渐变得复杂。中兴新云资金管理系统以客户的需求作为导向、资金的业务领域为驱动，按照企业不同阶段对资金管理的不同需求进行了业务层次划分，分别为基础结算管理、资金集中管理、投融资管理、资金计划及统计分析与风险管理，包括账户管理、结算管理、票据管理、资金池、票据池、内部银行、资金监控、投融资管理、资金报表模块，加上银企接口、ERP 接口以及基础架构及工具等基础服务部分，共同构成了整体资金管理系统功能框架，实现系统内部资金集中管理、集中运营、财务管理等业务的独立开展，帮助集团企业实现资金状况可视、提高业务处理效率、提升资金集中度和资金管控能力。资金管理系统各个业务模块相对独立又紧密联系，企业可以根据自身所处的不同阶段和不同业务需求，选取必要的功能模块。

（2）银企直联系统。银企直联作为实现资金集中管理的重要工具，支持银行账户的集中管理、资金不落地支付以及银企自动对账，建立了企业和银行安全通畅的信息交互通道，帮助企业快速高效地在客户端通过调用数据接口完成各项指令，实现财务信息与银行账户信息的实时一致。建立银企直联通道，可以提高资金运营效率；同时也可以帮助企业形成一个实时的资金数据网络，有效支持内外部管理部门的分析决策、风险控制和大数据应用。银企直联系统还可以和企业的电子发票、电子档案系统进行对接，实现自动校验和风险控制，以更加广泛的触角进行数据的融合和应用。如图 13－6 所示。

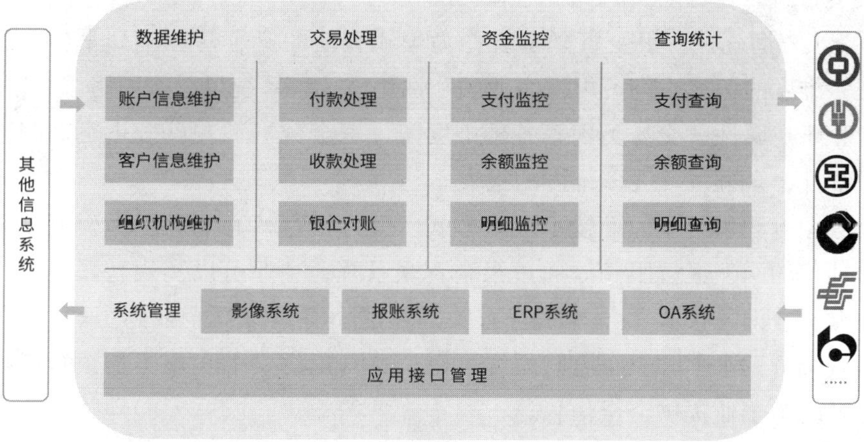


**图 13－6　银企直联系统功能架构**

银企直联系统的建设需要银行和企业之间的密切协作，主要实现账户管理、转账支付、资金划拨、监控对账、查询统计及系统管理等功能。

➢ 数据维护：主要倾向于银行账户的属性维护等功能。账户属性主要包括账户 ID、组织名称（分支机构）、组织代码、开户行、账号、科目、币种、账户名称、支付限额（收入户除外）、更加细化的账户收支权限（如对外部账户的收支权限、对上级账户的收支权限、对非上级账户的收支权限等）、账户之间的层级隶属关系等。

➢ 交易处理：在银企直联系统的支持下，报销数据从报账系统推送至资金管理系统，进行多级授权后，再集中生成付款指令发送银行支付，全过程支付操作不落地。资金支付全流程业务透明，业务监管和检查由事后变为实时，有效降低了支付环节面临的资金风险。银行支付完毕后，资金数据实时回写，企业内部系统中能够实时反映账户资金变化状况，便于企业财务监控和决策。银企直联系统可支持多种支付方法，包括内部转账，对外支付、付款清单导入（通过手工或自动的方式导入明细付款清单，发起资金支付）。同时，使用者可以查询电子支付的交易进度和结果。

➢ 资金监控：系统主动抓取会计核算系统的记账单和银行系统的银行

日记账，依据关键字段自动对账，并制作余额调节表，实现了企业资金管理系统和银行业务处理系统的有机联接，整合了银企双方的系统资源。银行账户的资金流入和流出实时传递至会计核算系统，实现了资金流和信息流同步传递，解决了长期困扰企业的银企账务信息不一致的问题，为企业财务决策提供实时、准确、全面的资金信息支持。

➢ 查询统计：银企直联系统作为集成智能的资金管理中介平台，能够实现多维度的信息查询。根据企业的个性化需求，系统可以按照组织、银行、账户、账户属性、交易类别等各种维度统计资金数据，并可按指定期间生成流量统计、余额统计等多维度的报表。

银企直联系统以标准技术接口方式，整合银行核心业务，为大型企业提供个性化的网上银行服务。通过银企直联系统，企业可以实现转账支付、监控对账、查询统计等多项与银行有关的功能，有效降低企业财务管理成本，提升资金管理水平。银企直联系统可以说是真正意义上实现了把银行搬进企业，随时为企业提供资金信息。

银企直联系统通常与资金管理系统共同构成企业的资金管理平台。银企直联系统可以单独建立，直接与企业的核算系统交互，也可以作为企业资金管理系统的一部分。

资金管理系统前端与费用报销对接，接受支付指令；后端与银企直联系统对接，完成银行与企业之间的资金交互。费用报销和银企直联系统都可以作为企业的付款平台完成资金支付。为提高出纳支付效率，保证支付数据的准确性，费用报销会根据单据生成待支付指令，通过接口传递给资金管理系统或银企直联系统，由该系统完成费用报销款项的实际支付动作，资金管理系统、银企直联系统与费用报销对接的接口有：

（1）资金支付接口：费用报销会通过该接口，将系统生成的待支付指令传送到资金管理系统或银企直联系统，由资金管理系统或银企直联系统将指令传送到银行完成实际的资金支付动作。

（2）支付结果回传接口：银企系统获取到银行返回的支付结果后，通过该接口将支付结果返回给费用报销。

## 13.8　会计核算系统

会计核算系统是一种专门用于会计业务处理的应用软件，是企业应用的记账软件，主要功能有自动生成记账凭证、处理会计账簿、编制会计报表。会计核算系统包含多个账务处理模块，例如总账模块、应收模块、应付模块、存货模块等。报账系统一般会内置会计引擎，自动生成预制会计凭证，并通过接口将信息推送到核算系统生成正式的会计凭证。会计核算系统与报账系统对接的接口有：

（1）核算基础数据同步接口：报账系统需通过数据同步接口保持两个系统的核算基础数据一致，以保证生成的会计分录能够正常导入系统。

（2）凭证导入接口：报账系统需要通过凭证导入接口将自动生成的会计分录导入核算系统生成会计凭证，并回传凭证编号到报账系统。

## 本章小结

费用报销并不是一个孤立的、封闭的系统，而是一个连接了诸多外部系统的服务平台。随着大数据，云计算等技术的发展，费用报销的功能性和可扩展性逐步提高，更好地与企业业务融合。费用报销能够通过统一门户同步员工信息；通过 OA 系统展示待办任务；通过 HR 系统对接组织信息；通过差旅管理系统同步差旅信息；通过会计核算系统完成会计流程；并通过银企直联实现资金的支付。费用报销与其他系统的互通互联，极大地简化财务人员的工作流程，实现企业报销过程的高效率流转。

### 本章关键词

外部系统　统一门户　OA 系统　HR 系统　差旅管理系统　核算系统　银企直联　对接接口　单点登录

## 本章练习题

### 一、选择题

1. 下列选项中，属于费用报销对接的外部系统有（　　）。

A. 统一门户　　B. OA 系统　　C. 核算系统　　D. 影像系统

2. 下列选项中，关于统一门户的说法正确的是（　　）。

A. 统一门户集成了企业应用系统、数据资源、网络资源的信息管理平台

B. 统一门户是一个展示企业的窗口

C. 统一门户是一个处理相关业务的平台

D. 统一门户有助于员工方便地登录到各业务系统

3. 下列选项中，关于费用对接的外部系统说法正确的是（　　）。

A. OA 系统是作为企业统一办公自动化平台，一般要求所有业务系统的待办任务统一在 OA 系统进行展示

B. 为了支持用户可以从门户系统登录到报账系统，需要做用户信息同步接口

C. 统一门户，是一个集成了企业应用系统、数据资源、网络资源的信息管理平台。使用者登录统一门户后，登录其他应用系统时就无须再次登录

D. 报账系统一般会内置会计引擎，自动生成记账分录，并通过接口将信息推送到核算系统生成正式的会计凭证

4. 下列（　　）系统与报账系统对接时会涉及单点登录接口。

A. 统一门户　　　　B. OA 系统

C. HR 系统　　　　D. 差旅管理系统

5. 银企直联与报账系统之间的接口可能有（　　）。

A. 资金支付接口　　　　B. 凭证导入接口

C. 支付结果回传接口　　　　D. 信息同步接口

**二、判断题**

1. 报账系统需通过数据同步接口保持两个系统的核算基础数据一致，以此保证生成的记账分录能够正常导入系统。（　　）

2. 为提高出纳支付效率，保证支付数据的准确性，报账系统会根据单据生成待支付指令，传递给银企直联系统，由该系统完成费用报销款项的实际支付动作。（　　）

3. 报账系统需要通过凭证导入接口将自动生成的记账分录导入报账系统。（　　）

4. 会计核算系统与报账系统的接口主要有核算基础数据同步接口和凭证导入接口。（　　）

5. HR 系统与报账系统之间的接口仅有组织信息同步接口。（　　）

**三、思考题**

1. 与费用报销对接的外部系统包括哪些？

2. 统一门户集成了哪些内容，它有什么作用？

3. 不同的外部系统与报账系统对接时需要建立哪些接口？

# 第 14 章　费用报销系统基础配置

## 本章学习目标

本章首先介绍了什么是系统的基础配置，其次详细阐述了如何进行系统基础配置。

通过本章的学习，应掌握：

◇　费用报销系统配置的整体框架

## 本章知识结构图（见图 14－1）

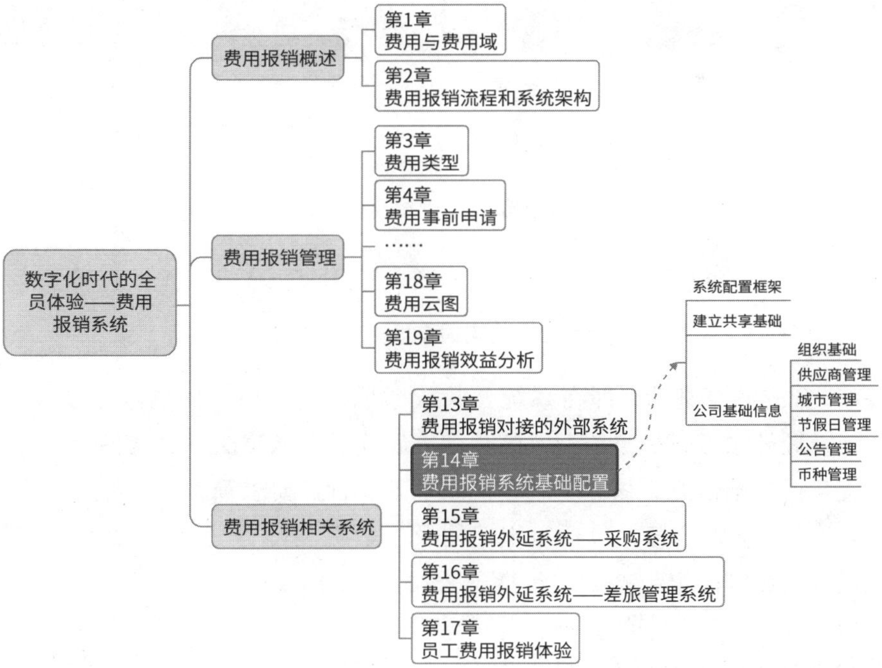


**图 14－1　第 14 章框架导图**

## 14.1 系统配置框架

系统配置是系统使用的前期准备工作。一个原始的系统可以看作一个刚交付的毛坯房，系统配置就是一个装修的过程，这个过程需要将企业的主数据、业务流程、报账基础、核算基础等录入。比如，我们看到一个报账单页面里自动带出的员工信息、系统中执行的审批流程、系统根据业务类型自动生成的记账凭证信息等数据都是需要在前期进行配置录入的。

费用报销的配置整体分为六大步骤：建立共享基础、配置公司基础信息、核算基础、报账基础、单据、管控要求，图 14－2 为完整的配置流程。

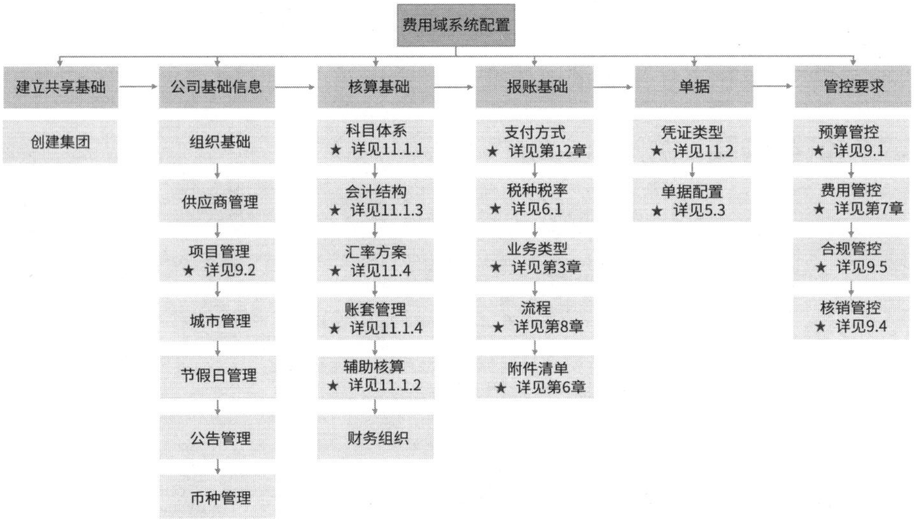


**图 14－2　费用域系统配置框架图**

➢ 建立共享基础，即在系统公共数据平台上创建集团的账号以及集团的系统管理员账号，是整体配置的基础。后续会在该集团下建立各个子公司，并配置公司基础信息、核算基础、报账基础、管控要求等。

➢ 公司基础信息，包括组织架构及主数据两部分。组织架构是核算配置、报账配置等的组织基础，包括子公司、部门、岗位、人员等信息。主数据是指系统间可以共享的数据，与记录业务活动、波动较大的数据相比，主数据变化缓慢。系统支持对供应商、项目、城市、节假日、公告、币种六种维度主数据的配置。

➢ 核算基础，是系统自动生成凭证的信息来源。报账系统会根据不同业务类型或报账单据生成对应的凭证信息，并过账至会计核算系统，该凭证信息基于核算基础并辅以记账规则生成。核算基础包括会计科目体系、会计结构、辅助核算、汇率方案、财务组织的配置。

➢ 报账基础，报账基础主要是为了实现系统自动根据业务类型进行报账单据的流转及入账，包括单据的支付方式、税种税率、业务类型、流程、附件清单等。

➢ 单据，即单据定义配置，是为了完成报账单据相关逻辑规则和字段信息的配置。每一类报账单据都有对应的凭证类型、业务类型、报账区域、预算和字段信息。

➢ 管控要求，其是对费用预算、费用标准、费用合规、费用核销进行管控。

根据框架图所示，标★系统配置模块已在之前对应章节中进行解释，本章将对其余基础配置进行说明。

## 14.2　建立共享基础

建立共享基础是进行系统配置的第一步，是指在公共数据平台上建立集团的账号信息。共享基础的配置包括“集团”“系统管理员”“共享服务中心”三大部分。如图 14－3 所示。

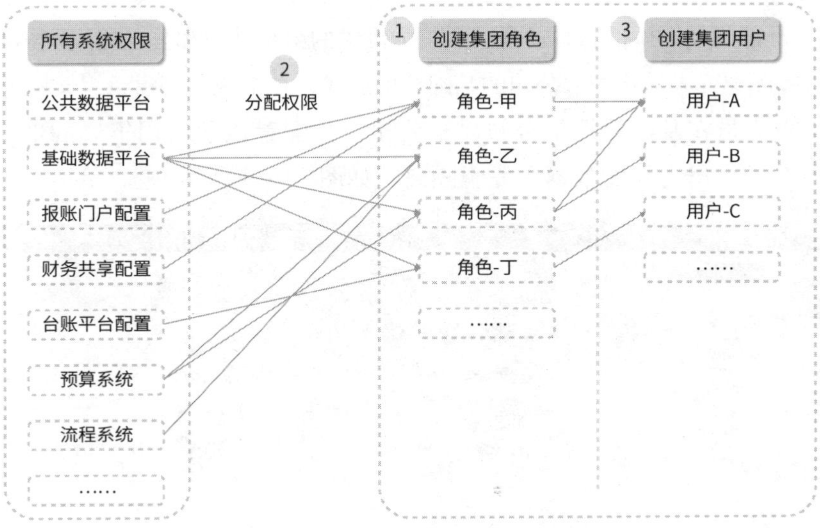


图 14－3　角色与用户关系图

➢ 集团。一个系统环境中可以有多个数据相互隔离的组织，这些数据相互隔离的组织就是“集团”。

➢ 系统管理员。“系统管理员”是系统使用角色的名称，通过为该角色分配相应系统权限，系统管理员可以对集团进行基础配置。

➢ 共享服务中心。“集团”是共享服务中心的服务主体。“共享服务中心”会提供单据审核、影像处理、档案管理等服务。此外，系统中需要维护共享服务中心的组织及人员信息，用于系统中配置不同用户登录系统的使用权限。



## 14.3 公司基础信息

公司基础信息包括公司基础信息和主数据信息。配置基础信息是为了建立起核算的组织基础，包括公司、部门、岗位、人员等组织结构的搭建。主数据指系统间可以共享的、整体变化较少的数据。系统支持对供应商、项目、城市、节假日、公告、币种六种主数据的配置，基础信息和主数据配置的目的和作用各不相同。

### 14.3.1 组织基础

组织基础的配置实际上就是将公司的组织架构信息完善在系统中。14.1中我们介绍了在公共数据平台建立集团账号信息，组织基础就是在该集团下设置相互独立的子公司，以及各个子公司下属的部门、岗位和员工。

（1）部门及岗位信息。通常，系统中设置的组织结构和公司的组织结构是一样的，因此配置人员将按照公司的基础结构形式，在系统中搭建组织架构树。

配置人员在基础数据平台新建子公司，并配置该子公司下属的部门、岗位。各个子公司之间的数据不完全隔离。如图 14－4 所示。

图 14－4 部门及岗位系统配置页面

（2）员工信息。员工信息模块需要录入员工姓名、部门、岗位、兼岗信息、手机号、银行账户、差旅级别等，是员工费用报销的重要信息来源。如图 14－5 所示。

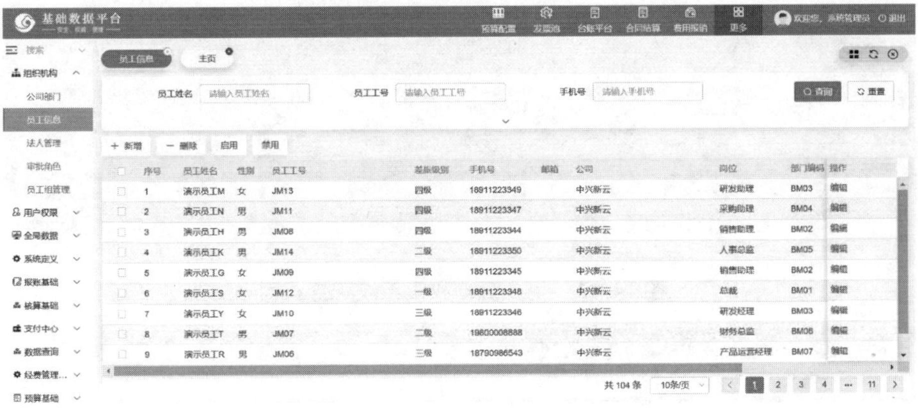


图 14－5　员工信息系统配置页面

（3）用户权限。用户权限就是系统用户使用系统的权限。系统已经提前预设多种用户角色，例如普通用户、影像管理员、财务审核等。普通用户只具有报账门户系统的使用权限，影像管理员只具有电子影像系统使用权限，财务初审具有共享运营系统使用权限。

配置人员根据企业需要设置不同用户角色，再将该角色分配给不同的员工。或者反向配置，在“用户管理”界面为用户分配角色。角色与用户之间通常是交叉关系。如图 14－6 至图 14－8 所示。

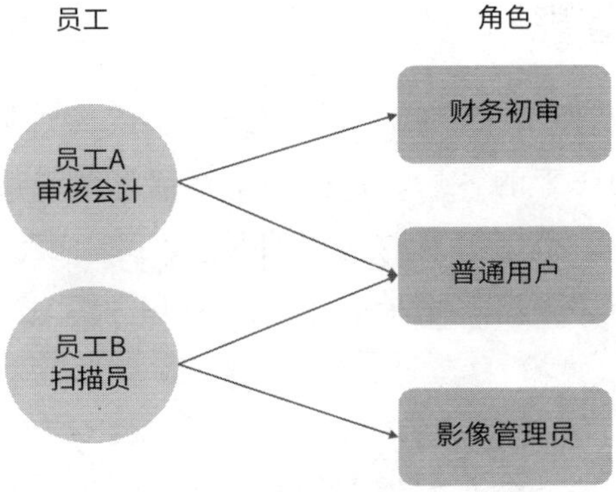


图 14－6　员工与角色关系图

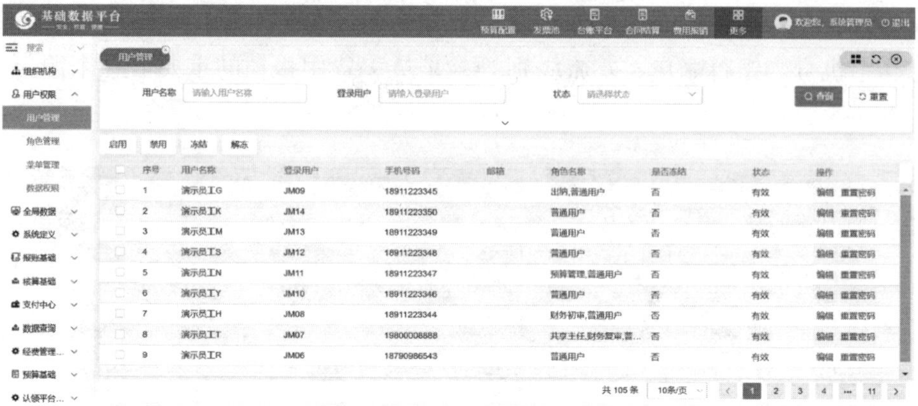


图 14－7　用户管理权限系统配置页面

图 14－8　角色管理权限系统配置页面

## 14.3.2　供应商管理

系统中的供应商管理，准确来说是客户与供应商管理（简称客商管理）。客商管理可以对公司往来的客户、供应商基本信息及银行信息进行更新维护。在系统中维护信息后，单据填写时可以直接在列表中选择客户或供应商，系统自动带出该供应商和客户的账号信息。如图 14－9、图 14－10 所示。

## 14.3.3　城市管理

城市管理是为了满足企业差旅费管控的需求。企业会根据城市级别划分不同的差旅标准。比如北上广深等一线城市与其余城市的补贴标准不同。若企业没有此方面的需求，则不必对城市数据进行维护。如图 14－11 所示。

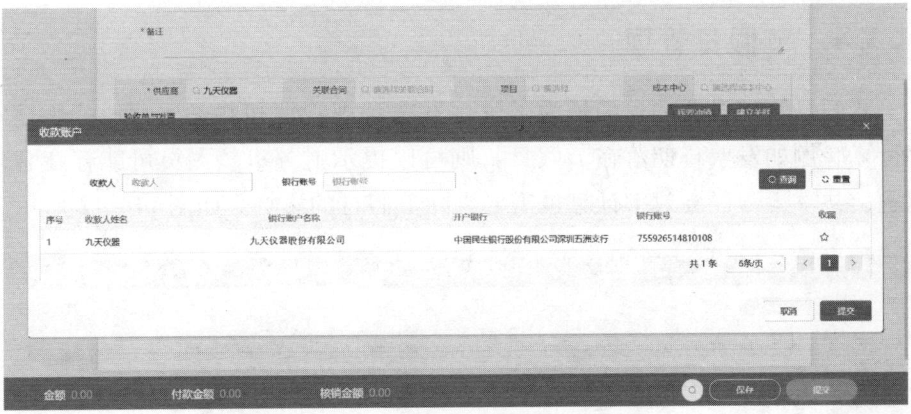

图 14－9　供应商信息系统功能页面

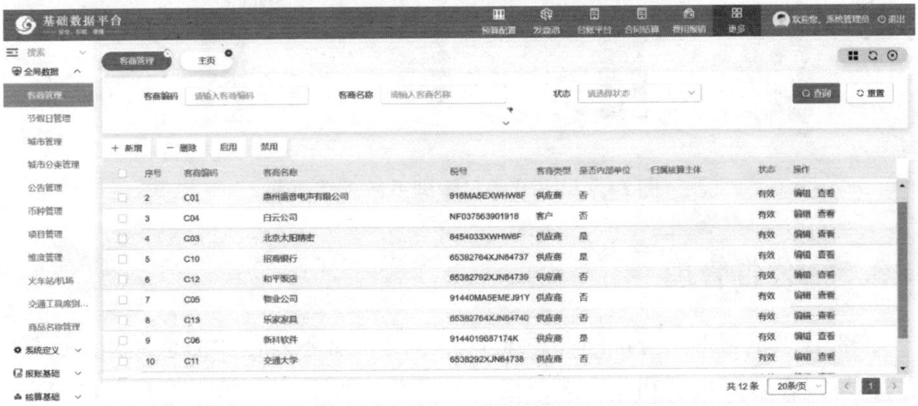

图 14－10　供应商、客户信息系统配置页面

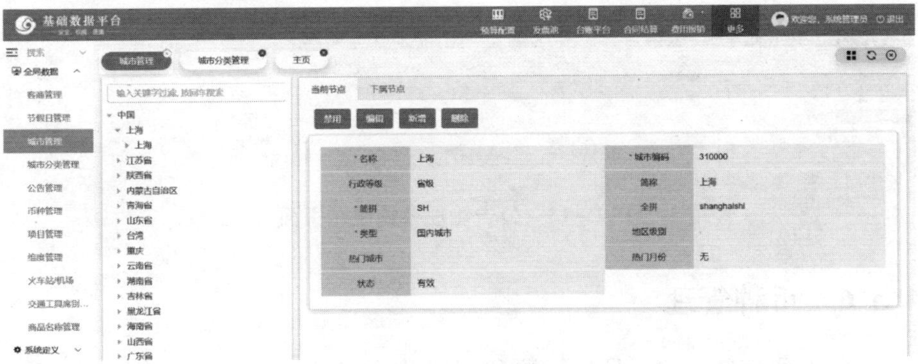

图 14－11　城市管理系统配置页面

数字化时代的全员体验——费用报销系统

## 14.3.4 节假日管理

节假日管理设置的目的是为了进行发票合规管理和共享运营任务稽核效率计算。例如发票日期落在节假日，则可以提示财务审核人员可能存在合规问题；共享运营任务效率计算也需要剔除节假日的影响。如图 14－12 所示。

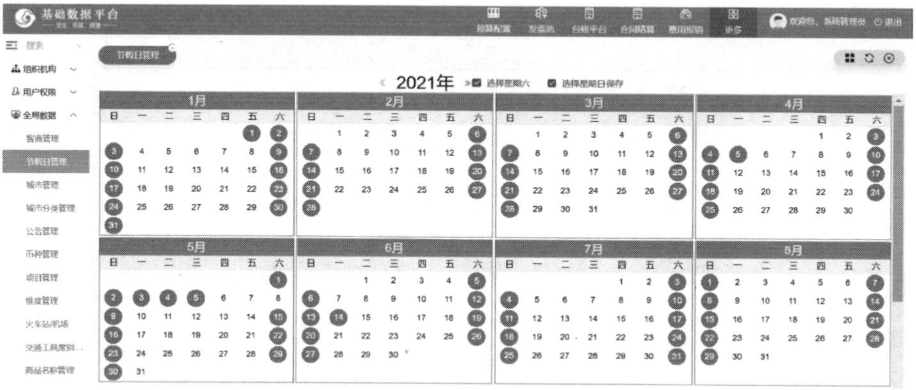


图 14－12　节假日管理系统配置页面

## 14.3.5 公告管理

公告管理是帮助财务部门在系统上集中发布财务公告和消息通知。已发布的公告可以在费用报销和共享运营系统上查看。如图 14－13、图 14－14 所示。

图 14－13　公告管理系统展示页面

## 14.3.6 币种管理

配置币种信息，主要是为了顺利配置核算基础的账套和汇率方案，使报账系统能够生成外币凭证。比如，企业开展海外业务，付款时按照美元进行结算，此时系统需要维护美元的币种信息。如图 14－15 所示。

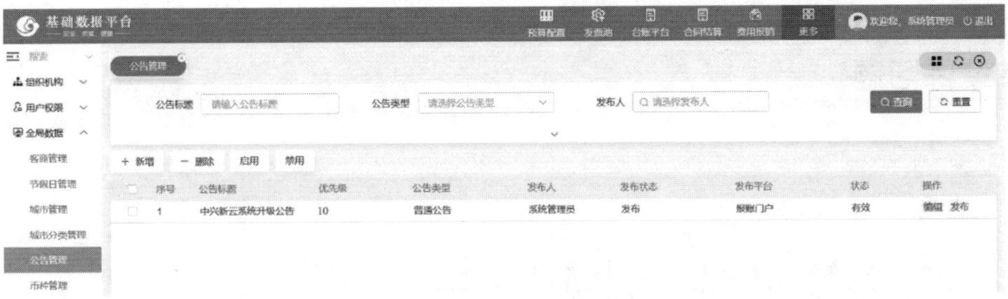


图 14－14　公告管理系统配置页面

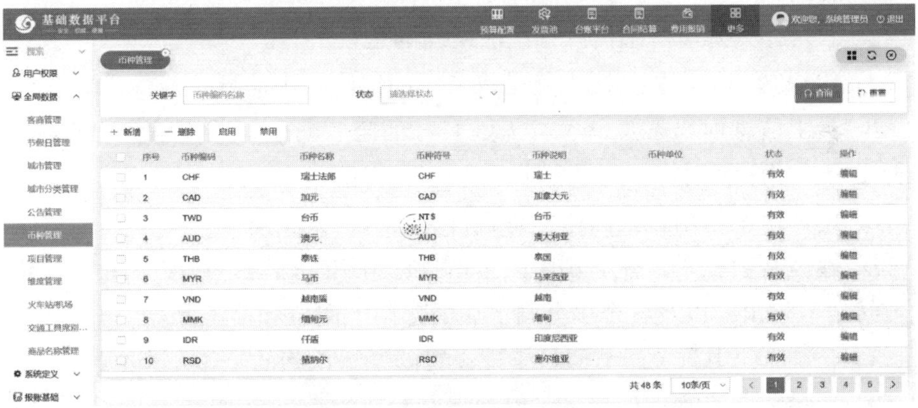


图 14－15　币种管理系统配置页面

## 本章小结

系统配置是系统使用的前期准备工作。一个原始的系统就像一个刚交付的毛坯房，系统配置就是一个装修的过程，需要将企业的主数据、业务流程、报账基础、核算基础等录入。费用报销系统的配置整体分为六大步骤：建立共享基础、配置公司基础信息、核算基础、报账基础、单据、管控要求。

### 本章关键词

共享基础　公司基础信息　组织基础　供应商管理　城市管理　节假日管理　公告管理　币种管理

## 本章练习题

### 一、选择题

1. 费用报销系统配置中的核算基础配置包括（　　）。

A. 会计科目体系　　B. 会计结构

C. 辅助核算　　D. 汇率方案

2. 下列有关公司基础信息，说法正确的是（　　）。

A. 组织基础的配置实际上就是将公司的组织架构信息完善在系统中

B. 员工信息模块需要录入员工姓名、部门、岗位、兼岗信息、手机号、银行账户、差旅级别等，可供各个系统提取应用

C. 用户角色与用户之间通常是直行关系，一人一岗

D. 在公共数据平台建立集团账号信息，组织基础就是在该集团下设置相互独立的子公司，以及各个子公司下属的部门、岗位和员工

3. 下列选项中，关于节假日管理设置的说法正确的是（　　）。

A. 通过节假日管理设置，可以加强对发票的合规管理

B. 通过节假日管理设置，可以提高共享运营任务的稽核效率

C. 若发票日期落在节假日，则可以提示财务审核人员可能存在合规问题

D. 在进行共享运营任务效率的计算时，不能剔除节假日的影响

4. 下列选项中，关于费用域相关系统配置的说法正确的是（　　）。

A. 企业对海外业务进行多币种结算时，不必维护币种信息

B. 单据定义配置为完成报账单据相关逻辑规则和字段信息的配置

C. 报账基础应包括单据的支付方式、税种税率、业务类型、流程、附件等

D. 核算系统是系统自动生成凭证的信息来源，应当早于单据设置之前

5. 公司基础信息中包括公司基础信息和主数据信息，下列选项中属于基础信息的是（　　）。

A. 公司、岗位、人员等组织结构搭建　B. 供应商、项目配置

C. 节假日、公告配置　　D. 城市、币种

## 二、判断题

1. 建子公司时，为保证数据的安全性和独立性，需要将各个子公司之间的数据进行完全隔离。（　）

2. 配置公司的基础信息步骤中包括基础信息和主数据信息，主数据具体指系统间可以共享的、变化较快的数据。（　）

3. 费用报销系统的配置整体分为五大步骤，分别是建立共享基础、配置公司基础信息、核算基础、报账基础、单据。（　）

4. 配置人员根据企业需要设置不同用户角色，再将该角色分配给不同的员工。或者反向配置，在“用户管理”界面为用户分配角色。角色与用户之间通常是对应关系。（　）

5. 公告管理可以帮助财务部分在系统上集中发布财务公告和消息通知，以及发布的公告只可以在共享运营系统上查看。（　）

## 三、思考题

1. 费用报销系统的基础配置分为哪些步骤？

2. 公司基础信息配置包含哪些内容？

# 第15章　费用报销外延系统——采购系统



## 本章学习目标

本章首先阐明了传统采购业务的痛点，其次详细解释了集中采购的含义、模式、优势等内容，最后介绍了电商采购系统的功能、流程和给企业带来的收益。

通过本章的学习，应掌握：

◇　传统采购与集中采购的基本特点

◇　电商采购系统的功能、流程及收益

## 本章知识结构图（见图15－1）

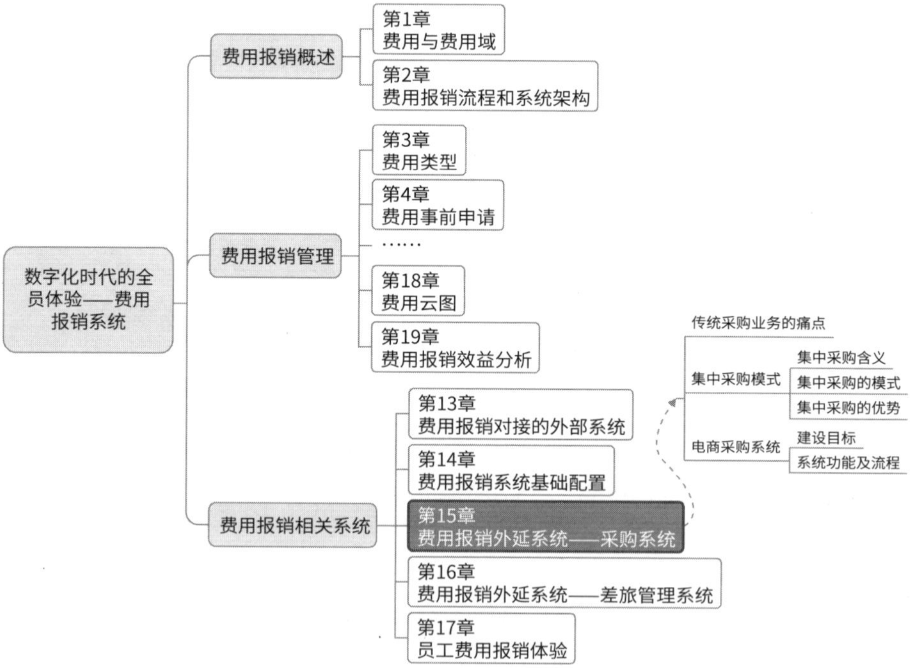


**图15－1　第15章框架导图**

## 15.1 传统采购业务的痛点

在传统模式下，企业的采购流程是：首先由采购人员通过上门调查、产品认证、试生产、供货跟踪等方式，进行供应商认证，根据认证结果确定供应商名录。之后，在某一约定的时间段内，通过电话询问或投招标的方式得到供应商的报价，企业从中挑选报价最合理的供应商作为中标者并与之签订合同。

传统的采购流程一般以企业采购管理为核心，围绕企业内部采购流程进行设计，将供应商作为企业管理的对象看待，具有一定的封闭性，其业务痛点主要包括：

➢ 采购成本抬高。采购流程透明度不足，缺乏足够的监督，暗箱操作空间较大，容易成为滋生腐败的温床；

➢ 采购流程复杂。多业务部门的参与拉长了采购周期，采购流程繁复，降低了采购效率；

➢ 采购链条过长。较长的采购周期会导致供应与需求脱节，无法满足企业经营的及时性要求；

➢ 采购场景单一。涉及众多种类、一站式采购的需求难以满足，定制化服务和物流配送服务不够完善。

## 15.2 集中采购模式

### 15.2.1 集中采购含义

集中采购指的是同一企业内部或者同一集团内部采购集中化，企业为了减少采购渠道，获得更大的价格优惠而在其核心管理层建立专门的采购机构，以组建内部采购部门的方式来统一其分布于世界各地的采购业务的批量采购方式。集中采购体现了经营主体的权利、利益、意志、品质和制度，有利于稳定本企业与供应商之间的关系，是经营主体降低进货及物流成本、赢得市场、控制节奏、保护产权、技术和商业秘密、提高效益、取得最大利益的战略手段。

在现今全球经济一体化的情况下，市场竞争空前激烈，企业追求的是企业利润最大化而非企业产量最大化，对企业来说，拥有先进的原料采购和运输管理方式已经成为一种不可替代的战略优势。集中采购实现了集团对内部各子分公司商品采购的有效控制，是集团内部采购管理的发展趋势，具有良好的发展前景，是企业降低成本、实现内部经营目标的有效手段。

### 15.2.2 集中采购的模式

从决定采购价格的方式来分类，常见的集中采购模式包括传统采购和招标采购。在传统采购模式下，企业首先根据自身生产需要，由各部门在期末编制采购物资的申请，然后物资部门统一汇总成采购计划表，经过主管领导审批后，通过议价的方式进行采购，物资最终由验收部门验收入库，满足企业生产的各项需要。整个过程中业务信息的共享程度较低，容易出现徇私舞弊以及错过优质供应商的情况。在招标采购模式下，企业事先提出采购条件，邀请众多企业参与投标，而后由采购方按照规定的程序选择最优交易对象，整个过程较为公开公正，但手续较为烦琐且相关采购费用较高。

从建设模式来看，集中采购模式主要分为集中定价、分开采购；集中订货、分开收货付款；集中订货、分开收货、集中付款；集中采购后调拨等，同时，并非所有的企业都适合实施集中采购，在考虑集中采购模式是否适合自身企业时，企业需要考虑以下因素：

➢ 采购需求的通用性，企业对于所购买产品要求的通用性越高，从规模效应中获得的收益就越大，当企业从事定制程度较高的业务时，对原材料的种类需求可能较多，集中采购并不一定适用；

➢ 供应市场的结构，当供应市场企业数量较多且规模不大时，一家供应商可能无法满足企业生产需要，此时集中采购无法满足企业要求；

➢ 专业技术及人才的储备，在一些情况下，采购需要较高的专业技术，例如高科技半导体和芯片的采购，此时，集中采购可能成为唯一的选择；

➢ 客户需求的差异性，在特定情况下，客户指定了特定供应商产品用料，此时不适用于集中采购。

### 15.2.3 集中采购的优势

集中采购将分散的、有限的采购资源整合起来，共同应对市场，利用“大市场”资源吸引更多的供应商参与采购物资的竞价，通过询价、比价、谈判，取得优惠价格，降低采购成本，同时获得一批宝贵的供应商资源。相比于传统采购模式，集中采购具有六个方面的优势：

（1）有利于物流优化。物流是为满足客户需要，对商品、服务及相关信息在源头与消费者之间的高效（高效率、高效益）正向、反向流动及储存进行计划、管理与控制的过程。物流服务将传统的仓储、运输、装卸、包装等物流活动信息化、系统化、专业化，赋之以新的增值服务内容，实现在较大范围内降低产品在流通领域的流通成本，以达到满足客户需求、优化资源配置的目的。集中采购的推行，使得采购资源实现了调配统一、分拨有序，货物的流向和流量得到了有效控制，方便了企业组织生产，实现了物流优化。

（2）有利于供应链管理。供应链是由供应商、制造商、仓库、配送中心和渠道商等要素共同构成的物流网络。供应链管理是指对整个供应链系统进行计划、协调、管理、控制和优化的各种活动和过程，它以彼此的主要产品为纽带，把跨企业的业务运作联合起来，以期共同降低经营成本、经营风险，提高企业的竞争力，是上、下游企业之间一种协作协调、良性互动的经营战略。集中采购可以更好地稳定和调和供应商与制造商的关系，使供应链管理在更广、更大、更深的空间内实施。

（3）有利于采购资源整合和人才培训。集中采购为资源整合创造了条件。通过集中采购，公司总部可以将分散在各子分公司的采购资源加以整合，一方面，可以增大公司的采购规模，吸引更多的供应商加入，有助于从战略上或更高的层面上调整供应商结构，谋求从更广泛的市场范围内调控资源，提高资源的保障度；另一方面，有利于公司上下的政令畅通，提高公司总部的凝聚力和向心力。集中采购的功能集中，便于推行专业分工，减少人力浪费，使采购作业成本降低，效率提升，也有利于采购人才的训练与培养。

（4）有利于降低库存。库存指一切目前闲置的、用于未来的、有经济价值的资源。库存占用企业的流动资金，如果库存量过大，流动资金占用量过多，会影响企业的经济效益；如果库存量过小，又难以保证企业正常生产的持续进行。库存问题一直是企业待解决的难题，集中采购可以在集团层面统筹规划内部各子分公司的供需数量，不足或过剩部分实行统一调配，避免了各自为政，能有效降低库存。

（5）有利于规范采购行为，提高采购过程的透明度。集中采购从制度上解决了计划权、采购权、使用权的三权分离问题，健全了规章制度，明确了各部门的分工，合理解决了各部门之间的纠纷，规范了采购行为；采购的全过程分别由不同部门协作完成，分别接受法务、质检、财务、纪检等部门的监督和检查，提高了采购过程的透明度。集中采购的大宗物资和设备一般采取公开招标的方式进行，整个过程接受监督，能够有效地防止腐败滋生。

（6）有利于降低交易费用，节约采购成本。集中采购的最终目的是要以更优惠的价格获得更优质的商品，通过集中采购，一方面，其“集中”的特性可以将分散的、有限的采购资源整合起来实现资源的最佳配置，使采购更具有针对性，减少交易次数，有效地降低交易费用；另一方面，集中采购能够在供应商之间挑起“背靠背”的竞价，各供应商为了达到竞争目标，会竞相以优惠的价格销售产品，可以大大地节约采购费用。

## 15.3 电商采购系统

### 15.3.1 建设目标

电商采购是将企业采购过程中的各个角色通过电商采购平台连接起来，以电子形式进行采购和管理的新型管理模式，属于集中采购的一种。电商采购系统在供应商端能够进行供应商准入、报价、竞价、订单、合同、对账结算等的在线管理，在采购端能够实现对供应商信息，如采购需求、询报价、询竞价、商城采购、订单执行、库存、结算等的在线管理，实现资源的快速匹配和信息的内外连通。

通过电商采购系统的建设，企业旨在从职责、信息和服务三个方面进行创新，提升供应链价值，助力公司发展。

（1）职责方面：围绕电商采购特点及创新管理手段，通过采购与执行分离实现合理分工，提升采购效率。

企业一方面可以通过采购管理与采购操作分离，使得采购部门和需求部门分工更合理，减少需求的反复沟通确认，大幅降低采购工作量，提升采购效率，实现降本增效。另一方面通过设定合理规则，有效规范采购行为，降低采购风险。

（2）信息方面：通过“三流合一”实现集中管控，消除流程断点，打破信息孤岛，实现全流程线上操作。

企业通过电商平台打通内部多个系统接口消除信息孤岛，将供应链活动相关的各种信息整合，实现物流、资金流和信息流“三流合一”的集中管控，有效提升采购效率。除此以外，企业可以以需求为导向对原有流程进行重组优化，降低采购流程的复杂性，实现端到端全流程线上处理。

（3）服务方面：全程可视化操作，货架式选购方便快捷，实现内部用户体验的全面升级。

企业通过电商采购平台实现了从商品选购下单到收货确认全程可视化操作，商品信息、配送信息一目了然，提升用户体验。同时，通过购物车模式，实现一键下单、自动分单、提升订单处理效率。

## 15.3.2　系统功能及流程

电商采购系统的建立能够帮助企业实现身份认证、采购申请、审批管理、订单管理、合同管理、结算管理、库存管理和供应商管理，改善企业采购流程，提升采购效率。系统不仅能够与外部采购平台对接，实现商品数据的实时更新，还能够与企业内部的统一门户、OA 系统、HR 系统和会计核算系统对接，将采购数据与共享系统对接，提升企业内部财务工作效率。如图 15－2 所示。

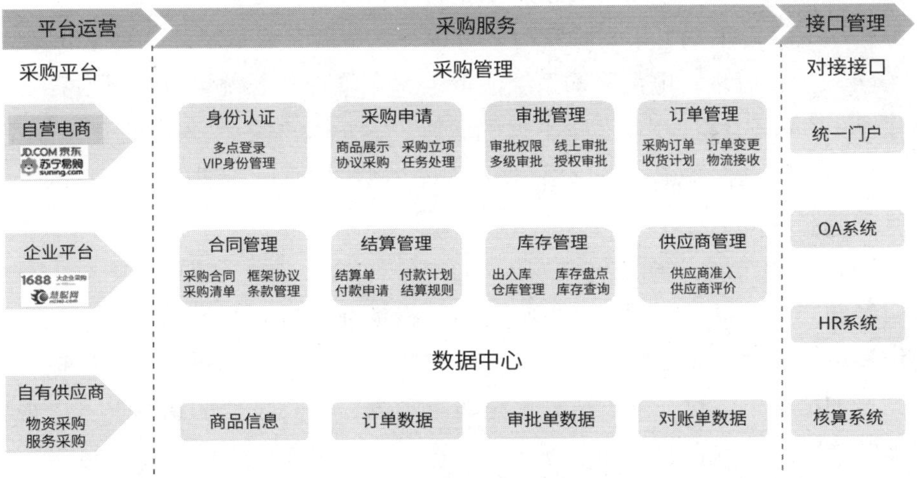


图 15－2　电商采购系统功能架构

电商采购系统的功能主要包括合同/协议、采购申请、采购订单、库存管理、结算管理、供应商管理六大模块。

（1）合同/协议。企业通过招投标签署采购合同或框架协议，支持手动录入；同时也可以根据采购需求直接生成采购合同。合同或协议电子化统一管理，方便查阅；着重管理合同/协议履行环节，最大限度保障企业利益。

通过预算控制的合同生效后，需求人员可依据合同下单，实现信息协同，供/采双方均可掌握合同的履行情况。业务人员在创建合同或协议采购申请时可引用框架协议。

（2）采购申请。采购申请将第三方电商平台（如苏宁易购、京东商城）的自营商品汇聚，同时将采购商与既有合作供应商签署的框架采购协议（价格清单）批量录入采购共享系统形成企业内部商城，采购商在内部商城选择或搜索商品，加入购物车，形成采购申请，向第三方电商平台预占库存，向共享运营系统预占预算，执行审批流程，审批通过后生成订单。采购申请适用于第三方电商平台自营的标准化商品和采购商既有合作供应商提供的商品或服务的采购，具备电商化采购、预算管控、在线审批、订单协同、第三方电商平台商品迅速上架、既有合作供应商商品实现批量导入快速上架、增加合作的紧密程度等优势。

（3）采购订单。电商采购系统中的采购订单能够同时展示订单的具体信息，支持图片展示，更加醒目直观。所有采购订单能够在采购方与供应商间实时共享，从而保证供应商迅速获取新订单的相关信息。除此之外，系统还能够自动追踪订单从下单到收获的实时状态，帮助企业掌握订单处理进度。

（4）库存管理。电商采购系统注重于库存管理，系统可以通过对存货信息以及出/入库类型、出/入库单据的管理，及时反映各种存货的仓储数量、流出方向等信息；系统还可以根据出/入库类型的不同，实现库存管理的全方位管控机制。

（5）结算管理。采购方和供应商的交易在线上进行，结算规则对于双方是明确的。系统可以针对已经接收的物料根据业务规则生成结算单。供应商对结算单数据确认完成后，按结算单要求给采购方开具发票，采购方核对发票是否和结算单一致。由于结算单是线上数据，开具发票的结算单可以很容易地转换为采购方企业内部管理业务单据——报账单，采购负责人可以在报账系统中完成发票入账、报账申请等业务环节。

（6）供应商管理。电商采购系统支持供应商主动注册和采购方邀请供应商注册两种方式。供应商在注册过程中，需要上传企业营业执照、税务登记证、组织机构代码等证照，保证供应商的真实性和有效性；同时企业（采购方）也需要在系统中完善企业类型、注册地址、企业性质、注册资本、主营业务等企业基本信息，有利于采购方根据需要选择供应商。采购方可以自定义对供应商的评分标准，然后根据评分标准，对每一个供应商进行评分管理。

电商采购系统建成后，企业将第三方电商平台的商品汇聚，并将相关的框架采购协议批量导入系统，形成企业内部商城，在需要特定产品时，企业采购人员获取企业授权，通过内部商城，在部门资金计划内通过 PC 端或移动端查找、选购商品、加入购物车、形成采购申请，并在线提交申请，相关人员审批后，供应商发货。交易完成后，企业进行统一结算并自动发起报账，无须员工提单。企业全流程使用增值税专用发票，款项月结，发票数量大幅下降，费用报销流程与税务处理过程得到简化，具体流程如图 15－3 所示。

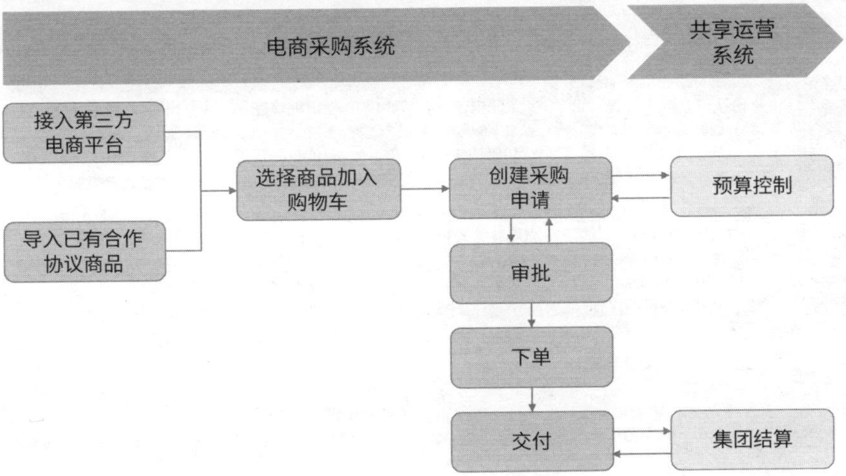


**图 15－3　电商采购系统流程图**

**【延伸阅读】**

## 某 A 企业集中采购系统

某 A 企业是全球领先的综合通信解决方案提供商，主要产品包括：2G/3G/4G/5G 无线基站与核心网、IMS、固网接入与承载、光网络、芯片、高端路由器、智能交换机、政企网、大数据、云计算、数据中心、手机及家庭终端、智慧城市、ICT 业务，以及航空、铁路与城市轨道交通信号传输设备。该企业发展至今有 8 万余名员工，从事海外业务的有 10000 余名，海外员工本地化率达 65%。技术类人员数量达到 50000 名，纯研发人员超过 25000 人。

易采购系统是该企业开发的专业采购解决方案的产品，可根据办公采购、员工福利、商务礼品等不同场景，打造多元化的产品解决方案，是一套集电商基础业务、企业内部人事财务审批系统、数据分析功能于一体的企业在线采购创新平台，可满足企业不同场景下的采购需求，帮助企业将原本烦琐的采购工作简单化、信息化、透明化，有效提升效率，降低采购成本，让企业的采购变得阳光、高效、简单、快乐。

易采购系统由企业统一管理、审核、引进供货商，审批发布供货商提交的商品信息。如图 15 –4 所示。集团采购人员获取企业授权，在部门资金计划内通过 PC 端或移动端（如手机 APP、微信版本）查找、选购商品，在线提交申请，相关人员审批后，供应商发货；后台系统及时汇总订单数据、审批记录、财务数据，形成有效的数据报表及分析结论。如图 15 –5 所示。

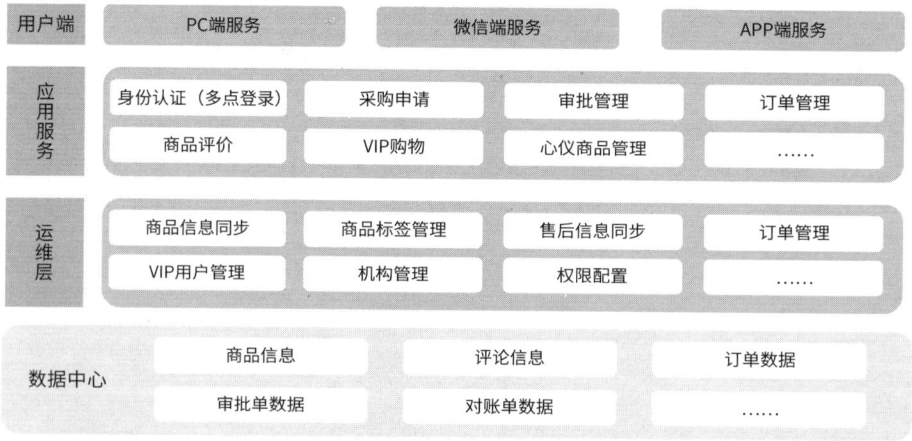


**图 15 –4　易采购系统产品架构图**

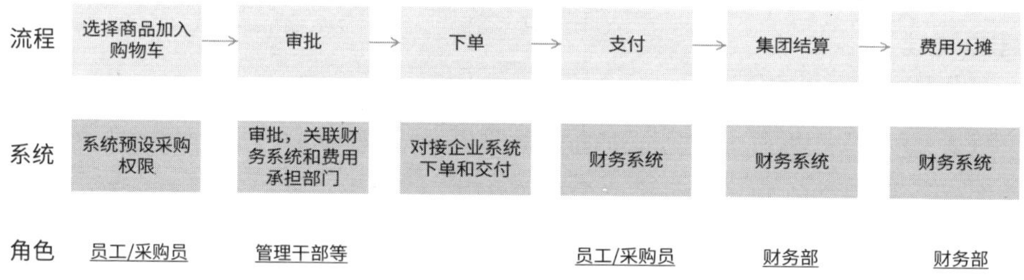


**图 15 –5　易采购操作流程**

易采购系统的实施，实现了企业商品品质有效管控、系统产品功能模块化、数据报表功能提升。

商品品质有效管控：对接京东等大型电商企业，资质可靠。入驻平台的供货商，以质优价廉为基础，高效的后台管理平台可从引进供应商、发布商品、商品售后多个阶段对产品质量进行实时监管，确保企业采购用品的品质。

系统产品功能模块化：系统模块化，支持功能可配置、可扩展，可通过

API 接口的方式便捷对接每个企业的业务，为企业提供独立的电商采购系统服务；可以为其他企业快速移植各模块功能，对接其内部系统，导入员工信息，建立组织层级关系，分配审批权限，快速实现将线下审批转移到线上。

数据报表功能提升：可提供不同部门的常购商品种类、标签以及数量信息、商品的热销排名、VIP 用户的购买数据、商品退换货情况、商品评价等订单数据；不同部门的提单旺季、不同部门的采购审批情况等审批单数据；与供应商的对账及结款情况等财务数据。



## 本章小结

在传统采购模式下，采购人员通过调查、试生产等手段确定供应商范围，再通过电话询问或招投标的方式确定一个报价最合理的供应商，这一过程工作量大，容易暗箱操作，存在诸多痛点。集中采购以组建内部采购部门的方式来统一其分布于世界各地的采购业务的批量采购方式，实现了同一集团内部采购集中化。

电商采购系统是以电子形式进行采购管理，将采购过程中各个角色连接在一起的新型管理模式，可以实现资源的快速匹配和信息的内外连通。电商采购系统给企业带来了采购系统多样化、采购过程透明化、信息传递及时化、业务财务一体化等收益。

### 本章关键词

传统采购　集中采购　招标采购　电商采购系统

## 本章练习题

### 一、选择题

1. 从决定采购价格的方式来分类，常见的集中采购模式包括传统采购和招标采购，以下（　　）属于招标采购模式的特点。

A. 业务信息共享程度较弱　　B. 采购过程较为公正

C. 手续烦琐　　D. 相关采购费用较高

2. 并非所有的企业都适合采用集中采购模式，下列（　　）情况不适合采用集中采购。

A. 企业从事定制程度较高的业务

B. 供应市场企业数量少且规模大

C. 高科技半导体和芯片的采购

D. 客户指定了特定供应商产品用料

3. 下列选项中，（　　）是与电商采购系统对接的外部系统。

A. 统一门户　　B. OA 系统

C. 核算系统　　D. HR 系统

4. 下列选项中，属于电商采购中创新点的是（　　）。

A. 采购与执行分离实现合理分工，提升采购效率

B. “三流合一”集中管控，消除流程断点，打破信息孤岛，实现全流程线上操作

C. 全程可视化操作，货架式选购方便快捷

D. 采购资源实现了调配统一、分拨有序、货物的流向和流量得到了有效控制，方便了企业组织生产，实现了物流优化

5. 通过使用电商采购系统，企业可以实现以下（　　）目标。

A. 采购系统多样化　　B. 采购过程透明化

C. 信息传递即时化　　D. 业务财务一体化

## 二、判断题

1. 通过电商采购系统进行商品采购，待交易完成后，由员工发起提单，集团进行统一结算并自动发起报账。（　　）

2. 互联网的特性使得电商采购业务更加标准和透明，采购过程更加公平公正公开，解决了市场信息不透明、询价难的问题。（　　）

3. 集中采购下，企业购买产品要求通用性越高，从规模效应中获得的收益越大。（　　）

4. 传统采购公开寻求中标，采购周期过长易导致供应与需求脱节。（　　）

5. 集中采购需组建专门的采购机构，统一分布于世界各地的采购业务的批量采购方式。（　　）

## 三、思考题

1. 传统采购模式和集中采购模式的区别是什么？
2. 电商采购系统主要包含哪些功能？
3. 电商采购系统能够给企业带来哪些收益？

# 第16章　费用报销外延系统——差旅管理系统



## 本章学习目标

本章首先阐述了传统差旅管理模式的痛点，其次介绍了差旅管理系统的相关内容，包括管理模式、对接的系统以及带来的收益。

通过本章的学习，应掌握：

◇　传统差旅管理模式的痛点

◇　差旅管理系统的功能及收益

## 本章知识结构图（见图16－1）

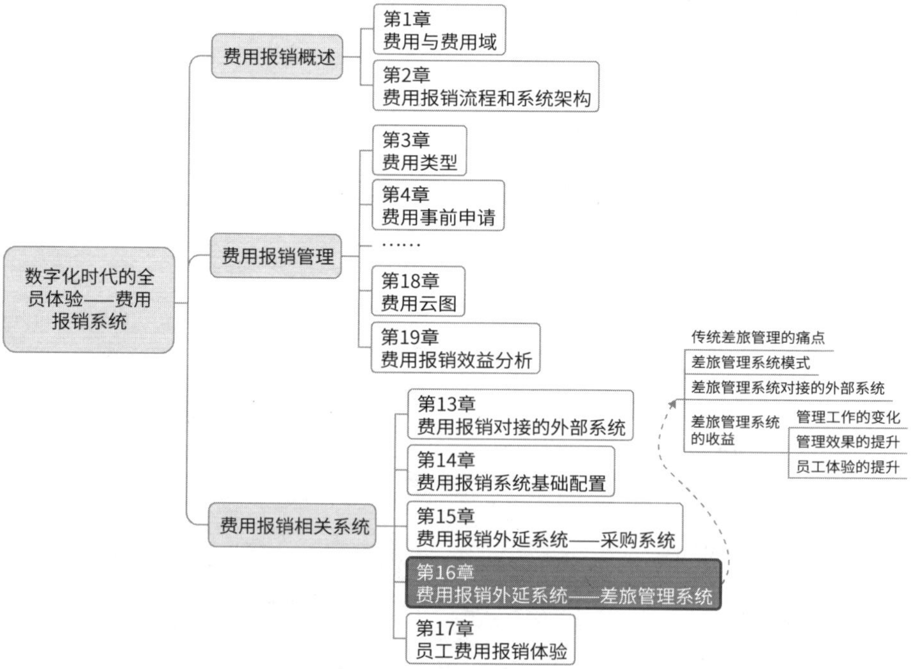


图16－1　第16章框架导图

## 16.1　传统差旅管理的痛点

差旅活动是大型企业日常经营中必不可少的活动，差旅成本是企业经营成本的重要组成部分，差旅费用是与企业所有部门和大多数员工密切相关的费用，在企业创造价值的过程中起着重要的“推动器”作用。

在传统的差旅管理模式下，员工需要耗时耗力地填写大量的纸质单据，企业需要关注机票酒店的预订、票据的审核报销、差旅报告出具的全过程。员工个人和企业均付出大量的人力和时间成本，极大地影响了企业管理的效率。具体来说，传统差旅管理模式存在的问题主要有以下几个方面：

（1）无独立的差旅管理部门，差旅管理功能未独立。传统的差旅管理往往由企业中的兼职部门完成。由此带来的问题主要是管理流程不完善，最终导致业务目标难以达成，尤其是对全流程的差旅管理缺乏专业视角。

（2）以差旅成本控制为首要目标，对差旅人员的因素关注较少。差旅活动是差旅人员完成的，不同的差旅人员对差旅行为存在不同偏好，这会影响差旅的成本和效率。诸如差旅行为是福利还是工作，不同的差旅人员会产生不同的认知。有调查表明，一般新员工出差、老员工去新地区和乘坐新的交通工具等出差行为，就比经常出差、固定线路出差的差旅人员更具新鲜感。由于新鲜感导致不同的内心需要，员工在选择交通工具、住宿环境、餐饮场所等差旅条件时有明显的喜好差异，从而产生了不同的差旅成本。又如，选择以“朝发夕至”或是“夕发朝至”的交通工具出差，选择“公司协议的”还是“差旅人员个人会员加入的”航空公司和酒店，都会直接影响差旅成本和差旅效率。

（3）未清晰掌握差旅过程，易滋生虚假的费用。因为业务流程不清晰，差旅业务发生的真实性难以被企业掌握，容易滋生虚假的费用。虽然现在铁路、航空等要求旅客实名制，但如餐饮、住宿、出租车等差旅行为难以实名制，有网站公开转让差旅票据供报销使用，一些服务提供机构为满足差旅人员的需要，虚开发票供差旅人员报销，企业限于信息查询的困难，难以对差旅业务的真实性做出判别。

（4）差旅管理未兼顾效率和员工满意度。企事业单位通过费用预算控制差旅费的总额，制定差旅政策来明确出差报销和补贴标准，能起到控制差旅费用的作用。但是在差旅费用预算标准和差旅政策的制定中，缺乏必要的沟通和数据参考，尤其对员工的反馈关注较少，导致差旅标准限制员工的积极性，员工甚至对差旅行为有抱怨情绪。常见的如按人员行政级别确定出差交通工具标准，未顾及不同交通工具的效率和差旅人员的感受。如飞机或铁路工具的选择，飞机是最快的交通工具，成本也较高，一般设置为重要级别员工或因为重要紧急出差事宜方可乘坐。随着动车、高速铁路的兴起，飞机票价呈下降趋势，在同等成本的前提下，飞机出行效率最高，是值得选择的出行方式，对此情况，传统差旅管理制度一般给予硬性规定，影响员工选择的积极性。

（5）缺乏整体差旅管理业务信息。差旅行为会消耗资源，也会创造价值。传统差旅管理局限于以差旅成本作为标准进行差旅活动的价值评价，未结合差旅行为的具体目标、效率、价值创造的结果分析，是基于单一业务链的片面分析。

## 16.2 差旅管理系统模式

为有效节约企业差旅成本，反对浪费，部分企业已率先采用先进的信息技术，结合互联网、大数据和云计算技术及差旅管理模型，建立一套完善的集中采购差旅管理系统，对差旅服务进行集中采购，对差旅行为进行全过程管理、监控、数据分析并进行持续优化。

差旅管理系统是企业员工因公、因私差旅服务和订单管理平台，作为中间环节连接者，纵向连接差旅供应商、员工，横向打通预算控制、差旅审批、订单数据对接等流程。平台实现对外统一结算，为企业员工报销差旅提供便利、为企业保护现金流。通过与出差审批系统、费控系统对接，控制非授权差旅行为、简化员工差旅报销流程（无须贴票），方便员工出差预订机票、酒店、火车票，控制差旅成本，提高行程效率。如图 16－2 所示。

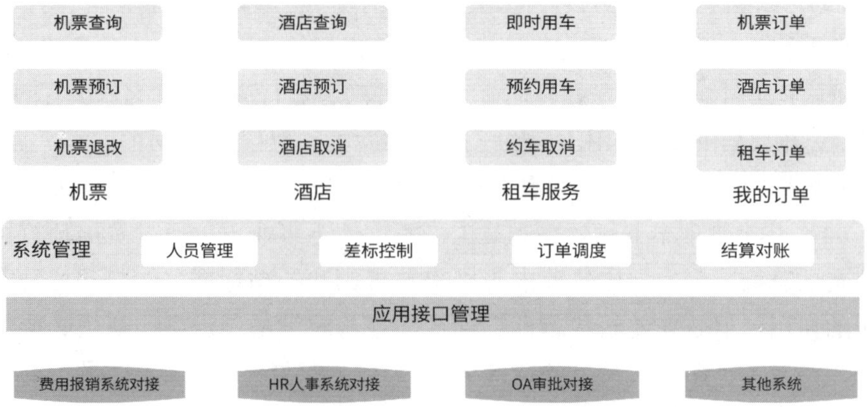


**图 16－2　差旅管理系统功能框架图**

差旅管理系统建成后，员工的出差流程得到极大优化。员工通过 OA 系统进行出差申请和领导审批后，相关信息被同步至相关的差旅平台，员工可以通过手机 APP、PC 端等方式查询预订车票、机票、酒店等，也可以通过差旅平台智能化选择配套服务，行程结束后，系统通过与航空公司、酒店的对接，自动对相关费用进行统一汇总清算，完成报销。员工全程仅需要通过系统填写少量信息，能够避免繁杂的手续和杂乱的信息，实现了零负担通行，具体业务流程如图 16－3 所示。

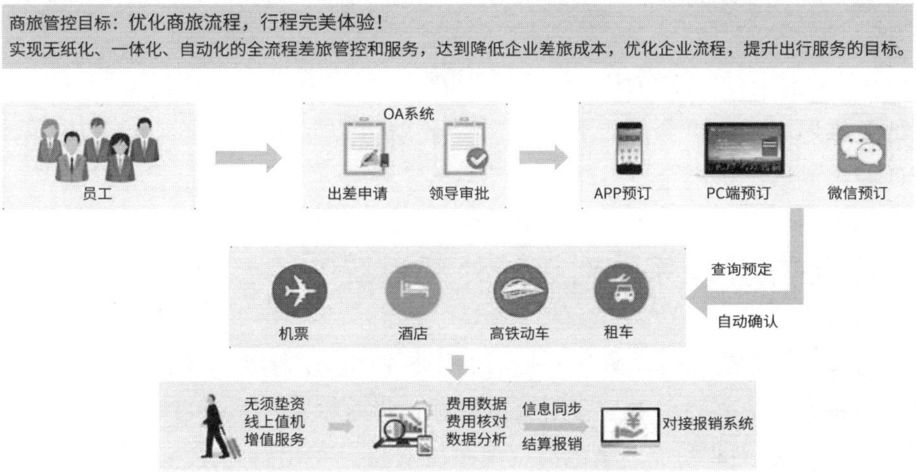


图 16－3　差旅管理系统业务流程

除此以外，新型的差旅管理系统还能够帮助企业实现全程的预算管控，主要体现在差旅管理的各个流程节点，例如员工在线进行差旅申请，占用预算，实现实时的预算管理；差旅管理系统内置一定的消费规则，员工在制度规定内进行消费，便于企业控制成本；企业定期与供应商进行结算，确保数据透明和业务处理便捷；员工在报销时，系统自动查验费用是否合规，并进行风险提示。如图 16－4 所示。

从出差申请到费用报销的全部流程都可以在差旅管理系统中完成。差旅管理系统具有简化差旅管理的流程、降低差旅费用、实时监控等功能。企业员工每一次外出的全部信息都可以被完整地录入到系统中。企业的差旅管理系统有全部的数据记录可供查询分析，通过对企业的差旅数据进行多维度、多层次的分析，整合分析结果，使得企业内部形成互相反馈的企业差旅管理系统。随着企业差旅数据的逐年增加，差旅分析的熟练度增加，大数据对未

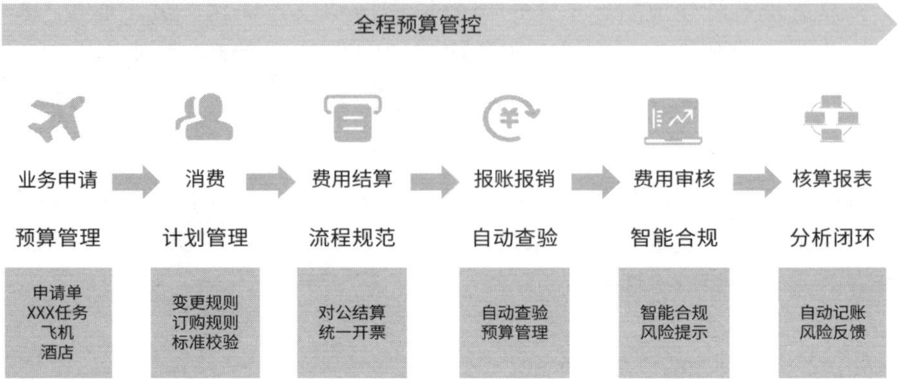


图 16－4　差旅报销的全程预算管控

来的差旅形势预测也会越来越准确，企业就可以制定更加详细的差旅计划，降低差旅成本，提高企业整体效率。

## 16.3　差旅管理系统对接的外部系统

建设差旅管理系统，首先要打通费用报销系统、HR 系统、OA 审批系统之间的断点，中兴新云通过应用接口管理，将差旅管理系统与费用报销系统、HR 人事系统、OA 系统，服务商资源系统对接，将出行订单等数据同步导入报账系统，实现对员工差旅过程的全流程控制。

在差旅管理系统建设中，需要对接的接口以及对接后能够实现的功能主要有：

➢ 费用报销接口，将生成的会计分录导入报销系统，实现快速报销；差旅管理系统需要定期将差旅数据传输到费用报销系统中，以进行费用方面的结算，同时也要分析是否需要对员工发放差旅补贴；

➢ HR 系统接口，将差旅信息推送至 HR 系统，有助于员工的考勤管理。HR 系统应当提前汇总员工的完整信息，当员工在线提交出差请求时，系统可自行判断员工职级，并根据员工职级显示对应的差旅标准。差旅管理系统可及时将外出人员的数据传送到考勤系统内，实现精准考勤；

➢ OA 系统接口，将差旅信息与 OA 系统连通，使领导能够随时审批；

➢ 信息同步接口，将员工差旅消费订单同步到报账系统，实现关联报销；

➢ 服务资源接口，搜集相关票务酒店信息，为员工出行提供保障。差旅管理系统需要将外出人员的具体实时信息发送至服务商资源系统中进行精准对接，在差旅完成之后服务商也需要将信息及时反馈回去，包括人员、费用、时间等，两者实现相互的全自动化在线对接。

## 16.4　差旅管理系统的收益

### 16.4.1　管理工作的变化

企业启用差旅管理系统后，管理工作会发生很大变化。从上述业务结构中可以看到，传统差旅管理转为运用差旅管理系统后，差旅管理工作在组织结构、流程控制、信息管理、技术支持方面会有较大的变化，这些变化可归纳为四个方面：

（1）差旅供应商选择方式的变化。传统的差旅管理是由差旅企业或差旅人员自行选择差旅供应商，运用差旅管理系统后转变为第三方差旅管理平台，按差旅需求选择、推荐差旅供应商，可订制需要的差旅服务。差旅管理公司能够对差旅企业的差旅政策进行优化，协助差旅企业不断降低差旅成本，提高差旅企业对差旅服务的满意度，实现差旅企业、差旅供应商二者效率的最佳。

（2）差旅管理信息质量大幅提高。运用差旅管理系统后，差旅信息更全面，包括了财务信息和非财务信息；差旅业务信息相对透明化、自动化；信息的及时性增强；在降低内部差旅活动管理成本的同时，能为差旅企业管理差旅活动提供更好的决策信息支持。

（3）差旅管理重点发生变化。企业将从面向内部的费用控制转为对外部差旅供应商的选择和评价，从对员工的费用控制转变为对员工的差旅服务，并能腾出时间进行差旅效率的分析。管理的重点从对费用结果分析转为差旅过程分析，进而分析差旅活动的动因、效率、满意度等。管理的时间集中在制定更符合企业的差旅政策和认证差旅服务商上，包括认证第三方支付平台、差旅业务合作伙伴等。

（4）差旅企业更加能聚焦核心业务。通过引入差旅管理系统进行差旅管理，分离了差旅业务中增值与非增值业务，非增值业务由系统自动完成，或由外部差旅供应商、专业差旅管理公司完成，自动化程度提高。这能为员工个人节约在非增值环节上耗用的时间，帮助企业在整体上聚焦于核心增值业务，提高公司的整体效率。

## 16.4.2 管理效果的提升

差旅管理系统主要能够通过四个层面改善企业管理效果[①]：

（1）节约企业成本。企业通过与航空公司、酒店签订的大客户协议，建立集中采购的管理模式，获得价格优惠，降低差旅费用。企业在大量压缩监管成本的基础上，杜绝了“阴阳机票”“住宿虚报”等行为，提升企业的利润空间。

（2）提升员工满意度。员工仅需填写关键行程信息，系统就能配置合适的机票酒店方案，并提供统一的出行服务体验和完善的出行保障体系。员工能够线上值机并享受企业大客户协议相关的增值服务，无须粘贴发票，无须垫资，满意度得到提升。

（3）科学的过程控制。系统实现了差旅申请—审批—预定—报销流程闭环，能够实时掌控员工费用数据并进行费用核对和数据分析，员工差旅的全过程透明可视，为企业提供了清晰的全局视角，更好地引导优化差旅行为，实现信息管控。

（4）及时的智能信息。差旅管理系统能够产生多维度智能报表，进行大额支出追踪，并针对员工个人、部门管理者、政策部门、财务部门定制分析报表，为企业进一步修订差旅政策、差旅预算控制、个人差旅规划提供决策支持。

## 16.4.3 员工体验的提升

差旅管理系统的应用不仅助力提高企业管理效果，也改善了员工的差旅体验，主要表现在资金垫付和报销体验两个方面。如图 16－5 所示。

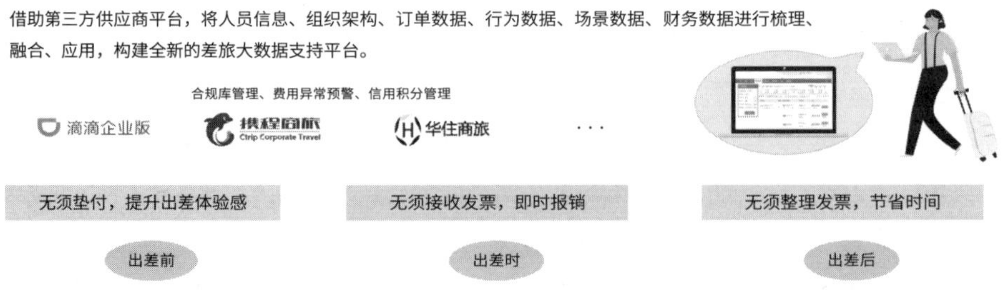


**图 16－5　员工差旅体验示意图**

① 陈虎．企业差旅管理的艺术［N］．中国会计报，2011－04－29（05）。

（1）无须垫付，提升出差体验感。原来员工出差时需要自己垫付费用，占用员工大量现金流，导致员工对出差产生抵触情绪。差旅管理系统引入了商旅平台，由企业定期与商旅公司进行结算，员工无须垫付资金，提升了员工的差旅满意度。

（2）无须接收发票，即时报销。企业引入商旅平台，员工的订票信息透明展示在差旅管理系统中。员工无须单独开具发票，可以进行无发票报销，节省了员工等待发票的时间，快速报销，提升了报销效率。企业定期和商旅公司进行统一结算，只开一张发票，减少了企业需审核的发票数量。

【延伸阅读】

## 某通信厂商差旅管理数字化实践

某通信厂商是全球领先的综合通信信息解决方案提供商。公司成立于1985 年，是在香港和深圳两地上市的大型通信设备公司。公司通过为全球160 多个国家和地区的电信运营商和政企客户提供创新技术与产品解决方案，让全世界用户享有语音、数据、多媒体、无线宽带等全方位沟通。

该厂商在 2005 年建立了中国企业第一家财务共享服务中心，并于 2013 年发展为第一家以中国本土为总部，服务全球的财务共享服务中心。目前该厂商的全球共享服务中心能够处理全球上百个国家和地区的会计核算、报表出具、资金结算业务，是其全球核算中心、全球资金中心、全球费用中心、全球会计档案中心、全球税务中心和全球数据管理中心。

为了实现对业务的全面支持和精细化管理，从 2008 年起，该厂商成立了自己的差旅中心，致力于建立高效的差旅管理流程和系统，为员工商务出行提供全程无忧的差旅解决方案，实现 Easy Trip 、高效办公。差旅中心承载了差旅费用管理的创新模式，成为企业内部集管理与服务功能于一体的、全面智能的差旅平台。

出差前，员工自己垫付费用，整理好发票后才能在系统中进行报销的流程已经成为历史，如今员工无须再垫付费用，实现了差旅的无纸化报销；出差时，员工无须接受发票，即时报销，通过企业差旅管理系统网上预订或通过差旅热线预订机票、酒店，持身份证登机、入住酒店，从进入机场到排队打印登机牌，大概节省 30 分钟。原先因为接收并保留相关发票的时间差也被节省出来，报销流程缩短 2 ~ 3 天；出差后，员工无须整理发票，节省时间，过往可能存在的不符合公司报销标准的发票整理返工过程不复存在，可节省5~10分钟。

通过建立基于互联网的全面差旅管理系统，该企业实现了员工差旅的在线信息查询和预订、全球数据跟踪、差旅费用报销的自动生成、与企业财务系统自动整合的全流程管理。除此之外，差旅管理模式节约了大量的社会资源耗费，以统一支付后的行程单和银行结算单据为例，企业一年节约的纸张就相当于1400多辆汽车一年的碳排量，低碳环保。



【延伸阅读】

## 企业差旅管理报告①

企业费用管理是一种花钱的艺术，把减少成本与增加企业的竞争力、增加员工积极性与创造性、增加企业的顾客满意度联系在一起，才是有艺术的成本控制。差旅费用是企业除人力资源成本以外的第二大费用开支，实施企业差旅管理可以有效提高费用使用效率。一般来说，企业差旅管理包括计划、预订、出行和结算四个子流程，企业的差旅政策、行程预定、结算支付、费用账单和差旅管理报告五个关键节点共同构成差旅管理的良性发展。

差旅管理不仅需要企业差旅政策的完善和有效执行，还有赖于差旅数据分析和管理报告来进一步提升。企业员工出差过程中发生的各种信息里蕴藏强大的能力，可以通过收集分析差旅数据，挖掘出大量节约成本、提高效率的机会。一份及时、准确、相关的差旅分析报告，是企业进行差旅管理的重要工具。没有详尽数据和有效的分析，就无法进行控制和管理，也无法进行持续的优化和改进。

（1）差旅管理报告的作用。企业通过在线差旅管理系统提供的强大的数据和报告模板资源，及时提供符合需求的差旅管理报告，可以有效帮助企业提高差旅效率，有效控制成本。差旅管理报告系统应该具有强大的数据挖掘功能，能够根据需要，提供每一笔交易的记录，并智能分析企业的差旅动向，并对企业差旅政策执行的有效性提出及时、智能的提醒。

差旅管理系统通过追踪预定数据产生多维度智能报表，利用多种分析组合进行差旅数据分析，出具针对员工个人、部门管理者、政策部门、财务部

---

① 陈虎．企业差旅管理报告［J］．商旅专家，2019（9）。

门定制智能多维的分析报表，可以有效地为个人差旅规划、政策制定、费用管理、预算控制提供决策支持。

经过数据整合后输出的差旅管理报告，让企业管理人员可以获知最常出差的岗位和人员，热门的出差地点，出差的原因和时间、主要交通工具、差旅费用的部门分布等，这对公司与航空公司和酒店等供应商进一步谈判，争取更优惠的折扣价至关重要。商旅管理报告还可以获知所有费用支出的合规性、合法性和合理性，员工对于差旅政策的遵从程度，为企业进一步修订差旅政策、改进差旅管理、进行差旅费用支出的控制奠定数据基础。

差旅管理报告中的热点航空公司、热点航线、热点酒店，帮助企业差旅管理部门与航空公司签订全球协议，以便得到较好的价格保证和服务承诺。在企业内部，通过航线设计和政策引导，鼓励员工采用协议价格；通过协议酒店的位置分布和价格谈判，引导员工优先入住协议酒店。

（2）差旅管理报告的内容。企业差旅管理报告可以从几个维度来进行展示，从企业差旅管理的层次维度，可以分为员工、基层管理、企业整体；从供应商的维度，可以分航空公司、酒店等，并可以出具供应商监控报告；从政策执行维度来看，可以列示协议执行情况、差旅政策遵从情况等。

差旅管理报告的内容包括五个方面的内容，一是企业差旅管理概况，通过企业总体绩效指标和差旅费用开支水平的列示，了解公司当前的差旅管理水平和差旅预算执行情况；二是企业差旅费用构成，分析公司一段时间差旅开支的各项组成，清晰了解各项开支明细；三是差旅政策执行情况，通过分析公司差旅政策执行，来计算公司节省的差旅成本，揭示可以控制的潜在成本并反映企业差旅违规行为；四是供应商服务质量水平，通过及时性、准确性、投诉率等指标对商旅管理公司或者服务提供商进行分析和排名。五是员工满意度，通过定期的在线满意度调查，宣贯公司差旅政策，并了解员工对于差旅管理的建议和满意度水平，及时提醒管理者改进。

（3）案例：某企业差旅管理报告。

Z公司整合差旅管理公司、航空公司、酒店、第三方支付公司的数据，通过在线差旅管理系统向企业员工和基层管理者提供高度个性化的差旅报告，并每个月定期出具向差旅管理部门输出差旅管理报告，如下所示：

➢ 公司差旅管理概况：简单介绍当月及其年度累计公司差旅费用开支情况，各部门预算开支情况。

➢ 机票费用分析：预定总量分析、平均折扣分析、航空公司分析、航线分析、机票舱位分布、提前预定期分析。

➢ 酒店费用分析：预定总量分析、城市分布、酒店分布、平均房价分析、房型排名分析。

➢ 协议供应商分析：协议航空公司分析、协议酒店分析。

➢ 差旅政策执行分析：机票两舱报表、机票退改签报表、未预定折扣机票报表、超标酒店报表。

➢ 员工差旅消费排名、部门差旅消费排名、出差员工满意度调查分析。

通过差旅分析报告的及时反馈和进一步运用，公司与使用较多的航空公司进行全球协议的谈判，在经常出差的城市洽谈协议酒店进行统一支付，并在差旅政策中引导员工优先选择入住。针对员工订票提前期较短的情况，公司明确了订票提前期的约束，并对少于订票提前期的部门进行排名公布。经过差旅政策不断优化，加上差旅管理报告的定期推送等举措，使公司各级部门经理得以重视差旅管理。一段时间跟踪差旅数据的持续变化和改进，公司得到的显著的成本改进效果：订票预订提前期由过去的 2.7 天提高到 5 天以上；航空公司票价总体折扣从 85 折降低到了 70 折；主要城市协议酒店的入住率从 60% 提高到 90% 以上；每年差旅成本节约在千万元以上。



【延伸阅读】

## 企业如何选择差旅管理公司[①]

企业差旅管理的外部合作伙伴包括差旅服务商和供应商，服务商是指差旅管理公司一家专业的差旅公司，能够帮助企业处理差旅管理中较为烦琐且专业性甚强的事务，使企业差旅管理人员能够集中精力于差旅政策和差旅数据分析等工作。供应商包括航空公司、酒店、租车公司等合作伙伴，可以通过服务商的采购网络或者通过企业直接签订大客户协议的方式，为企业获取优惠的差旅采购成本。

企业差旅管理一方面需为员工提供高质量的服务品质；另一方面要控制差旅成本。这两方面的有效实现，要求企业要选择一个专业的差旅服务供应商来落实公司的各项政策和流程，并且在差旅管理过程中提供及时、准确、高效的差旅行程服务。

---

① 陈虎．企业如何选择差旅管理公司［J］．商旅专家，2013（1）。

作为企业差旅管理重要合作伙伴的差旅管理公司，应该从以下方面进行选择：

(1) 端到端的服务。提供专门的差旅服务经理或者差旅服务小组实现企业差旅管理的全部需求，差旅管理人员或者顾问应当受过专业培训并拥有相关的从业经验。能够提供全套差旅解决方案，包括预定服务、差旅政策遵从、成本控制措施、员工行程保障和VIP服务等一体化服务，能够提供出差前审批、出差行程服务、出差事后分析等一系列端到端解决方案，结合差旅管理服务人员专业的服务和便利的沟通，协助企业实现差旅管理的目标。

(2) 强大的在线信息系统。差旅公司需要提供强大和先进的差旅管理系统支持，通过信息系统实现企业的差旅政策和差旅全流程服务。企业差旅审批流程、机票和酒店住宿政策应当事先内置于差旅预订系统中，信息系统通过员工账号关联员工个人信息和相应的企业差旅政策，员工出差申请经过审批流程被批准后，可以自助预定机票、酒店。如果企业在差旅政策中要求员工在预订时选择最低票价，要求优先供应商和大客户协议，明确员工机票舱位等级和城市住宿标准，差旅预订系统中都需要有相应的提醒和提示。

差旅管理公司的信息系统应该支持与企业的OA、人事系统、财务系统等进行相应的对接，实现与企业内部信息的共享。需要实时直接航空、酒店数据库，保证数据准确、有效、及时。支持多种方式接入，可以通过网站、呼叫中心、手机（平板电脑）等多种通信方式，方便企业员工沟通和使用。

(3) 完善的供应商网络。差旅管理公司需要具有完善的差旅活动供应商网络，与主要航空公司、酒店有良好的合作关系。供应商网络强大的差旅管理公司可根据企业的各种实际要求和变化对行程进行调整和重新做出安排，以确保企业差旅活动的顺利进行。能够利用企业消费的数据向航空公司和酒店议价，为企业争取最优惠的价格，例如协助企业签订航空大客户协议。

(4) 差旅管理报告。差旅管理公司需要定期提供差旅管理报告以便于企业对各种出差数据进行分析，可以根据差旅管理公司资料库的信息和最佳实践、案例等，协助企业差旅经理分析现有差旅政策的合理性并提出改进建议。

(5) 差旅行程。差旅管理公司一方面为公司员工提供预定服务，可以通过互联网和短信、电话等与员工沟通，通过电子邮件将行程以及机票、酒店确认号码发送给即将出差的员工，员工也可利用在线预订系统确认机票和酒店的预订状态；另一方面要能够协助企业差旅管理人员为员工提供行程过程的关怀，例如航班变更服务、航班动态、自助值机等行程中的信息推送及主动关怀。可以提供相应的企业 VIP 保障，如机场接送、代办值机等。

（6）突发事件处理能力。建立突发问题处理机制。对于自然灾害，社会冲突等因素，差旅公司要有预警机制，并且能有及时有效传递信息。要有 7×24 小时的紧急联系方式，能够协助企业快速定位全球任何陷入危机中的员工，例如自然灾害和机场关闭等。

【延伸阅读】

## 企业航空公司大客户协议浅析①

相关数据表明，中国将超过美国，成为全球最大的差旅管理业务市场。但与此相对应的尴尬事实是，中国差旅市场的调查结果显示，只有10%的中国公司具有差旅管理的能力，其他公司存在没有管理意识、管理机构、管理专职人员等相关问题。

企业传统的差旅管理模式下，各个分支机构各自为政，可能在全国有几十家，甚至上百家服务商，很难知道员工在哪里买到机票，花了多少钱。这种方式存在的问题是显而易见的。企业在承担着高额差旅费用的情况下却无法享受酒店和航空公司的优惠政策。在没有实施集中管理的情况下，企业的集中消费被分解成每个员工的孤立行为，对于酒店和航空服务的提供商而言不具有规模，很难调动其促销的积极性，自然难以得到大幅度的优惠，即便能够取得一定优惠，享受优惠的也基本上都是员工个人，而非企业。

如何使公司差旅管理更加有效？如何实现遍布全球、分支众多的企业差旅采购行为进行全面协调？如何实现企业差旅行为的遵从，差旅成本的节约和差旅过程的管理？与航空公司和酒店签订直接采购协议，也就是常说的大客户协议，已经日益成为降低企业差旅成本的必然选择。

（1）企业航空大客户协议。从企业角度来看，优化差旅管理供应链，选择战略供应商，和航空公司、酒店签订的大客户协议，通过直接采购的方式要求差旅行为首选供应商并执行协议价格，已经成为企业差旅成本控制中的重要举措。

中航嘉信（CWT）2009 年对全球 178 位差旅经理进行了调研，报告显示，企业通过如下五个方面的措施，将带来平均 12.6% 差旅费用的节省：至

① 陈虎．企业航空公司大客户协议浅析［J］．商旅专家，2014（11）。

少提前两周预订机票、选择折扣机票、预订企业指定航空公司的航班、明确员工职务与机票舱位和酒店星级房型规定以及通过公司指定的差旅管理公司预订。

美国运通2011年基于286家企业的访问而发布的2011年中国商旅旅行情况调查报告中列举了差旅支出优化的重要举措，其中紧缩差旅政策和严控合规性、减少差旅次数、与供应商重新谈判协议、尽量使用首选供应商等因素排在前列。过调查报告的数据也可以看出，通过企业差旅数据分析，选择战略合作供应商，并与之签订直接价格协议，可以给予企业带来巨大的成本节约。从全公司层面整合航空机票采购量，分析机票数据，选择合作航空公司，在总部层面与航空公司签合作协议，由总部牵头谈判采购量和价格，而由分子公司执行后续协议价格，享受航空公司服务，是差旅管理中的最佳实践。

所谓大客户协议，是指有较大航空机票消费量的直接消费单位（如大型企事业单位、党政军机构、社会团体或组织等）与航空公司签署机票采购协议，按照协议中规定的内容，享受航空公司给予的各种优惠与服务。一般协议中会约定，必须是企业内部员工直接发生的机票采购行为，才可以享受相关服务与优惠。

（2）航空大客户协议的价值。一个完整的企业差旅管理过程可以划分为计划、预订、出行和报销四个环节，机票预订采购环节是其中的重要一环，涉及的采购金额巨大。

企业签订航空公司大客户协议的动机，一般包括以下方面：一是希望航空公司提供差异化、个性化的服务；二是不希望投入过多的精力在预定、查询、采购机票的行为上；三是出于成本控制的考虑，通过直接联系，获取航空公司好的协议折扣；四是可以提高员工的工作效率，得到航空公司更为快速、便捷的地面服务；五是有利于借助航空公司的力量解决一些紧急事件。

（3）大客户协议的合作模式。企业与航空公司的大客户协议，可以分为两方协议和三方协议两种合作模式。

➢ 航空公司三方协议

三方是指企业、航空公司、商旅管理公司（机票代理人）。目前许多航空公司的大客户协议中的大部分为三方性客户，在预订环节，通过商旅管理公司为企业客户提供出票服务，执行航空公司协议价格。在出行环节，通过专门的大客户编码，航空公司识别重要客户，提供协议中约定的个性化服务。

这种方式适用于大部分企业，一方面通过商旅管理公司的专业系统和流程，满足企业灵活多变的预订要求；另一方面，充分利用航空公司的地面保障和空中服务，享受航空公司协议中约定的个性化增值服务，提升企业员工和高管差旅体验。

➢ 航空公司两方协议

两方是指企业和航空公司。对于航空公司战略级客户，航空公司一般实行大客户直销盈利模式，也就是通过航空公司与大客户直接建立合同关系，以呼叫中心和航空公司网点逐渐替代代理人的销售，建立起航空公司能够直接掌控客户关系渠道的与大客户的“两方协议”模式。

对航空公司来说，这样可以及时了解、掌握企业客户真实需求信息，进行分析与跟踪，同时综合利用服务网络资源，尽量满足客户需求，达到增加大客户销售的目的。此外，还可以节省代理费用，避免重复奖励，直接节约成本。对于企业来说，可以通过与航空公司的直接联系，获取较大的机票折扣和较短的服务流程。这种合作模式，要求企业拥有大额且持续的机票采购金额、较为集中的协议航空公司份额，并且差旅管理规范和有强大的内部信息系统支撑，一般只适用大型企业。

（4）大客户协议的优惠方式。航空公司一般会根据三个因素对企业进行分级：一是企业在总航空业务上的机票采购量；二是看该航空公司在其企业总机票采购量中的占比；三是企业的常飞航线金额，分析企业对航线的依赖程度，以及是否与航空公司的航线网络相匹配。

一般来说，航空公司与企业签订大客户协议，针对不同级别的企业客户，可以提供的优惠方式有以下三种：

➢ 前期固定折扣方式（俗称前返）

航空公司根据企业客户在该航空公司的机票采购总量（包括国内、国际航线，下同），按不同舱位给予不同的前期折扣标准执行，这种优惠方式是在预订环节直接显示（一般称为价格前返），不同舱位不同价格折扣，企业员工可以很直观地看到机票价格的成本节约。通常可以实现全价机票的8折到9.5折优惠力度，根据该航空公司机票采购总量为依据，航空公司约定最低折扣为全价机票的8折。

➢ 后返舱位奖励模式

航空公司根据企业客户在该航空公司的机票采购总量，按不同舱位给予不同后返奖励模式。这种优惠方式是在航班乘机后计算，按照不同舱位不同比例，直接现金返回到企业账户。通常可以拿到不同舱位 6%—12% 的奖励。

➢　后返总量奖励模式

航空公司根据企业客户在该航空公司的机票采购总量，按机票采购总金额给予相应百分比或者固定金额奖励模式。这种优惠不区分舱位，按照一定周期（一个季度或者半年）计算总量，给予一定金额的奖励，直接现金返回到企业账户。

## 本章小结

在传统的差旅管理模式下，企业存在没有独立的差旅管理部门，对差旅人员关注过少，差旅真实性难判别等问题。员工和企业均需付出大量的人力和时间成本。为有效节约差旅成本，企业通过建立差旅管理系统对差旅行为进行全过程的管控、分析和持续优化，在线上完成申请、消费、费用结算、报账报销、费用审核、核算报表的全过程。在差旅管理系统的建设中，系统需要和费用报销、HR 系统、OA 系统等进行对接，以实现信息的流转。差旅管理系统给企业组织结构、流程控制、信息管理、技术支持方面带来变化，也从节约企业成本、提升员工满意度、科学的过程管控、及时获取信息四个层面有效改善企业管理效果。

### 本章关键词

差旅管理系统　业务申请　费用结算

## 本章练习题

### 一、选择题

1. 下列选项中，属于传统差旅管理模式特点的有（　　）。

A. 没有独立的差旅管理部门，差旅管理往往由兼职部门完成

B. 以差旅成本控制为首要目标，对差旅人员的因素关注较少

C. 未清晰掌握差旅过程，易滋生虚假的费用

D. 未兼顾效率和员工满意度

2. 新型的差旅管理系统可以实现全程的预算管控，以下属于全程管控节点的有（　　）。

A. 预算管理　　B. 计划管理

C. 智能合规　　D. 分析闭环

3. 差旅管理系统帮助企业大幅度提高差旅信息管理质量，信息质量的提高可以体现在以下（　　）方面。

A. 差旅信息更加全面　　B. 差旅信息更加透明化、自动化

C. 降低差旅管理成本　　D. 降低员工差旅花费

4. 下列选项中，属于差旅管理系统收益的有（　　）。

A. 第三方差旅管理公司按差旅选择推荐差旅供应商，可订制需要的差旅服务

B. 运用差旅管理系统后，差旅信息更全面化、透明化、自动化，信息的及时性增强

C. 差旅企业将从面向内部的费用控制转为对外部差旅供应商的选择和评价，从对内部员工的费用控制转变为对员工的差旅服务，并能腾出时间进行差旅效率的分析

D. 分离差旅业务中增值与非增值业务，非增值业务由系统自动完成，或由外部差旅供应商、专业差旅管理公司完成，自动化程度提高

5. 差旅管理系统可以从以下（　　）层面改善企业管理效果。

A. 节约企业成本　　B. 提升员工满意度

C. 减少报销舞弊　　D. 控制员工出差时间

**二、判断题**

1. 员工从最初的出差申请到最后的费用报销，全部流程都可以在差旅管理系统中完成。（　　）

2. 企业差旅数据的逐年增加、分析的熟练度逐渐增加之后，大数据对将来的形势预测就会越来越准确，企业就可以制定更加详细的差旅计划，降低差旅成本，提高企业整体效率。（　　）

3. 在差旅管理系统的建设中，通过信息同步接口，将生成的会计分录导入报账系统，实现快速报销。（　　）

4. 差旅管理系统建成后，员工全程仅需要通过系统填写少量信息，能够避免繁杂的手续和杂乱的信息，实现零负担通行。（　　）

5. 差旅管理系统能为员工个人节约在增值环节上的时间，大大提升其增值效率。（　）

## 三、思考题

1. 传统差旅管理模式存在哪些问题？
2. 差旅管理系统需要与哪些外部系统进行对接，实现哪些功能？
3. 差旅管理系统的应用给企业带来哪些收益？

# 第 17 章　员工费用报销体验



## 本章学习目标

本章介绍了员工费用报销的两种路径，即移动端报销和 PC 端报销，展示了每一种路径的具体操作步骤。

通过本章的学习，应掌握：

◇　移动端费用报销的具体操作步骤

◇　PC 端费用报销的具体操作步骤

## 本章知识结构图（见图 17 –1）

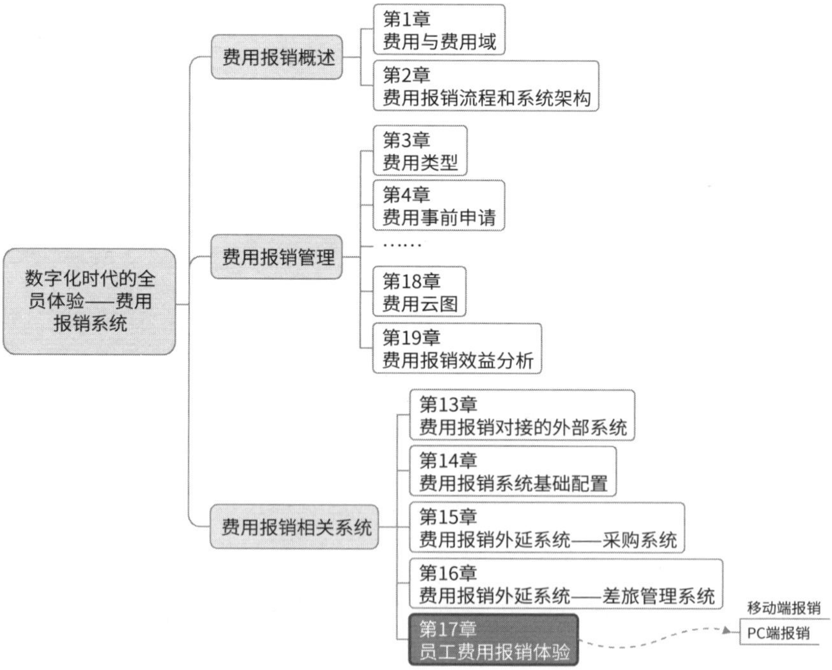


**图 17 –1　第 17 章框架导图**

# 17.1　移动端报销

企业可以通过移动应用实现员工在移动端进行事项申请、发票采集、提单报销、业务审批等操作，通过对接外部商旅平台进行差旅行程预定。下文以差旅报销为例，为读者展示移动端报销的全流程。如图 17－2 所示。

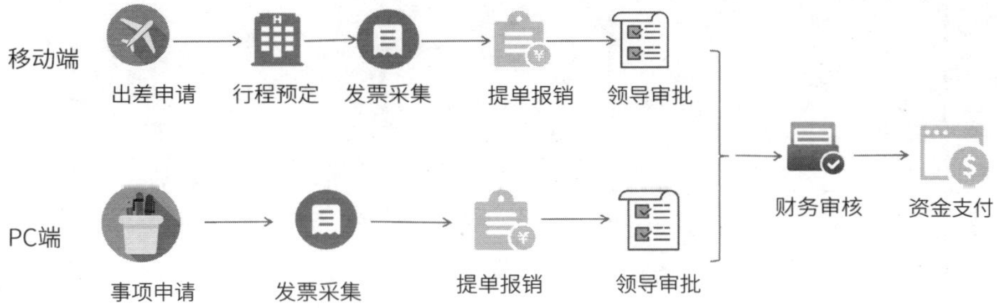


**图 17－2　移动端和 PC 端费用报销流程**

【案例】中兴新云是中国财务共享服务领域领先的管理咨询、信息技术以及知识服务机构，也是财务共享服务领域的创新先锋。A 员工是中兴新云销售部员工，2021 年 4 月 1 日 A 员工需要从西安出差至深圳参加为期 5 天的项目投标活动。

为了加强对差旅成本的管控，公司规定员工出差前需要进行差旅申请。

（1）差旅申请。销售部 A 员工出差前，使用手机打开移动报销 APP，在移动应用中选择事项申请—国内差旅费，根据差旅行程填写出差日期、地点等信息后，提交差旅申请单。如图 17－3、图 17－4 所示。

（2）领导审批。A 员工提交的差旅申请单自动流转到销售部领导 B 处，销售部领导 B 选择 A 员工提交的差旅申请单，查看单据详情，确认无误后，审批通过。如图 17－5 所示。

**图 17－3　员工差旅申请单—类型选择**

图 17 – 4　员工差旅申请单—差旅申请

图 17 – 5　业务领导审批界面

A 员工可在移动端实时查看单据状态。

（3）行程预定。业务领导审批通过后，销售部 A 员工登录财务云商旅平台预定往返的机票及酒店。

系统智能识别 A 员工提交的出差计划，关联行程信息，并按照价格、时间等维度综合排列展示航班信息。

A 员工选择下午 6 点 15 分的航班提交预订后，系统自动对比对近段时间内的航班价格，预警高价机票，于是 A 员工更换到 7 点 20 分的航班。差旅预定成功后，订单信息自动同步至移动应用及报账系统。如图 17 – 6、图 17 – 7、图 17 – 8 所示。

图 17 – 6　差旅管理系统登录界面

图17－7　差旅管理系统机票选择界面

图 17－8　乘机人添加页面

（4）发票采集。4 月 6 日销售部 A 员工出差结束从深圳返回西安，并进行此次差旅费用的报销。在报销前 A 员工需使用移动应用采集差旅发票信息以进行后续的报账工作。

A 员工通过移动应用将微信卡包中的滴滴打车电子发票上传至票联，并通过拍照智能识别的方式将行程单等纸质票据信息手工录入系统。票联集成税局系统，自动完成发票数据的读取、验真、查重，智能计算抵扣税额；系统还支持对模糊信息进行手工修改或填报。如图 17－9 所示。

A 员工可在“我的发票”中查看发票的报销状态。如图 17－10 所示。

（5）提单报销。发票采集完毕后，A 员工提交差旅报账单进行差旅费用的报销，系统支持员工根据不同费用类型进行场景式报销。系统自动关联 A 员工个人信息及差旅数据，A 员工勾选票联中的拟物化票据实现发票的关联，系统根据行程时长自动计算差补 900 元。差旅报账单填写完毕提交后，A 员工打印报销单封面并与纸质票据装订后，投递至票据箱。如图 17－11 至图 17－14 所示。

数字化时代的全员体验——费用报销系统

图 17－9　发票信息采集页面

图 17－10　报销状态查询页面

图 17－11　提单报销页面

图 17－12　报销费用明细页面

图 17 – 13　报销提交确认页面

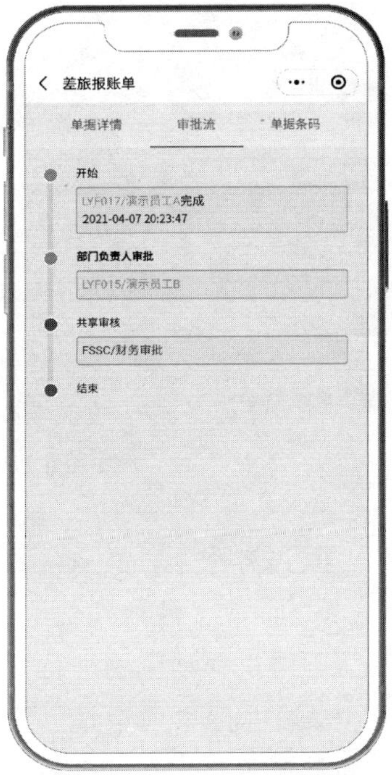


图 17 – 14　单据提交页面

(6) 领导审批。A 员工提交后的差旅报账单自动流转至销售部领导 B 处，销售部领导 B 选择待审批的单据，查看单据详情，确认无误后，审批通过。A 员工可在“我的单据”中查看单据报销状态。如图 17 – 15 所示。

(7) 财务审核。业务领导审批后，单据自动流转到共享运营系统进行财务审核。财务人员 C 在 PC 端选择 A 员工提交的差旅报账单，查看单据详情，确认无误后，审批通过。如图 17 – 16 所示。

图 17 – 15　领导审批页面

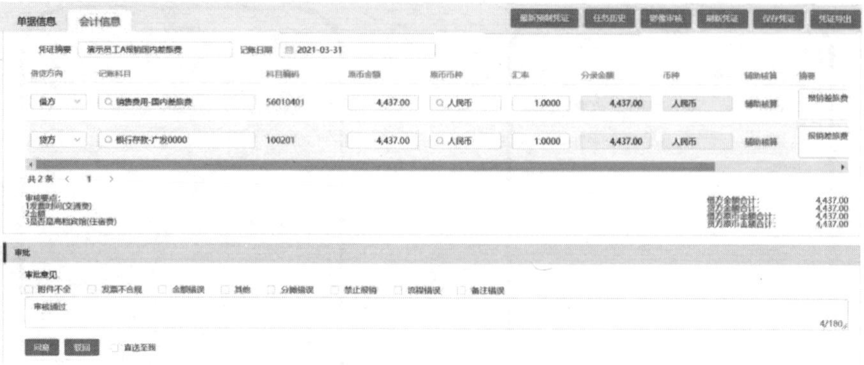


图 17－16　财务审核页面

## 17.2　PC 端报销

员工除通过移动应用进行费用报销外，还可以通过报账系统、共享运营系统在 PC 端进行事项申请、发票采集、提单报销、领导审批、财务审核、资金支付等流程。下文以业务活动费报销为例了解 PC 端报销的全流程。

**【案例】**中兴新云的办公设备经过多年的使用，已经无法满足工作的需要。近日综合管理部 M 员工计划采购一批办公设备以给员工提供更好的工作环境。

为加强对管理费用的管控，公司规定办公费用的支出需进行事前申请。

（1）事前申请。M 员工预计办公采购费用为 15000 元，在 PC 端的报账系统中选择事项申请—办公费，根据采购计划填写申请金额、上传相关附件后，提交通用费用申请单。如图 17－17 所示。

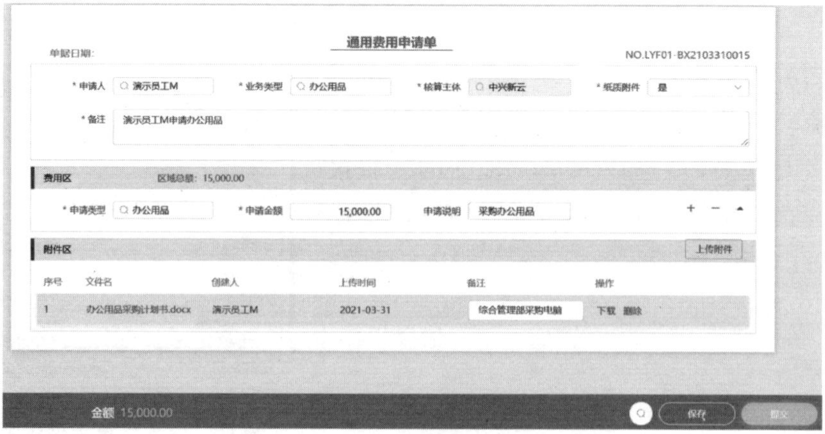


图 17－17　通用费用申请页面

（2）领导审批。M 员工提交的事项申请单流转到综合管理部领导 N 处，业务领导选择待审批的单据，查看单据详情，确认无误后，审批通过。M 员工可在我的单据中查看单据审批状态。如图 17－18 所示。

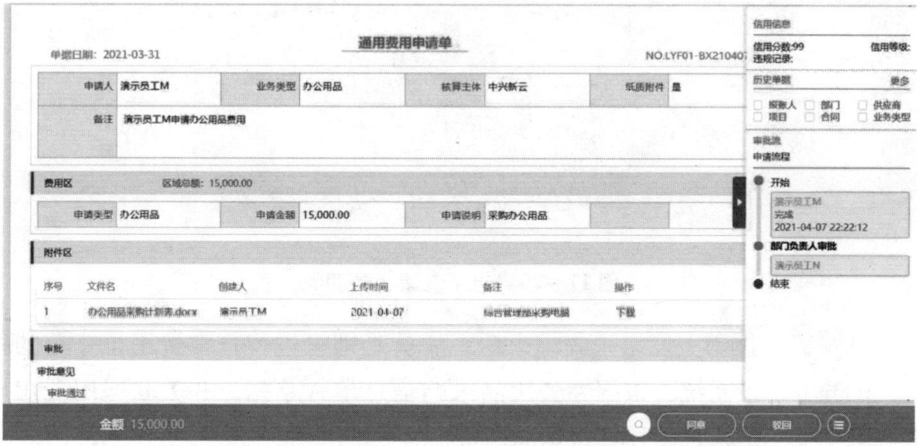


图 17－18　业务领导审批页面

（3）发票采集。办公用品验收后，发生了 14260 元的办公费用，M 员工将与采购活动相关的发票保存完整。在进行办公费用报销前，M 员工需要将发票信息录入至报账系统，登录报账系统后，可通过手工录入发票或者上传电子发票的形式采集发票信息。如图 17－19、图 17－20 所示。

图 17－19　手工录入发票页面

数字化时代的全员体验——费用报销系统

图 17－20　电子发票上传页面

（4）提单报销。发票采集结束后，M 员工即可进行日常费用报账单的提单。M 员工登录系统，根据办公用品采购信息填写单据，并关联通用费用申请单及发票，系统自动计算报销总金额。

在线提单后，M 员工打印报销单封面并与纸质票据装订后，投递至票据箱。如图 17－21、图 17－22 所示。

图 17－21　日常费用报账单提单页面

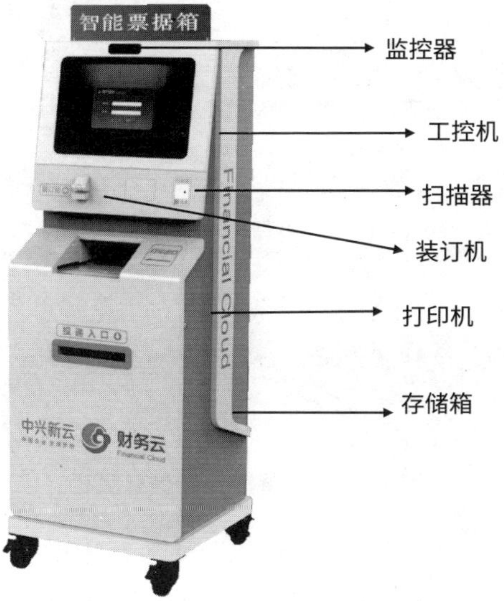


**图 17－22　票据箱示意图**

（5）领导审批。M 员工提交后的单据自动流转至综合管理部领导 N 处，相关业务领导选择 M 员工提交的日常费用报账单，查看单据详情，确认无误后，审批通过。如图 17－23 所示。

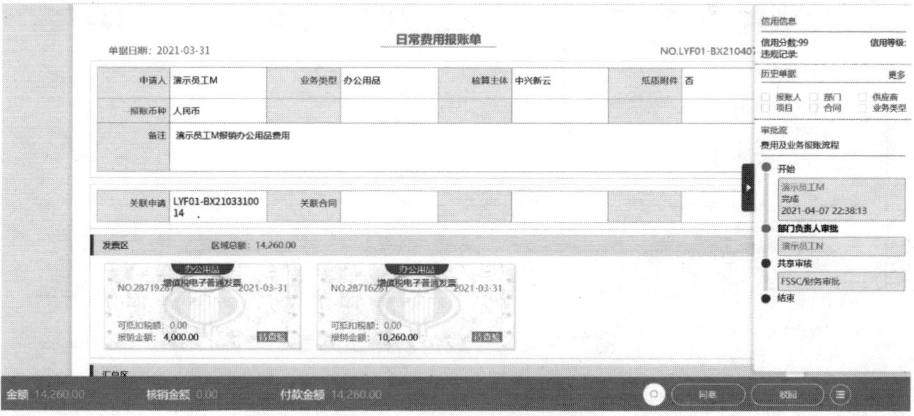


**图 17－23　领导审批页面**

（6）财务初审。综合管理部领导 N 审批后，单据流转到共享运营系统中，财务初审人员 W 选择待审批的单据，对单据进行财务初审，查看单据信息及会计凭证信息，确认无误后，审核通过。如图 17－24 所示。

**图 17－24　单据凭证信息页面**

（7）财务复审。根据公司报销制度，员工费用的报销需要财务初审和财务复审人员审核通过。财务初审人员 W 进行财务初审后，单据流转到共享运营系统中，财务复审人员 Y 对 M 员工提交的日常费用报账单进行财务复审。财务人员 Y 查看单据信息及会计凭证信息，确认无误后，审核通过。如图 17－25 所示。

**图 17－25　生成预制凭证页面**

（8）资金支付。财务审核完成后，即可进入资金支付流程。中兴新云银企直联系统对接企业财务信息系统和外部银行，从而提高资金支付和管理效率。出纳人员 Z 对 M 员工提交的日常费用报账单进行审核后通过线上支付方式支付报销费用，随后 M 员工收到办公采购费的报销款。如图 17－26 所示。

图 17－26　资金支付页面

## 本章小结

员工可以通过费用报销的移动端和 PC 端进行费用报销。员工在移动端可以实现事项申请、差旅预定、发票采集、提单报销，业务领导在移动端进行审批。员工同样也可以在费用报销的 PC 端中进行单据提交、领导在线审批，财务人员在线进行单据的审核和款项的支付。

### 本章关键词

移动端报销　PC 端报销　移动应用　事项申请　发票采集　提单报销　领导审批　财务审核　资金支付

## 本章练习题

### 一、选择题

1. 票联系统集成税局系统，能够自动完成发票数据的（　　）。

A. 验真　　B. 查重

C. 读取　　D. 修改

2. 员工在差旅申请单中必须填写的信息有（　　）。

A. 开始、结束日期　　　　　　　　　　B. 出发、到达城市

C. 交通工具　　　　　　　　　　　　　D. 出差任务

3. 下列选项中，关于费用报销系统进行发票采集的说法正确的有（　　）。

A. 票联系统内嵌在移动应用中，可收集微信卡包中的电子发票

B. 票联系统可通过混合拍照及智能识别等方式采集纸质票据的结构化信息

C. 票联系统集成税局系统，在财务审核并修改后可完成数据读取验真、查重

D. 员工可在“我的发票”中查看发票的报销状态

4. 企业主要通过（　　）支持员工在 PC 端进行事项申请、发票采集、提单报销、领导审批、财务审核及资金支付。

A. 报账系统　　　　　　　　　　　　　B. 共享运营系统

C. 商旅系统　　　　　　　　　　　　　D. HR 系统

5. 下列选项中，有关提单报销说法正确的是（　　）。

A. 在线提单后，员工只需打印报销单封面并投递至票据箱

B. 移动应用从费用类别、交易地区、交易商家等多维度分析差旅数据，进行员工画像，帮助员工掌握不同场景下的费用信息

C. 提单报销时，员工可选择不同费用类型进行场景式报销。系统自动关联员工个人信息及差旅数据；员工勾选票联中的拟物化票据，系统根据行程时长自动计算差补

D. 提单报销支持预算控制与借款核销，对超标部分进行预警或提醒

## 二、判断题

1. 移动应用从费用类别、交易地区、交易商家等多维度分析差旅数据，进行员工画像，帮助员工掌握不同场景下的费用信息。（　　）

2. 财务云商旅平台可智能识别出差计划，关联行程信息，并按照价格、时间等维度综合排列展示航班信息。（　　）

3. 移动报销不允许手工录入发票。（　　）

4. 提单报销时，系统自动关联员工个人信息及差旅数据；员工勾选票联中的拟物化票据，系统根据行程时长自动计算差补；同时支持预算控制与借款核销，对超标部分进行预警或提醒。（　　）

5. 员工提交后的单据自动流转至业务领导处，业务领导选择待审批的单据，查看单据详情，确认无误后，审批通过。（　　）

## 三、思考题

1. 员工通过移动端进行费用报销的具体流程是怎样的?
2. 员工通过 PC 端进行费用报销的流程是怎样的?

# 第 18 章　费用云图

## 本章学习目标

本章首先介绍了什么是费用云图，其次详细展示了费用云图的三个方面，包括费用支出数字化、合规遵从数字化以及费用报销流程数字化。

通过本章的学习，应掌握：

◇　如何从费用支出的角度进行费用数字化分析

◇　如何从合规遵从的角度进行费用数字化分析

◇　如何从费用报销流程的角度进行费用数字化分析

## 本章知识结构图（见图 18－1）

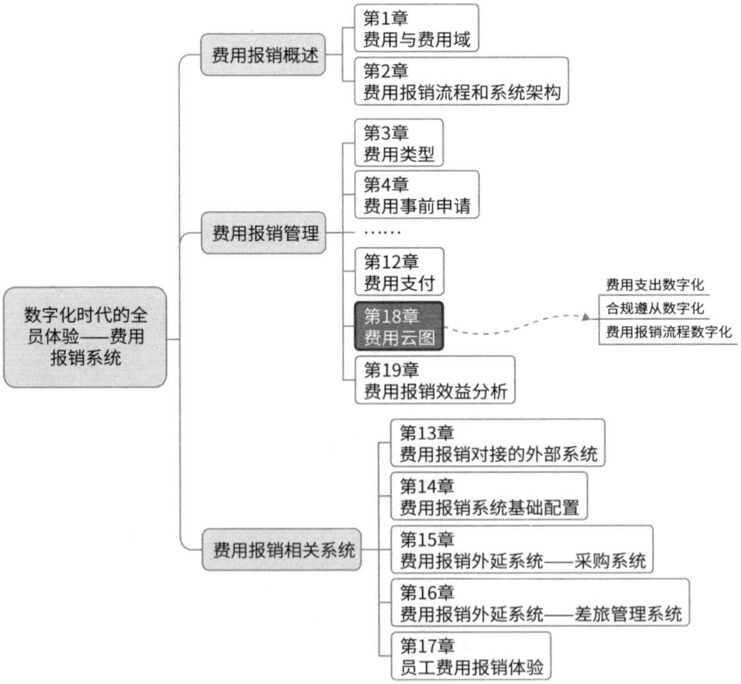


图 18－1　第 18 章框架导图

费用报销中蕴含的信息，是企业经营的数字密码，但在传统的财务管理模式下，由于信息系统分散、数据标准不统一等原因，企业很难整合费用数据、发掘有效信息。

费用云图是分析结果的展示，其背后包含一套完善的指标体系，指标体系的设计围绕企业费用管理的核心诉求展开，进而动态直观地为管理层提供决策所需信息，帮助企业从海量数据信息中获取到真正的价值，及时洞察机会、预防风险。费用云图为企业带来的收益体现在费用支出管控、流程效率提升、合规遵从强化、员工满意度提升等多个方面，此处我们以费用支出、合规遵从、流程效率三个方面为例，展示费用云图如何从企业经营决策需求出发，通过数字化辅助企业经营管理决策。



## 18.1　费用支出数字化

（1）管控费用支出。为了更好地管控员工费用支出，实现成本节约，企业可以从整体费用和专题费用两个角度进行费用分析。

➢　整体费用分析：费用云图通过业务类型（费用类型）、费用月度分布、分子公司费用排行等费用分布指标，实现对费用支出整体情况的把握。企业领导可直观了解企业各月度费用支出情况和费用类型分布情况，进而有针对性地对特定业务类型和报销类型进行管控；通过交易对象分布、支出频次分布等交易分析指标，快速定位关键交易对象，管理决策者据此可快速识别企业重点交易对象并制定合理交易方案。如图 18 –2 所示。

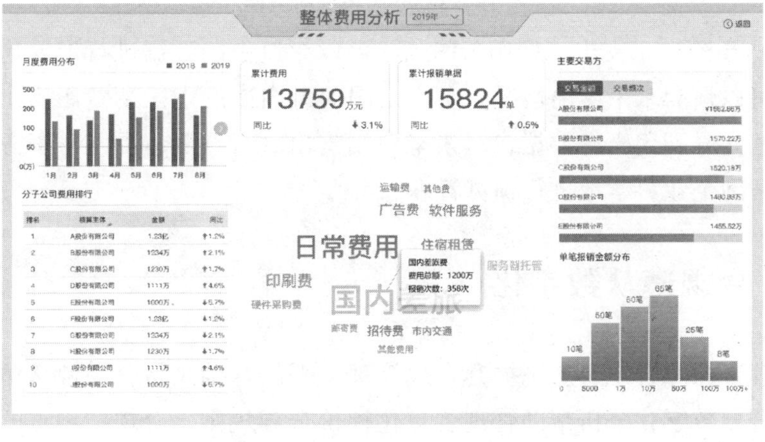


图 18 –2　整体费用分析云图

数字化时代的全员体验——费用报销系统

➢ 专题费用分析：企业根据自身业务模式，往往有重点关注的费用类型，实现精准决策需要向管理者提供有针对性的专题数据分析结果。费用云图可通过统计特定费用的发生额、时间变化，结合业务信息、外部信息，对费用背后的业务活动进行分析。

以差旅费用分析指标体系为例：管理者可以获取集团差旅费情况，并基于差旅路线地图、热门路线排行、月度差旅费分布、差旅达人、不同类型差旅费金额、热门航司、常住酒店等明细信息，制定合理的差旅报销方案。例如企业可根据常见酒店排行与员工出行入住频率高的酒店品牌建立战略合作、沟通协议价；根据热门航线与航空公司洽谈该航线的大客户协议价格，节约员工飞行差旅成本，也可将热门出差航线与相关部门绩效挂钩，管控业务部门无效出差行为，避免造成差旅成本浪费。如图 18 – 3 所示。

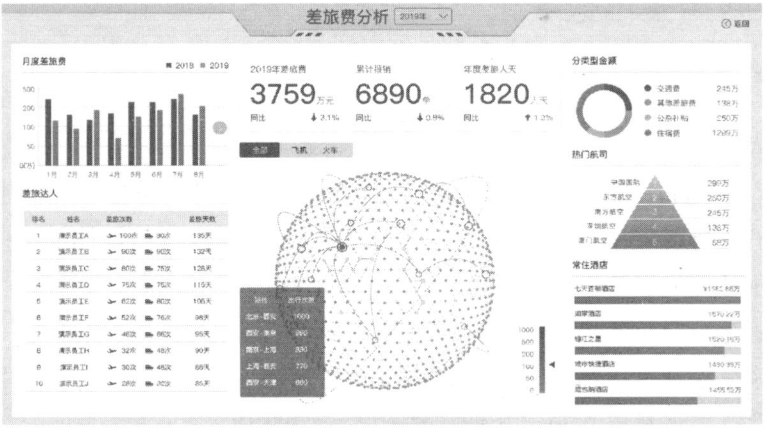


**图 18 – 3　差旅费分析云图**

（2）预测未来支出。费用云图除了可以对过去的数据进行形象化展示之外，还可以预测未来支出情况。费用云图通过内嵌的中短期费用支出预测模型，能够充分利用已有数据，对未来费用支出进行预测，提前对资源做有效安排，帮助企业科学地进行预算管理。

## 18. 2　合规遵从数字化

管理者保障合规遵从、提升合规管理水平的基础是将合规遵从情况进行量化。合规数字化分析帮助管理者量化评价合规规则、合规控制点的运行情况，识别合规风险事件，定位存在合规问题的业务节点和经办人员，保障合规制度的遵从，提升合规管理水平，实现精准决策。费用报销合规数字化如图 18 –4 所示。

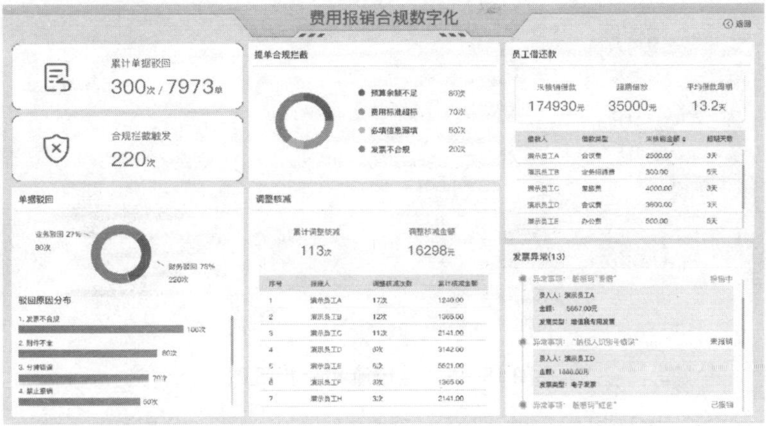


图 18 –4　费用报销合规数字化

➢ 通过费用控制、员工借还款情况、财务驳回次数、业务驳回次数等指标，监控企业报销制度遵从的情况，辅助相关部门对员工进行报销制度开展针对性培训；辅助管理决策者进一步发掘现行报销制度不合理点，调整核销规则、借款制度、报销标准等。

➢ 通过发票错开、发票合规、发票连号、发票丢失或发票替票等指标，管理决策者可发掘员工常见发票报销问题并进行相关制度宣贯，有效评价员工信用等级程度，辅助财务人员审核。

➢ 通过某类型费用同期增长幅度或占比等指标快速定位异常费用类型，实现费用及时预警，排查业务资金风险，落实风险防控长效机制。

## 18.3　费用报销流程数字化

费用报销流程数字化主要是基于提高流程效率、优化操作体验的管理诉求，监测员工的系统操作行为和报销流程的运行效率，量化评估费用报销流程满意度，帮助财务部门更好地服务员工。如图 18 –5 所示。

（1）监控流程效率。

➢ 统计流程效率：费用云图通过累计提单次数、提单用户数、实时用户数、实时登录播报、发票录入方式统计、平均用时变化等指标，直观展示报销流程的整体运行情况。管理决策者根据以上指标可评估报销流程的整体效率。

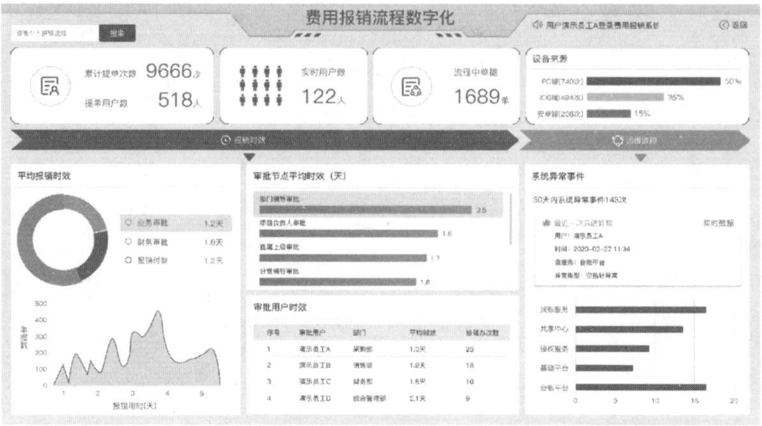


图 18－5　监控流程分析云图

➢　识别效率缺陷：费用云图通过各环节平均报销时效统计、系统异常事件展示、审批时效和单据退回原因分布等指标，对流程各环节时效和异常情况进行展示。管理决策者可针对效率较低的流程环节针对性地进行流程优化，基于单据退回常见原因对员工进行针对性培训或报销制度宣贯。

（2）评价操作体验。费用云图通过系统使用量、填单操作量及耗时、发票采集耗时、使用设备来源统计、提单一次通过率、系统异常事件分析监控员工报销情况，分析报销体验。管理决策者可通过填单耗时量、提单一次通过率评估员工填单难易程度，优化单据结构和填单步骤；通过设备来源统计发现员工常用报销系统端，从而重点优化该系统功能并查找其他系统使用缺陷；通过系统异常事件分析查找系统漏洞并进行修复。如图 18－6 所示。

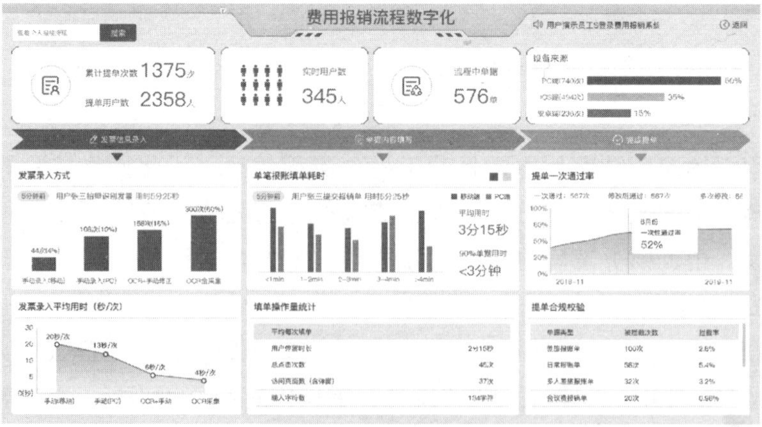


图 18－6　系统操作分析云图

数字化时代的全员体验——费用报销系统

## 本章小结

费用报销中蕴含的信息，是企业经营的数字密码，但在传统的财务管理模式下，由于信息系统分散、数据标准不统一等原因，企业很难整合费用数据、发掘有效信息。

费用云图，结合大数据分析模型及算法、可视化展现费用数据，为企业数据管理、分析、应用提供有效武器，支持企业经营管理决策、助力企业数字化创新。费用云图是分析结果的展示，其背后包含一套完善的指标体系，指标体系的设计围绕企业费用管理的核心诉求展开，进而动态直观地为管理层提供决策所需信息，帮助企业从海量数据信息中获取到真正的价值，为企业在费用支出管控、流程效率提升、合规遵从强化、员工满意度等多个方面提供管理决策支持。

### 本章关键词

费用云图　费用支出数字化　合规遵从数字化　费用报销流程数字化

## 本章练习题

### 一、选择题

1. 下列选项中，属于费用云图特征的有（　　）。

A. 应用大数据分析模型及算法和可视化

B. 为企业数据管理、分析、应用提供有效武器

C. 支持企业经营管理决策

D. 助力企业数字化创新

2. 费用云图可以从（　　）方面辅助企业经济管理决策。

A. 费用支出　　B. 合规遵从

C. 流程效率　　D. 运营管理

3. 下列选项中，关于费用云图合规遵从数字化说法正确的是（　　）。

A. 管理者保障合规遵从、提升合规管理水平的基础是对合规遵从情况进

行量化

B. 辅助管理决策者进一步发掘现行报销制度不合理点，调整核销规则、借款制度、报销标准

C. 辅助相关部门对员工进行报销制度开展针对性培训

D. 某类型费用同期增长幅度或占比等指标快速定位异常费用类型，实现费用及时预警，排查业务资金风险，落实风险防控长效机制

4. 费用报销流程数字化如何提高监控流程效率（　　）。

A. 费用云图通过累计提单次数、提单用户数、实时用户数、实时登录播报、发票录入方式统计、平均用时变化等指标，直观展示报销流程的整体运行情况

B. 费用云图通过各环节平均报销时效统计、系统异常事件展示、审批时效和单据退回原因分布等指标，对流程各环节时效和异常情况进行展示

C. 管理决策者可对效率较低的流程环节针对性地进行流程优化，基于单据退回常见原因对员工进行针对性培训或报销制度宣贯

D. 通过某类型费用同期增长幅度或占比等指标快速定位异常费用类型，实现费用及时预警，排查业务资金风险，落实风险防控长效机制

5. 企业可以通过（　　）方面分析监控员工报销情况、分析其报销体验。

A. 系统使用量　　　　B. 发票采集耗时

C. 提单一次通过率　　　　D. 系统异常事件分析

**二、判断题**

1. 为更好地管控员工费用支出，实现成本节约，企业应当从整体费用角度和专题费用角度进行费用分析。（　　）

2. 通过发票错开、发票合规、发票连号、发票丢失或发票替票等相关数据，管理决策者可发掘员工常见发票报销问题并进行相关制度宣贯，有效评价员工信用等级程度，辅助财务人员审核。（　　）

3. “费用云图可以通过统计特定费用的发生额、时间变化、结合业务信息、外部信息对费用背后的业务活动进行分析”是对整体费用分析的描述。

（　　）

4. 费用云图是分析结果的展示，其背后包含一套完善的指标体系，指标体系的设计围绕企业费用管理的核心诉求展开。（　　）

5. 企业可仅通过整体费用分析对费用背后的业务活动进行分析。（ ）

## 三、思考题

1. 费用支出数字化分析包含哪些内容？
2. 合规遵从数字化分析包含哪些内容？
3. 费用报销流程数字化分析包含哪些内容？

# 第19章 费用报销效益分析

## 本章学习目标

本章主要介绍了费用报销产生的效益，并且从企业管理、员工、领导以及财务人员的角度展开了详细的分析。

学习本章内容，应掌握：

◇ 费用报销对企业管理的影响

◇ 费用报销对员工的影响

◇ 费用报销对管理者的影响

◇ 费用报销对财务人员的影响

## 本章知识结构图（见图19－1）

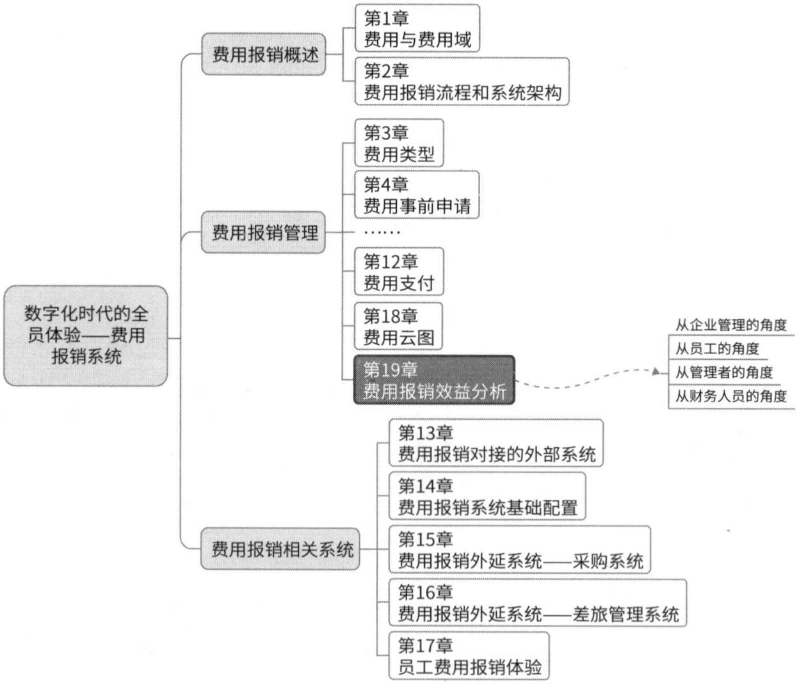


**图19－1 第19章框架导图**

## 19.1　从企业管理的角度

企业通过改进费用报销流程，能够从多个角度提升企业效益，帮助企业降本增效。如图 19－2 所示，无论是传统制造业企业，还是高科技信息技术企业，报销系统的应用对费用核算效率的提升有较大帮助。根据统计，某企业优化费用报销流程后效率提升至少达到 50%。同时，企业的财务运营成本显著降低，降幅至少达到 30%。

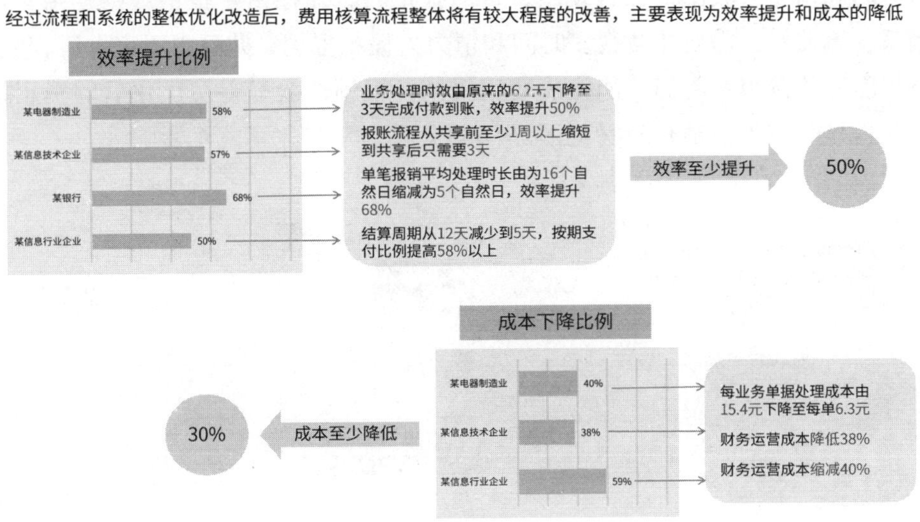


图 19－2　企业费用报销流程优化效益分析

从全行业来看，费用报销系统通过改进和优化流程，从降成本和提效率两方面帮助企业提升效益，费用报销系统的优势有如下四点：

（1）实现全流程管控。企业通过改进费用报销流程，深度接入众多知名消费平台，从而实现对机票、酒店、用车等的全方位覆盖，获得企业专属价格优势，从整体上降低企业费用。全流程的管控将企业消费和报销流程打通，让企业的费用管控更加高效和清晰透明。

（2）实现数据实时推送。员工在移动端随时随地进行差旅申请、预定及报销等操作的同时，实现了费用的自动流转推送。数据云端的存储与同步功能为企业提供了可视化的全局视角，为管理决策提供数据支持。企业通过海量数据，实时掌控各部门的费用情况，对费用进行精细化管理。

（3）实现档案电子化管理。完善的报销系统能够将发票、附件、凭证等会计档案进行电子化管理，从而降低人力、邮寄及存储成本。

（4）实现员工信用管理。完善的内部员工报销信用档案，一方面加强了员工信用管理，另一方面优化了企业全过程的信用风险管理制度，给企业进行事前控制、事中控制和事后控制提供了条件。

## 19.2 从员工的角度

员工是费用报销流程的主要参与人。传统的费用报销流程使员工需要花费时间和精力去收集、保管发票；费用报销时，往往由于报销规则复杂、报销系统不友好，需要花费很多时间和精力去提单报销，并且由于审批流程慢，员工需要等待很长时间才能完成费用报销，报销体验较差。优化后的费用报销流程显著节省报销时间（见图19－3），给员工带来了三个影响：

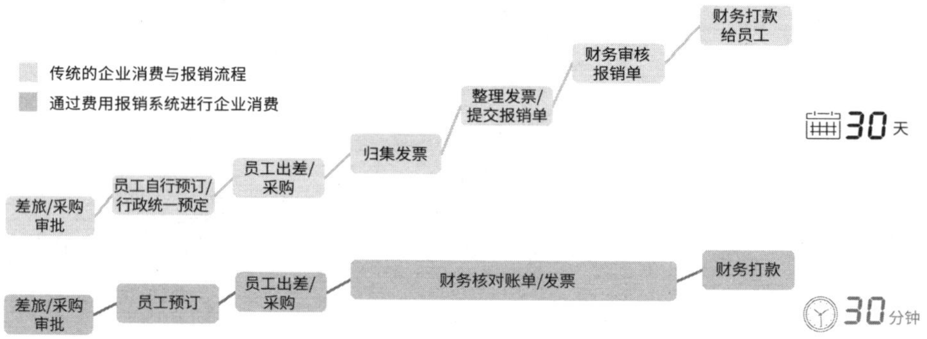


**图19－3　费用报销流程时间对比分析**

（1）移动端随时随地报销。员工通过微信卡包关联电子发票或者拍照上传纸质发票等方式，能够不受时间和空间的限制，使用移动端随时随地进行报销操作，大大缩短了填单时间。自动化的差旅补贴发放，让员工能够精准知悉报销金额和历史差旅数据，从而提升报销满意度。

（2）提高报销流程效率。费用报销系统与企业OA系统的互通对接，使员工的预订、报销及审批行为能够一站式无缝对接，能够减少75%的员工报销行为，大大提升报销流程的时效性。

（3）优化报销体验。报销过程中，员工文字填写量大幅降低，仅需要通过选择少量关键性的信息，即可完成报销申请。企业与客户在线上统一结算、对账和申请开票，使员工报销过程中贴票、审票、对账的工作量大幅降低，贴票动作频率降幅可达到80%，并且无须担心大量零散纸质发票丢失问题。

## 19.3 从管理者的角度

传统的审批模式需要审批领导仔细查看单据、自行识别风险，因此审批工作常常占据审批领导大量工作时间，同时也使得单据在每一个审批节点停留的时间过长，降低审批效率。而线上的费用报销可以显著提升业务领导的审批体验，主要体现在以下三个方面：

（1）一站式审批。业务领导可以在手机等移动终端随时随地轻松审批，解决了业务领导出差和异地办公对审批流程的影响，提高单据审批效率。系统内嵌的预算控制系统，帮助业务领导有效地实现事前预算、事中控制、事后分析的精细化费用管控，避免了线下的手工核对过程。

（2）审批风险提示。预算控制线上严格执行，避免了缺少预算提前审批的情况，强化内控流程；各级领导审批权限明确，确保职责分工审批流程的规范，提高工作效率；软件证书身份认证完善，填补了仿冒签字骗取补贴的缺口，防范支付风险。

（3）多维辅助审批决策。报销数据和相关流程的审批意见以电子形式保留，领导可以通过调阅员工的历史报销行为、个人信用分数等资料辅助审批决策。

## 19.4 从财务人员的角度

从全行业来看，企业应用费用报销后，财务人员工作体验大幅优化，主要体现在以下四个方面：

（1）费用管理规范化。费用报销系统内置企业差旅标准，根据标准自动对员工的差旅费用进行合规性检验，避免了财务审核人员逐笔核对差旅费用，提升了内部管理的规范性。

（2）费用结算高效化。费用报销系统在线上进行统一结算、统一对账以及供应商统一开票，每次结算时仅需要一张发票即可完成批量报销，降低了全流程的审批报销、人工对账等成本，节省大量的对账时间。

（3）审核流程自动化。智能采集系统通过 OCR 识别技术，进行发票的自动识别、查重、验真、价税分离等操作，将单张发票审核的全流程降低至 1 秒左右，为企业节约了 62% 的审核时间。

（4）会计凭证智能化。系统根据会计引擎自动生成的电子会计凭证具备格式统一、账表一致的特点，大大提升了企业财务自动化以及智能化的水平，避免了财务人员由于大量重复性劳动带来的差错。

## 本章小结

费用报销是员工和企业的重要连接，流程的优化可以为企业带来诸多收益：从企业管理角度来看，企业对报销流程和数据掌控程度得以加强；从员工角度来看，报销所需要填写的字段减少，报销体验大幅提升；从领导角度来看，实现了一站式审批和风险预警；从财务人员角度来看，重复工作大量减少，工作满意度得以提升。

### 本章关键词

全流程管控　数据实时推送　一站式审批　费用管理规范化　费用结算高效化　审核流程自动化　会计凭证智能化

## 本章练习题

### 一、选择题

1. 基于企业管理的角度，企业改进费用报销流程给企业带来的效益有（　　）。

A. 企业优化费用报销流程后效率提升至少达到50%

B. 企业的财务运营成本显著降低，降幅至少达到30%

C. 费用报销系统与企业OA系统的互通对接，使得员工的差旅预订、报销及审批行为能够一站式无缝对接，能够减少75%的员工报销行为，大大提升报销流程的时效性

D. 员工在移动端随时随地进行差旅申请、预定及报销等操作的同时，实现了费用数据的自动流转推送。数据云端的存储与同步功能为企业提供了可视化的全局视角，为管理决策提供数据支持

2. 下列选项中，属于费用报销系统给员工带来的收益有（　　）。

A. 移动端随时随地报销　　　　B. 提高报销流程效率

C. 优化报销体验　　　　　　　　　　D. 一站式审批

3. 企业应用费用报销系统后，财务人员工作体验大幅优化，主要体现在（　　）。

A. 费用管理规范化　　　　　　　　　B. 会计凭证智能化

C. 工作内容简单化　　　　　　　　　D. 审核流程自动化

4. 从领导的角度看，费用报销系统可能带来的收益有（　　）。

A. 移动终端上随时随地轻松审批

B. 预算控制线上严格执行，避免了缺少预算提前审批的情况，强化内控流程

C. 报销数据和相关流程的审批意见以电子形式保留，领导可以通过调阅员工的历史报销行为、个人信用分数等资料，辅助审批决策

D. 各级领导审批权限明确，实现了职责分工审批流程的规范，提高工作效率

5. 下列选项中，（　　）可以辅助领导进行费用报销审批。

A. 报销数据　　　　　　　　　　　　B. 历史报销行为

C. 审批单　　　　　　　　　　　　　D. 个人信用分数

**二、判断题**

1. 完善的报销系统能够将发票、附件、凭证等会计档案进行电子化管理，从而降低人力、邮寄及存储成本。（　　）

2. “系统内嵌的预算控制系统，帮助业务领导有效的实现事前预算、事中控制、事后分析的精细化费用管控”体现了费用报销系统多维辅助审批决策。（　　）

3. 费用管理规范化可通过更合规、更精细的内置差旅标准，自动对员工的差旅费用进行差标检验，避免了财务人员逐一核对差旅费用，提升了管理的规范性。（　　）

4. 从员工的角度看，费用报销系统的上线优化了报销体验，但无法解决纸质发票容易丢失的问题。（　　）

5. 费用报销系统加强了员工信用，同时优化了企业全过程的信用风险管理制度，给企业进行事前控制、事中控制和事后控制提供了条件。（　　）

**三、思考题**

费用报销流程的优化对企业、员工、管理层及财务人员分别有哪些影响？

# 各章练习题参考答案

## 第 1 章

选择题：1. ABD　2. ABC　3. C　4. ABCD　5. ABCD

判断题：1. 对　2. 错　3. 错　4. 对　5. 对

思考题答案略

## 第 2 章

选择题：1. ABCD　2. AD　3. C　4. B　5. ABD

判断题：1. 对　2. 错　3. 对　4. 对　5. 错

思考题答案略

## 第 3 章

选择题：1. BC　2. AC　3. ABD　4. ACD　5. ABCD

判断题：1. 错　2. 对　3. 对　4. 对　5. 对

思考题答案略

## 第 4 章

选择题：1. ABC　2. ABCD　3. ABC　4. A　5. AB

判断题：1. 错　2. 错　3. 错　4. 对　5. 对

思考题答案略

## 第 5 章

选择题：1. AB　2. ABD　3. ABCD　4. ABC　5. ABC

判断题：1. 对　2. 对　3. 错　4. 对　5. 错

思考题答案略

## 第 6 章

选择题：1. ABCD　2. ACD　3. ABD　4. ABC　5. ABCD
判断题：1. 错　2. 错　3. 错　4. 对　5. 对
思考题答案略

## 第 7 章

选择题：1. ABD　2. ACD　3. ABC　4. ABC　5. B
判断题：1. 对　2. 错　3. 对　4. 对　5. 对
思考题答案略

## 第 8 章

选择题：1. ABCD　2. ABC　3. AB　4. ABC　5. ACD
判断题：1. 错　2. 对　3. 对　4. 对　5. 错
思考题答案略

## 第 9 章

选择题：1. ABC　2. ABC　3. ABD　4. D　5. BCD
判断题：1. 对　2. 错　3. 错　4. 对　5. 对
思考题答案略

## 第 10 章

选择题：1. BD　2. BC　3. ABCD　4. ABCD　5. AB
判断题：1. 错　2. 对　3. 错　4. 错　5. 对
思考题答案略

## 第 11 章

选择题：1. ACD　2. D　3. ABD　4. ABC　5. ACD
判断题：1. 错　2. 错　3. 错　4. 对　5. 错
思考题答案略

## 第12章

选择题：1. ABC　2. D　3. AC　4. AD　5. ABCD
判断题：1. 对　2. 错　3. 对　4. 错　5. 对
思考题答案略

## 第13章

选择题：1. ABC　2. ABCD　3. ACD　4. ABD　5. AC
判断题：1. 对　2. 对　3. 错　4. 对　5. 错
思考题答案略

## 第14章

选择题：1. ABCD　2. ABD　3. ABC　4. BC　5. A
判断题：1. 错　2. 错　3. 错　4. 错　5. 错
思考题答案略

## 第15章

选择题：1. BCD　2. AD　3. ABCD　4. ABC　5. ABCD
判断题：1. 错　2. 对　3. 对　4. 错　5. 对
思考题答案略

## 第16章

选择题：1. ABCD　2. ABCD　3. ABC　4. ABCD　5. AB
判断题：1. 对　2. 对　3. 对　4. 对　5. 错
思考题答案略

## 第17章

选择题：1. ABC　2. ABC　3. ABD　4. AB　5. BCD
判断题：1. 对　2. 对　3. 错　4. 对　5. 对
思考题答案略

## 第 18 章

选择题：1. ABCD　2. ABC　3. ABCD　4. ABC　5. ABCD
判断题：1. 对　　2. 对　　3. 错　　4. 对　　5. 错
思考题答案略

## 第 19 章

选择题：1. AB　2. ABC　3. ABD　4. ABCD　5. ABCD
判断题：1. 对　　2. 错　　3. 对　　4. 错　　5. 对
思考题答案略

# 参考文献

[1] 南京大学智能财务研究课题组. 智能财务教程 [M]. 南京: 南京大学出版社, 2019.

[2] 陈虎, 孙彦丛. 财务共享服务 [M]. 北京: 中国财政经济出版社, 2018.

[3] 陈虎, 孙彦丛, 赵旖旎, 等. 从新开始——财务共享 财务转型 财务智能化 [M]. 北京: 中国财政经济出版社, 2017.

[4] 陈虎, 孙彦丛. 财务就是IT——企业财务信息系统 [M]. 北京: 中国财政经济出版社, 2017.

[5] 陈虎, 陈东升. 财务共享服务案例集 [M]. 北京: 中国财政经济出版社, 2014.

[6] 中华人民共和国财政部. 企业会计准则 [M]. 北京: 经济科学出版社, 2006.

[7] 中兴新云, 南京大学, 厦门大学. 财务的自动化 智能化 数字化 [R]. 西安: 中兴新云, 2020.

[8] ACFE. 2020年全球舞弊调查报告 [R]. 美国: ACFE, 2020.

[9] 中兴新云. 国际化企业基于共享服务的全球财务管理 [R]. 西安: 中兴财务云, 2017.

[10] 徐震. SAP HR系统在企业信息化中的应用推广 [J]. 安徽冶金科技职业学院学报, 2020, 30 (3): 96-98.

[11] 郭奕, 扶冰清, 傅若希. 建立银企信息交互通道 [J]. 中国会计报, 2019-08-16.

[12] 中兴新云. 引领数字基因华丽转身——从信息化到数字化 [J]. 贸易金融, 2019 (4).

[13] 郭奕, 扶冰清, 傅若希. 信息系统推动财务数字化转型 [J]. 中国会计报, 2019-03-22.

[14] 陈虎．企业差旅管理报告 [J]．商旅专家，2019 (9)．

[15] 陈虎，孙彦丛，常亮．企业财务信息系统的发展与架构 [J]．财务与会计，2018 (9)．

[16] 陈虎．企业航空公司大客户协议浅析 [J]．商旅专家，2014 (11)．

[17] 陈虎．企业如何选择差旅管理公司 [J]．商旅专家，2013 (1)．

[18] 何慧敏．浅谈 OA 系统的优缺点及改进建议 [J]．广东造船，2011，30 (6)：78－80.

[19] 陈虎．企业差旅管理的艺术 [N]．中国会计报，2011－04－29 (5)．

[20] 财政部关于印发《铁路运输企业会计核算办法》的通知 [J]．中华人民共和国财政部文告，2004 (7)：22－32.

[21] 财务云．FOL 专栏 | 发票管理的“三四五” [EB/OL]．https：//7n6.cn/HVFL8.

[22] 财务第一教室．一图看懂 | 发票“备注栏”信息 [EB/OL]．https：//7n6.cn/Xkpkc.

[23] 国务院．现金管理暂行条例 [Z]．北京：国务院，2020.

[24] 财政部．财政部税务总局海关总署关于深化增值税改革有关政策的公告 [Z]．2019.

[25] 国家税务总局．国家税务总局关于国内旅客运输服务进项税抵扣等增值税征管问题的公告 [Z]．2019.

[26] 国家税务总局．企业所得税税前扣除凭证管理办法 [Z]．2018.

[27] 财政部．中央和国家机关差旅费管理办法 [Z]．2013.

[28] 国家税务总局．国家税务总局关于企业所得税应纳税所得额若干税务处理问题的公告 [Z]．2012.

[29] 国务院．中华人民共和国企业所得税法实施条例 [Z]．2007.

[30] 国家税务总局．征收个人所得税若干问题的规定 [Z]．1994.

# 作品知识产权与法律责任声明

## 《财务共享服务（第二版）》

ISBN：978－7－5095－8271－8

### 财务转型的必经之路，跨国公司的最佳实践

《财务共享服务（第二版）》展示了未来财务变革与转型的发展趋势，以财务共享服务的理论与实践为主题，详细讲述了财务共享服务的理论、方法，以及可操作的实施方案与实施步骤。完整、详尽地将财务共享服务展现给读者。同时，这本书在全球最佳实践的基础上，总结了多家大型企业财务共享服务中心的建设及运营经验，可以为希望建立或者已经建立共享服务中心的管理者提供理论框架和实践参考。

## 《财务共享服务案例集》

ISBN：978－7－5095－5545－3

### 财务最佳实践，共享成功之道

《财务共享服务案例集》既有 GE、IBM、Oracle 等跨国集团在财务共享服务领域的成功经验，也有中兴通讯、中广核、平安集团等中国企业在此领域的思考和践行，中国角度看世界、国际视野看中国，通过汇聚国际化理念及全球企业最佳实践经验，为共享中心的未来发展提供极具价值的借鉴和参考，也为中国企业的财务转型和价值创造提供新的思路。

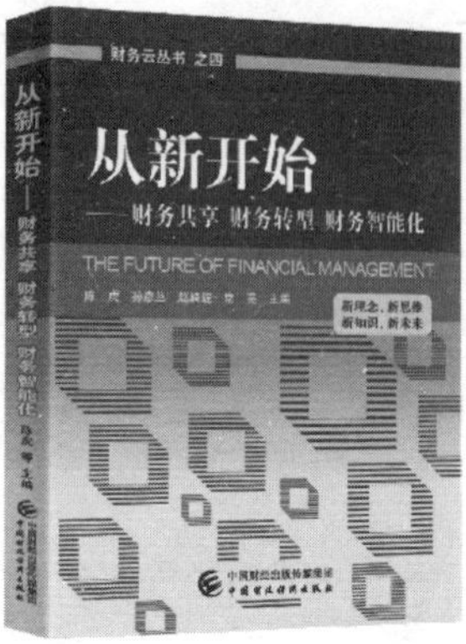


## 《财务就是 IT——企业财务信息系统》

ISBN：978 -7 -5095 -7400 -3

### 信息化的财务，智能化的未来

《财务就是 IT》基于全球先进跨国公司的财务信息系统多年设计、使用和优化经验，从企业三大循环（业务循环、管理循环和信息循环）出发，论述了财务循环的主要内容，提出了财务信息系统的整体架构，深入论述业务层、核算层、管理层和决策层的财务信息系统建设、流程和功能框架，涉及二十个财务信息系统，并给出了大量真实的资料和案例，理论结合实践，为读者展示了一幅企业信息化建设的宏图和参考路径。

## 《从新开始——财务共享 财务转型 财务智能化》

ISBN：978 -7 -5095 -7704 -2

### 新理念、新思维、新知识、新未来

《从新开始》收录了全球各行各业财务管理者与服务机构的最新研究成果，聚焦财务共享、财务转型、财务智能化，探讨企业在利用财务新模式提高绩效的过程中面临的挑战、问题与潜在机遇，视角独特，力求解读如何顺利实施财务共享，从容应对财务智能化，助力企业实现财务转型。

## 《财务机器人——RPA 的财务应用》

ISBN：978 - 7 - 5095 - 8709 - 6

### 开启第四次会计变革大幕

《财务机器人》基于“大智移云物”的时代背景，描绘了新兴技术对财务的影响，介绍了机器人流程自动化（RPA）技术的原理和特点，并详细阐述了财务机器人的功能、适用的业务场景及流程。同时，本书通过丰富的案例展示了财务机器人在企业中的应用，总结了企业成功实施 RPA 的方法，为企业实现财务流程自动化提供借鉴参考，是一本具备理论、实践和方法论的财务机器人应用书籍。

## 《全球共享服务》

ISBN：978 - 7 - 5095 - 7856 - 8

### ACCA 全球共享服务证书指定教材

《全球共享服务》融汇了 ACCA 与中兴新云·财务云有关共享的经典理论知识、案例经验和共享调研的最新数据，涵盖了在共享服务中心工作所必备的基础知识——从共享服务的历史背景到行业现状，从流程设计到测量与控制，从关系管理与合规监管到业绩优化与流程改进以及全球共享服务基础财务流程简介——希望帮助财会专业人士扩充知识储备、提升实践能力、拥有未来视野；希望帮助中国企业培养专业人才、引领财务变革、拥有世界级能力。

## 《智能财务教程》

ISBN：978－7－305－09265－7

### 南京大学·中兴新云联手打造精品教材

《智能财务教程》为智能财务云 VR 实验室的配套教材，涵盖财务转型与财务再造、财务共享服务、财务流程及信息化相关理念知识，深入解析企业主价值链的业务场景及财务信息系统应用；通过丰富的企业实践案例与创新的课堂互动设计，革新传统会计教学方式与知识体系，帮助学生理解业财一体化流程、财务信息化与智能化应用，感知财务数字化转型趋势。

## 《数字财务》

ISBN 978－7－302－56293－1

### 数字决胜未来，财务引领发展

本书旨在探讨数字技术带来的财务革命，系统地阐述了数字财务理论到实践的运作过程，从数字技术对财务的影响分析，到对数字财务目标、职能和风险控制的思考，再到数字财务智能生态系统的创建，最后是数字财务的典型案例和实训平台呈现。适合作为正在转型中的财务人员和高校财会、金融类专业师生们的重要参考教材，同时也是商业精英人士了解数字技术和财务变革的一本有益读物。

## 《财税 RPA：财税智能化转型实战》

ISBN：978 -7 -111 -66811 -4

### 助力中国企业迈向财税智能化的新未来

这是一本指导财务和税务领域的企业和组织利用 RPA 机器人实现智能化转型的著作。作者基于自身在财税和信息化领域多年的实践经验，从技术原理、应用场景、实施方法论、案例分析 4 个维度详细讲解了 RPA 在财税中的应用，包含大量 RPA 机器人在核算、资金、税务相关业务中的实践案例。帮助企业从容应对技术变革，找到 RPA 技术挑战的破解思路，构建财务智能化转型的落地能力，真正做到“知行合一”。